# 春花

## 上冊 1931–1951

## 兩條江邊的故事

# 春花

裴敬思醫生的養女：兩條江邊的故事

長江

哈德遜河

### Jean 春華　裴敬思　醫學博士

編輯整理：理查德・裴敬思・熊博士
翻譯：馮未

春花：兩條江邊的故事
上冊 1931–1951

Jean 春華 裴敬思 醫學博士

ISBN-13: 978-988-8769-37-7

© 2022 理查德·裴敬思·熊博士

BIOGRAPHY & AUTOBIOGRAPHY

EB161

All rights reserved. No part of this book may be reproduced in material form, by any means, whether graphic, electronic, mechanical or other, including photocopying or information storage, in whole or in part. May not be used to prepare other publications without written permission from the publisher except in the case of brief quotations embodied in critical articles or reviews. For information contact info@earnshawbooks.com

Published by Earnshaw Books Ltd. (Hong Kong)

謹以此書獻給我敬愛的父母：
裴敬思醫生與裴家紀女士

# 目錄

**卷首語**

**卷一**
滔滔洪水：我出生的故鄉

**卷二**
哈德遜河：我成長的家園

**卷三**
痛苦別離：我覺醒的時刻

**附錄**
1. 致敬愛的先父母悼辭
2. 近代中國簡史及傳教士頌辭
3 & 4. 1950年12月至1951年3月間與先父母書信往來

**中英文姓名對照表**
**答謝聲明**
**編著者小傳**

本書所述故事均爲真實事件，惟部分人物姓名、日期及地點或有調整。

# 卷首語

這跨越半個多世紀的故事究竟該始自何處？多年來我這故事已有很多人聽過，其中亦有不少人勸我將其錄以筆墨，付梓出版。更有人贊這故事彷如童話，正是孩子們的讀物，這點我雖不敢苟同，不過我的童年倒確如童話般奇妙與快樂。

很久以前，我在紐約州楊克斯讀初中時曾一度醉心于英語文學，夢想成爲一名作家，然而人生却爲我另做了安排。我也因而得以從容醞釀我此生的唯一著作，推敲從何落筆，構思如何鋪陳。但即便如此，寫作仍是一條畏途。雖然每個人的經歷落在紙上都足以成章，真正坐下來將自己的故事付諸筆墨者却鮮有人在。我反躬自問，自己與這蕓蕓衆生又有何不同？追憶往昔的錐心痛苦又是否值得？更何況這故事又如何能爲當代讀者提供些微裨益？

首次執筆的作者或許大多要經歷這番自省。我久久枯坐案前，竟然全無勇氣執筆展卷。胸中雖澎湃着千言萬語，腦海中却全無頭緒。即便狼狽如斯，也還聊足稱爲有所收穫。而在那些了無成效的日子中，我只能麻木地躺在成堆的故紙舊册與往日信札間，任由浩瀚的往事將我埋没。半個世紀前的復寫紙腐氣刺鼻，每每令我呼吸惟堅，幾欲昏厥。更有數次，我呆望着眼前的舊照涕泪縱横，悲痛得難以呼吸，仿佛被無形的手扼住了咽喉。

日月如梭飛逝，我開始擔心這著書計劃將以白卷告終。我意識到自己多半無法手書完成初稿，因爲關節炎正在爬上我的手指，令我不久前還穩如磐石的雙手開始顫抖。我斥巨資購得一部打字機，却發現這東西并非自動彈奏的鋼琴，無法自行輸出文字——艱巨的工作究竟還要靠我身體力行。紙筆換做了新買的打字機，我却依然呆坐于昏暗的書房，望着白墻任憑時光流逝。于是我便租賃了一間有窗的書房，憑窗望去，咫尺之外便是一叢鷄

## 春花：兩條江邊的故事

爪械。這美麗的幼樹喚回了汹涌的回憶，衝刷着我的心田。一年來的暴食令我體重上升，我只得另闢蹊徑，開始沿河慢跑并在運動中尋找創意。我本期望在跑步後記下偶得的創意，却發現精力每每被跑步耗盡，剛剛坐下便在打字機前沉沉睡去。

那是一個平淡陰郁的禮拜日下午，我在慢跑時突然靈光一閃：這書應當寫我的故事。而今看來這似乎是理所當然，而我却竟一直不曾想到。我奇迹般地敲下了八個字："我的一生，胡春花著"。這便成了本書的暫定名。不知覺間又是幾次禮拜日慢跑過去，這一天我在一堆文件箱間醒來，渾不知身在何處。我抹去雙頰上的淋淋汗水，呆呆地望着那些箱子。多虧母親保存，又拜表姐伊芙琳 (Evelyn) 悉心保管至我返美，這些文件方才得以幸存至今。我打開一只箱子，胡亂翻動着其中的文件，一個記載着父親生平的文件夾突然映入眼簾。終于找到了！故事雖是講述我的經歷，却須由他人開篇，尤其是那些賦予我生命之人。因此本書故事的主角其實正是那些賦予我寶貴生命的善良美好之人，以及我在生命長河中有幸邂逅的人們。

我有雙重父母。生身父母不過給了我這具軀體，而我的真正生命却全拜我的養父母所賜——既家嚴裴敬思博士，和家慈裴家紀夫人。我的美國父母于1918年在中國江西九江設立了當地首家男子醫院——九江生命活水醫院（英文名：Water of Life Hospital，簡稱：WLH）。他們植根于華中地區長江南岸的這座鄉間小鎮上長達近半個世紀之久，嘔心瀝血爲中國百姓提供醫療福祉和精神指引。家嚴中文名爲裴敬思，家慈則名諱裴家紀。[1]

若非養父母的關愛與悉心照顧，我早已不在人世。拜他們所賜，我方能于這大千世界中扮演一個渺小的角色。不過且慢，現在還是容我從頭說起。

中國有條著名的大河。這河在英語中稱爲揚子江 (Yangtze River)，而漢語中則多以"長江"稱之。長江匯集了冰川融水，由海拔一萬六千英尺（譯者按：約五千米）的青藏高原奔騰而下，一路逶迤東行四千余英里（譯者按：約六千四百公里）直至上海

---

[1] 我養父母的全面背景、中國現代歷史以及在華基督教傳教使團活動簡要總結請參見附錄。

## JEAN 春華 裴敬思 醫學博士

附近，最終注入中國東海。自遠古以來，偉大的長江便爲中國西南、中部及東部的人口稠密區源源不絕地供應着"生命之水"。無論是烽烟滾滾、戰火紛飛的兵荒馬亂和動蕩歲月，還是每隔數百年便如期而至的朝代更迭與江山易主，這條偉大的河流始終一如既往地陪伴相隨。數千年來，中華歷史也始終與長江密不可分地糾纏交織在一起。

然而在悠長的歷史中，長江帶來的并非只有美麗、創造和勇氣，也有着1931年的長江洪灾——二十世紀中死亡人數居冠的自然灾害之一。盡管數千年來中國百姓始終在洪水侵襲下，而這次洪灾却一舉奪去了近四百萬條生命——有人直接溺斃，而更多的人則被洪灾后的饑荒和瘟疫奪去生命。灾民大多是貧苦凄慘、困頓無依的農民，而當時正在戰火中焦頭爛額的執政者國民黨政府亦無力提供任何援助賑濟。

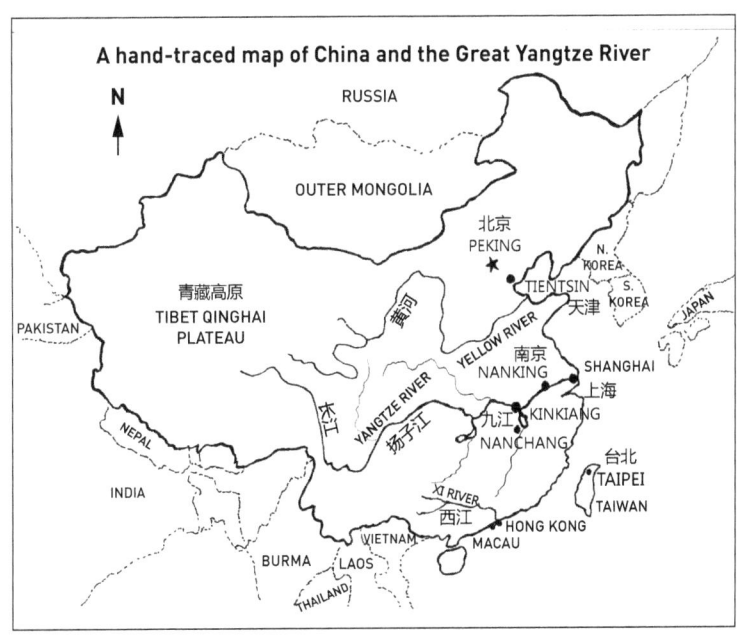

## 春花：兩條江邊的故事

關于這場人間慘劇，家母裴家紀曾記述如下：

  1931年，長江流域洪水泛濫，令我等得以再次援助中國百姓。長江位于九江一帶，河道平日僅闊一又二分之一英里（譯者按：約合2.4公里），而今歲汛期竟泛濫達三十英里（譯者按：約合48.2公里）之闊！及至長江下游，河道擴張更甚，至南京附近處竟泛濫至一百二十英里（譯者按：約合193.1公里）之闊！北岸大片田畝皆盡没于水下。九江雖居南岸，亦遭洪水荼毒，幸其烈度不似北岸之甚。北岸農人盡失家當農具，家園牲畜亦淹没水中。因此紛紛南逃至九江，尋求救援賑濟。我等于九江生命活水醫院中搭設臨時栖所多處，診所亦日夜運作救濟灾民。幸喜我等尚有牛奶可供嬰兒食用，從而救濟幼嬰多名。其中便有一名嬰兒，名叫春花（意爲春天的花朵）。

本書故事便始自此處。

# 卷一

滔滔洪水：我出生的故鄉

# 1

我來到世間時正是一個春天的夜晚，而我出生的故鄉是在湖北省境內一個名爲黃梅鎮的小鎮。小鎮坐落于長江北岸，與江西省九江市恰好隔江相望。那是1931年，黃梅鎮還只能算是個農業村落，鎮上百姓大多是貧困的農民，而他們的居所便是以泥坯爲牆、稻草爲頂敷衍搭建的窩棚。這些窩棚成百上千，遠遠看來別無二致，都是一般地狹小局促，散落在長江沿岸。其中一間窩棚中，便住着窮苦的胡姓農民一家。而這一天的凌晨，窩棚中竟然傳出一陣激動的嘈雜聲。

　　胡家的女人正在臨盆。她聽說生產的時間會在子夜至凌晨兩點鐘之間。家人在當地請了個產婆接生，然而這位助產士却不曾受過任何中西醫的培訓，唯一的工具也只有一把銹迹斑斑的剪刀——她的主要職責便是剪斷臍帶。我無法理解他們選用這工具的理由，不過據這位產婆說，生銹的剪刀能够爲新生兒帶來好運。

　　消毒滅菌在那個年代的中國還是個鮮爲人知的概念，農村地區更是如此。平民百姓待產時不會准備潔净的毛巾或消過毒的器械，產婆用來包裹新生兒的也只是打着補丁的骯髒被單，而尿布則更是以污穢碎布充當。這種條件下出生的嬰兒可以說是命如螻蟻，即便僥幸逃過破傷風之類的致命感染，也難以在饑荒中幸存。因此能够活下來的新生兒必須極度堅强。然而在這深更半夜時分，這些問題却都不是胡家人和產婆所擔心的。

　　胡家的男人站在門口，忐忑不安地等着產婆宣布嬰兒的性別。他來回踱着步，盼望着能收獲一個男丁。女人也抱着同樣的希冀。大顆的汗珠從她臉上滾滾而下，她却咬緊牙關一聲不吭，因爲生產時大呼小叫是不合體統的。這個嬰兒遠非他們的頭

## 春花：兩條江邊的故事

胎——算上那些中途流產和死胎的話，女人已經記不清這是她的第七胎、第八胎還是第十胎。

終于，我以一聲宏亮的哭聲向世界宣告了自己的到來，也結束了生母的這場煎熬。

"媽媽"是漢語中對母親最爲常用的口語稱謂，類似于英語中的"Mama"或"Mommy"。世上所有的媽媽都是一樣，分娩的痛苦尚未完全消散，便已急切地想知道自己的孩子是男是女。接生婆抖落裹在我身上那塊血淋淋的裹布，將我遞到媽媽手中。隨后她便端起盛着血水的木盆出了門，告訴正在門外踱步的男人可以進屋了。

這時媽媽已經意識到我只是一個女嬰。"不！"隨着她的嘶喊，強烈的陣痛再度席卷而來，一同襲來還有精神上的痛苦與憤懣的失望。她向接生婆嘶吼着："你看錯了吧！你再看一眼，這次一定是個男孩！"接生婆一言不發，只是走回床前將我高高舉在媽媽面前，分開我的雙腿讓她自己看個明白。

"天呀——又是個女孩！"媽媽撕心裂肺地一聲喊叫后便喪氣地倒在枕頭上，精疲力竭，心如死灰。

胡家男人在門外聽到了我的性別，便連進屋看一眼都省了。他提着鞭子，怒氣衝衝地朝自家僅有那只寶貴的水牛走去，准備將一腔怒火發泄在這牲口身上。天啊，可憐這老牛每日勤懇耕耘，鞠躬盡瘁，竟然還要遭受這樣的無妄之灾。

老胡這個一向寡言少語的男人深知男丁對于一個農民的價值。而對于已經不再年輕的他而言，男丁則更是至關重要。哮喘和肺結核正在蠶食着他的身體，令他總是氣喘吁吁。在我之上胡家有三個兒子。最小的當年十二歲，排行老六，在我出生前已經因肺結核而奄奄一息。因此老胡的憂心不難理解。更糟的是就在我發出第一聲啼哭后不久，老六便撒手人寰。而老胡則將老六的離世歸咎于我——媽媽是因爲懷了我才會無力照顧老六。那一天，老胡徹夜未歸。

媽媽對我性別的擔憂却是另有現實原因。首先她已年屆四十，生育能力正在逐漸消退。盡管她前面已經生了三個兒子，但在中國，一個家庭永遠不會嫌兒子太多。相反，女兒却只是麻

## JEAN 春華 裴敬思 醫學博士

煩。除去死胎之外，媽媽已經生了兩三個女兒。而當我的這幾位姐姐還在襁褓中的時候，媽媽就不得不挨家挨户地爲她們尋找婆家——這絶非一件易事。她要拜訪那些家境尚且過得去的人家，百般哀告懇求對方將自己的女兒納爲童養媳。對方一旦首肯，她便將襁褓中的孩子留下。

在當時的中國，許多無力撫養女兒的家庭只是將新生的女嬰丢在陌生人的家門口任其自生自滅，但媽媽却無法狠下心腸。她希望確保女兒有人家收養，縱使這人家遠些，她也總算能知道個確切所在。她不惜這番周折，只是爲了心中能够多少安寧一些，在深夜可以合眼入眠。而其實她心中也明白，自己送出去的這些女兒縱然勉强能活到十幾歲，也只不過是寄人籬下的童奴而已——她自己當年便是這樣熬過來的。

没有關愛，只有嫌棄，我在來到這世界的頭一天便被生身父母以冷眼相看，而這只因我是個女孩。然而在舊日的中國，我這樣的遭遇本是司空見慣的尋常事。所幸作爲一個嬰兒，我對大人心中這些算計渾然無知。我唯一知道的，便是自己肚子總是在饑餓中。

媽媽望着我長嘆一聲，"我究竟再到哪裡去給你尋個婆家呢？"她從未動過親自撫養我長大的念頭。我突然放聲大哭起來，仿佛已經洞悉了她的痛苦和我被遺棄的命運。"我們這樣的人家是養不起女娃的。女娃又不能傳宗接代，誰會管她們的死活。"媽媽輕撫我的胸膛，口中自言自語地喃喃説道。這想法雖令她恐懼，却多少安撫了她的良心。媽媽想要對我做出笑容，我却全不領情，緊閉雙眼不做理會。想到這額外的一張嘴，媽媽的笑容也漸漸消逝了。

"男娃要金貴得多"，媽媽夢囈般地喃喃説道，"又能傳宗接代，延續子孫，將來爹娘老了也能靠得上。最慘莫過家中没有男丁啊，就算活到老也是活受罪！"這可怕的想法令媽媽不寒而栗，隨后她又總結道，"最要緊的是兒子能給父母送終。一大群孝子哭喪守靈，那才算得上是風光大葬。"

媽媽是個好女人。她忠于家庭，一切行動都從家人的利益出發——當然是按照她自己的見識來看。她懷着那個時代典型的女

## 春花：兩條江邊的故事

人思想——她們從未有過讀書的機會，對自己所居住的那個貧困村莊外所發生的一切全然無知。

破曉時分，媽媽遲疑着忍痛爬下床。作爲一個農民的妻子，即便在生產的當日她也不能躺在床上無所事事。她精疲力竭，但還有一家人要吃飯。男人和兩個兒子在田裏勞作一天，回來時一定會饑腸轆轆。時節正是早春，插秧的活計正壓在頭上。

在那些年月中，妻子像奴隸般在她們的丈夫身後侍候。這種可怕的傳統已經盛行達數千年之久，無論一個家庭是貧賤還是富貴。而女人們也大多都認了命，忍辱負重地默默承受。也有個別桀驁不馴的會奮起抗爭或離家出走，却總會被捉回來嚴厲懲罰——等待她們的多半是野蠻的毆打。胡家的男人無意改變這傳統，不過與旁的男人相比他還算脾性溫和——這對媽媽來說可算得是不幸中的萬幸。男人只是偶爾打她而已。然而幾年之後我却聽說，媽媽有一只眼看不見了。

事實上女孩在家中也能派上用場，然而媽媽却永遠沒有機會得知。倘若她當年將大女兒留在身邊，或許她分娩那天的清晨就會有人幫忙。然而她并沒有留下大女兒，因此在那間昏暗的窩棚中，陪在她身邊的只有我——而我對她又全無半點用處。

終於，男人從稻田裡回到家中。他已經趕着那頭挨了揍的水牛犁過了水田。媽媽望着男人蓋滿泥水和倦色的臉，招呼道，"回來了？"隨後又指着我問道，"她還沒個名字，就算是女娃，好歹也該有個名字吧。"男人的怒氣還没全然消散，却也并未反駁。

女孩的命名，大多取字當季開放的花朵。然而男孩則完全是另外一套程序。家長會尋訪當地的陰陽先生，請他按照孩子出生的年、月、日、時加以推算，取下吉利的名字。同時爲了保護兒子不受邪魔惡靈侵害，男孩的大名只有在學校裡或特殊場合才會使用。而在家的日常生活中，男孩的稱謂則代以"狗子"或"虎子"這類動物，以便瞞過邪魔惡靈，令其誤以爲家中并無男孩，從而免受其害。

給我起名自然無需如此大費周章。我的生身父母幾乎全未思考，便异口同聲道，"就叫'春花'吧。"春花者，意即春天的

## JEAN 春华 裴敬思 医学博士

花朵。当时正是百花盛开的早春时节，因此他们也并未劳神确定究竟采用哪种花朵，只是笼而统之地一言以蔽。自然，他们也并未费神去记下我的出生日期。

我的生日往早里说，或许会早至1931年农历新年过后的几天之内。中国人将农历新年称为"春节"是有道理的，因为那正是春天的节日。这节日并非罗马公历中一月一日在农历中的简单对应，而更像是一年一度的庆典，用以迎接春天的到来。为了掌握农时，古代中国人创造了二十四节气来描述一年中的季节更替和气候变化。而这二十四节气其中之一便叫做"立春"，意为"春天的开始"，其日期就在春节后不久，早于罗马公历中的春分。

在包括长江流域在内的中国南方，立春又恰好是梅子树开花的时节。自然，梅花自古以来便是中国的一个文化符号，就如同樱花之于日本。

这里我必须说明，我的名字"春花"正确的罗马拼写应该是"Chun-Hwa"而非"Tren-Hwa"。但或许是我的美国养父母将妈妈口中的"Chun"误听做了"Tren"，因而造成讹误。谁知道多年以后，这将错就错的"Tren"反而倒成了我名字中的神来之笔。

我就这样成了"春花"，而我的生日是在二月还是五月已经全然无从考证。父母虽然给我取了名字，却并不意味着他们会留下我。妈妈仍然一门心思地为我寻找婆家，盼着尽早将我打发出门。

一连数月来妈妈都在四处为我寻找婆家，却全无半点希望。她用一对缠过足的小脚蹒跚而行，往返奔波于崎岖的乡间土路上，还要将我负在背上。这绝非一件乐事，但她却不得不下这番苦功，只是为了打动那些有望将我收作童养媳的人家——就像面试一样，人家必须见到我本人。背上多了我的负担，她那对五英寸长（译者按：约合12.7厘米）的小脚即使在平地上都难以保持平衡。即便如此，农忙时这可怜的女人还要下到稻田里去帮忙——我简直无法想象她是如何做到的。然而我必须为自己辩护一句——这些并非是我的过错。我既不是他们的第一个孩子，也从未要求他们在我三个月大的时候就把我"嫁"出去。

## 春花：兩條江邊的故事

　　這里我應該説明一點，媽媽是憎惡纏足的。然而在那個年代和更早的時期，纏足對于女人來説是一種强制性的時尚。男人們拒絶娶天足女子爲妻，而一雙精致的小脚則會提升女人得到聘娶的機會。因此媽媽只能纏足，只能用她那雙特别處理過的足跟勉力前行。那對足畸形如斯，簡直無法稱之爲"脚"。她的雙足僅剩下足趾、脚踝和足弓，而這些部件也被碾作一團，重新鈣化板結，成爲一個僵硬的整體。而這一切只是爲了讓她的脚盡量變小。那簡直就是一團糟粕。

　　關于纏足有個殘忍的笑話，説女人之所以纏足是爲了防止她們逃離自己的丈夫。媽媽也一度認爲這笑話很好笑，然而現在四處奔走給我找婆家時，她却巴不得自己能有一雙世上最大的脚。同時哺乳也令她煩躁不安，她憑什么要喂養這么一個一錢不值的女娃？

　　幾個月之后情况發生了變化，媽媽開始擔心自己會對我産生感情而無法擺脱我。隨着她照顧我的時間越來越長，她可能會逐漸失去丢掉我的决心。同時，母乳喂養本來就是一種自然的節育形式，至少會推遲她再次受孕的時間。不過如果母乳喂養時間過長，比如到兩歲甚至三歲，孩子就可能患上維生素A缺乏等幼兒營養不良症，導致視力下降甚至失明。

　　言歸正傳——話説媽媽此時知道自己時間不多，急于懷上下一胎。事實上在我之后她也確實又生了兩個孩子，却都是女孩。

　　似乎是老天嫌我帶來的麻煩還不够，天氣也變得極爲惡劣。本來是春天常見的蒙蒙細雨演化成持續不斷的傾盆暴雨。遮天蔽日的雨幕連日不休。農民固然需要水來澆灌稻田，然而太多的水却會令秧苗根部腐爛，甚至淹死整根稻秧。于是，胡家男人便每日里仰首望天，苦盼着雨過天晴，雲開日現。

　　這一天，媽媽又背着我去尋找婆家。經過一天徒勞的奔波，她步履蹣跚向家里趕去，沿途却看見北岸的江水正在上漲，而江面也寬了許多。自小在江邊長大的媽媽立即就知道大事不妙。她頂着滂沱大雨跑了起來，而伏在她背上的我此刻正餓得哭喊挣扎，令她的步履更加艱難。

　　媽媽進門時男人恰好也剛從田里回來。渾身濕透的媽媽望着丈夫，緊張地問道，"老胡，你看會不會發大水啊？江水漲得蠻凶。""老胡"是女人對丈夫的的常見稱謂。其中"胡"是男人的姓氏，而"老"則是"年長"之意。

"八成。"男人語氣沉重地答道，一雙眼睛望向門外。

媽媽也順着男人的目光向門外望去。窩棚外的小水塘中已經積滿了水，溢出來的水正源源不斷地灌進男人花了一上午排空的稻田。

"這雨若是還不停，我們就遭殃了。"男人自顧自地低聲咕噥着，"秋天一粒米也打不到，怕是只能挨餓了。這雨先淹死的是莊稼——后面就是人。"

媽媽環顧四周，棚屋中的家什少得可憐。所謂敝帚自珍，家什雖然破爛不堪，却也舍不得丟棄。她在這棚屋中住了頗有些年頭。媽媽是何時被她的媽媽當做童養媳"嫁"出去的我一直不得而知，不過到我出生時，她和老胡應該已經至少做了二十五年夫妻。早婚本就是當時的風氣，把襁褓中的女嬰當做童養媳"嫁"出去也是司空見慣之事。

棚屋中唯一能勉強算作堂皇的物件便是媽媽的婚床。這床雖然不像富貴人家的大床那般有着雕龍畫鳳的床柱，却也有個床頂。古樸的蘭花布幔懸在床頂，睡覺時可以垂下來，既能遮擋蚊蟲，又能保有幾分隱私。床身兩側都蓋有漆過的木板，雖然陳舊，却也爲這床賦予了其他的功能：可以當做書桌、餐桌或是座椅。

棚屋的另一端放着兩張木板，尺寸都與門板相仿，架在兩張自家打造的長凳上充當我幾個哥哥的睡床。棚屋正中擺着一張搖搖晃晃的桌子，全家可以圍坐吃飯。但更多的時候大家只是各自端了米飯，夾些腌菜到稻田邊的院子里去吃。除了過年，桌上鮮有擺滿飯菜的時候。

媽媽四下張望着，心中盤算着洪水來臨之際要帶哪些家什逃走，一面用她那雙三寸金蓮晃動着木制搖籃中的我。胡家所有這些孩子，無論是否還在人世，都曾經躺在這搖籃中。在當時的中國，這樣的木搖籃幾乎是所有媽媽的必備之物。這是她們在孩子哭鬧時能夠繼續工作的唯一辦法——用脚來晃動搖籃，手里則忙着旁邊的活計。中國女人的手永遠閑不下來——不是用自己織造的土布縫制衣裳，就是在爲家人做布鞋。

男人睡熟之后，媽媽的目光又停在了織機的木輪上。現在她終于定下神來，知道自己爲女兒尋找婆家耗去了一天，只能靠熬夜才能將這浪費的時間找補回來。倘若她偷懶貪睡讓這織機在深夜閑下來，家人很快便會衣不蔽體。窩棚外是伸手不見五指的一片漆黑，傾盆的雨聲却仍是不斷傳入這小小的窩棚。媽媽不時來到窗邊伸展腰腿，江水暴漲，怒濤拍岸的隆隆聲傳入她的耳鼓，令她想起兒時聽説過的那場洪水。她不由回頭望向摇籃，口中喃喃自語，"這一大家子人可咋辦呢？這小春花又咋辦呢？"

媽媽此刻還不知道，一場百年不遇的特大洪灾已經迫在眉睫……

# 2

在當年，像我家鄉這樣的小鎮里是没有電的。在晚間農民大多用菜油點燈照亮，花銷還勉强能够負擔。他們自己栽種玉米，自己榨油。用得起煤油燈的人家已經是鳳毛麟角，用電便更不用説了。也有人家會自制蠟燭，而我家却只用菜油。媽媽會仔細輕巧地將那金貴的菜油兑進一只小碟子，然后插上一根曬干的植物莖作爲燈芯，這便是燈芯草。這草莖柔軟堅韌，又能吸附菜油，其火光頂得上兩根蠟燭。這代代相傳的秘方是媽媽的媽媽傳給她的，她也一向引以爲豪。

就在這個特別的漆黑雨夜，一家人爲了節省燈油早早地熄燈上了床。在中國，小孩子大多與媽媽同睡，我也不例外。這樣夜間需要哺乳時便省去了四處摸索火種點燈照亮的麻煩，而整夜讓燈燃着又太過浪費。同時，媽媽睡在身邊還可以趕走老鼠，免得孩子的幼嫩鼻尖被咬傷。這點媽媽可决不敢掉以輕心——哪個人家會要一個没有鼻子的童養媳呢？

這一年春天的融雪量遠遠超過正常水平，這些高山融雪從喜馬拉雅山和青藏高原上匯入長江源頭，令水位急劇上漲，速度達到了幾個世紀以來的新高。一夜之間，整個黃梅縣便完全被淹没在洪水之中，長江北岸沿江而建的黃梅村自然也不例外。洪峰洶洶而來，稻田和菜園轉眼間全部消失。盡管灾兆早已出現，人們却一直猶疑着不願丢下家園逃難。他們抱着微薄的希望，盼望雨停水退。然而無情的洪水却吞噬了他們的希望和夢想。

外面傳來异樣的聲音，驚醒了睡夢中的媽媽。她趕忙捅了捅熟睡中的男人，叫道，"老胡，快起來！"

見男人毫無反應，媽媽只得大力搖動他，喊道，"出事了！外面必定是出事了。我聽這聲音不對路。"

## 春花：兩條江邊的故事

男人迷迷糊糊地睜開一只眼睛。聽清媽媽的話后，他雙眼一下子瞪得溜圓，一骨碌翻身下床，吼道，"壞了！快起來，我們出去看看。"

兩人才來到門口，外面澎湃的水聲便已經清晰可辨，一浪近似一浪地朝棚屋逼近。轉眼間這泥棚竟變成了一座名副其實的江景房。一墻之隔便是洶涌的狂浪怒濤，浪頭重重地捶打着墻壁。

老胡年輕的時候便聽老人描述過這條浩瀚大江泛濫的情形，但却從未親身經歷這險情。他四下環顧，爲自己多年前將建房的位置選在此處而暗自慶幸。他没有將棚屋就近建造在稻田附近，而是選擇了一個小丘的頂部。這塊土地雖是地主家的，不過作爲佃户只要每年秋收后能够足量繳租，他便可以繼續與家人一起長住此處耕耘勞作。

老胡的慶幸并未持續多久。隨着熹微的晨光刺透雲層，首先映入眼簾的便是水面上漂浮的家什物件。同時他們還聽到人們一面絕望地呼喊嚎哭，一面張皇失措地跑上壩頂高地。這時天光漸亮，盡管我們的棚屋地勢相對較高，媽媽還是看到水勢在迅速逼近。這時棚屋中已經成了險地，因爲泥坯築成的墻壁一旦被水浸透便會垮塌下來，將房間中的人活埋。而此刻這些土墻已經被浸得津濕。

老胡和媽媽草草收攏了些必用品裝作一包，便加入人流朝壩頂跑去。壩頂是這一帶最高的地方，然而上面却空間狹窄。幸而我們來得還算早，幾個小時后那里便擠滿了避難的人群，幾乎無處立足。偏偏又值狂風大作，吹得人立足不穩，壩頂邊緣不時有人被狂風裹挾着落入水中。人群中更是傳言四起，説外面已經有人開始趁亂打劫。老胡擔心家中被人劫掠，便趕回棚屋附近看守，那裏的水已經到了膝蓋。

后面幾日中水位雖然不曾上漲，積水却也不見退去。平時不過一兩英里（譯者按：1.6~3.4公里）寬的江面，此時已經泛濫至二十英里（譯者按：約34公里）之寬。江水浩浩湯湯，吞没了大片的土地。有些地方的江面甚至綿延至一百三十英里（譯者按：約208公里）之寬。人們縱然僥幸逃過洪水溺斃的命運，大多也將被緊隨其后的瘟疫和饑荒奪去生命。一場人間慘劇正在緩緩拉開帷幕。

## JEAN 春華 裴敬思 醫學博士

洪灾期間長江南岸爲灾民搭建的避難所

　　在這場毀天滅地的悲劇中，不但當地國人奮起自救，包括傳教使團甚至傭兵在内的許多外國人也加入了抗灾的行列。他們在灾情相對較輕的南岸用稻草和泥坯搭建了臨時營地，并向灾民分發衣物、食物和藥品。查爾斯•林德伯格與妻子安妮（譯者按：Charles Lindbergh是美籍瑞典裔飛行員，曾獨自駕機飛越大西洋并因此聞名。其妻子Anne是一名作家）甚至專程馳援，駕機飛來中國救灾，并用他們的飛機爲灾區運送補給和醫務人員。

　　這段時間中，老胡則用稻草在棚屋旁搭建了一間小窩棚，蹲守其中守衛棚屋中僅存的微薄家當。他隔幾天便爬上壩頂，爲我們送些食物，直到吃光了最后一粒存糧。媽媽忍饑挨餓，省下糧食盡量讓幾個兒子多吃些，却不曾想到如此一來便少了奶水，以

## 春花：兩條江邊的故事

至于我也一同挨餓，幾乎吃不到奶。而那時我的年紀，不過才只有四五個月。

我們困在壩頂上進退兩難，轉眼便是一個多月。黃梅村的許多災民在絶望中渡江南下，希冀能在對岸找到救助。這些人後來被稱作"長江大水災民"。過了些日子有些人從對岸返回，説他們在對岸遇到了高鼻梁藍眼睛的好心洋人。這些"洋鬼子"不僅給大家分發衣物食物，甚至還免費給嬰兒喂奶。

媽媽并非首次聽説這些洋鬼子的事情，不過却從未親自見過。她不知道怎樣才能找到他們，更不知道他們能否聽懂自己的話。她自言自語地爲自己找着借口，留在壩頂不肯渡江。

"誰知道真的假的呢？"媽媽嘟囔道。

轉眼又是幾周過去了，盡管親眼看見了黃梅村的村民從南岸帶回了衣服食物，媽媽仍然不敢貿然相信世上竟會有這樣的好事。

不過，當老胡再次來到壩頂時，她終于問道，"老胡，你咋看？我們要不要過江去看一看？"

老胡没吭聲，只是專心地向他的長管烟鬥中裝填着烟葉。

"我們是不是也該去看看？你能不能帶我們過江？"媽媽追問道。

老胡緩緩地點了點頭，看來是同意了。他走向摇摇欲墜的木質船埠，椿子上還拴着幾只敞篷木筏。老胡揮揮手，讓媽媽上了木筏，隨后便解開了纜繩。就這樣，我們一家三口便駛向了暗流涌動的江心。媽媽將我緊緊摟在懷里，用身體爲我遮擋着江面上呼嘯的勁風。

木筏足足花了兩個多鐘頭才駛到對岸，而平日這段航程只需半個鐘頭。放眼望去，江面上漂滿了衝毁的屋頂，像一座座浮島。對岸的九江城同樣經歷了洪水的洗禮，滿目瘡痍。出行的人們若是没有小船可乘，便只有趟着齊膝的積水艱難跋涉。

老胡留在岸邊看守木筏，媽媽則背起我，朝城裏涉水而行。她攔下一位路人，向人家打聽哪里有洋人給小娃娃喂奶。那位先生倒還好説話，抬手向高處一指，説道，"生命活水醫院，這小丘上面便是。"

## JEAN 春華 裴敬思 醫學博士

　　看山跑死馬，媽媽背着我好容易爬上小丘，趕到醫院才知道已經錯過了上午分發牛奶的時間。一位年輕的中國護士說明天上午還會發放一輪牛奶，勸媽媽在醫院爲災民搭建的營地里住下。于是我們便分到了一間小棚屋住了下來。那些來得早的災民湊攏過來，七嘴八舌地給媽媽講了許多這里的掌故。人們說這生命活水醫院是個美國傳教醫生設立的，房子還是剛剛蓋起來的。媽媽還聽說當地人稱這位傳教醫生爲"裴醫生"，也就是Dr. Perkins的中文稱謂，其中Perkins化爲裴姓，而醫生則是身份。中國有本關于姓氏的古代典籍叫做《百家姓》，這裴姓也是正式列入其中的一個姓氏。

　　裴醫生的中文全名叫做裴敬思，按照漢語慣例，姓前名後。這三個漢字本是英文Perkins的音譯，而"敬思"二字又另有深意。其中"敬"字有"恭敬有禮"之意，而"思"則意指"深思熟慮"。過去那段時間，在中國工作的外國人爲了便于身邊那些不講英語的中國人交流，都爲自己起了中文名字。

　　我們在灾民營中的新鄰居喜歡說話，不停地給媽媽講些趣

九江城區

火車站附近被洪水淹没的街道　　鎮江樓塔附近的灾民營地

## 春花：兩條江邊的故事

媽媽和我所在的九江災民營地

聞，其中既有他們的真實見聞，也不乏道聽途說穿鑿附會的東西。其中一位女人告訴媽媽，"這裏醫生可是個大好人，醫術高明，肯定要有八十多歲了。"旁邊便有人附和道，"他的頭髮都雪白了呢。"這時另一個女人插嘴道，"他娶了裴師母，可比他年輕好多歲。她也是個好人，還會說中國話呢。裴師母還管發飯發奶，可主要還是兩個護士管。這兩個護士啊，是一對孿生姐妹，老大叫做浦大，老二叫做浦二，也都是從美國來這裏傳教的。等你帶着娃娃去領奶，你就看見了。"

媽媽心中暗忖道，"莫不就是我今天上午看見的那護士？"

就在這些閑談中，媽媽一顆忐忑的心多少安定了些，對于與洋人的會面不再那麼緊張了。翌日一早，媽媽便與一大群媽媽一道，朝發放牛奶的帳篷走去。果然，洋人們已經等在帳篷裏了，面前一張大桌子上放滿了牛奶罐和食品。媽媽打量着這些洋人，發現她們歲數都不大，每人頭上還都戴了頂白帽。她們對那些來領奶的媽媽和娃娃也都非常和善體貼。

媽媽用一塊舊布將我牢牢地綁在背上，便擠進了排隊的人群。她生怕再次錯過這次機會，便緊緊地貼着前面的女人，動作便有些魯莽。于是前面那兩位美國護士，浦大浦二，立刻便注意到了隊伍中的動靜。

這里我必須澄清一下，這兩位美國護士雖然是姐妹但并非孿生。姐妹兩人是來自美國密歇根州大溪城（Grand Rapids,

## JEAN 春華 裴敬思 醫學博士

九江生命活水醫院新建院落中的災民

Michigan) 的二代荷蘭移民，她們的姓氏是浦樂格 (Ploeg)。當地的國人則親切地稱她們爲"浦樂姐妹"。姐妹二字無需解釋，浦樂則是她們姓氏的音譯。于是二人中的姐姐蒂內塔 (Deanetta) 便成了"浦大"，而妹妹貝希 (Bessie) 則成了"浦二"。

浦樂姐妹注意到這女人是個生面孔，隨即體驗望向她背上的嬰兒——我。而我在這兩個异域相貌的人注視下不僅毫無懼色，反而童顏大悦，對她們露出一個燦爛的笑容。這笑容一定頗爲動人，因爲浦樂姐妹隨便給我起了個昵稱，叫做"可愛寶寶"。

隨后的幾天中，只要媽媽帶着我來到帳篷里，浦樂姐妹總會拿出一份超量的牛奶給我。媽媽簡直無法相信世上竟能有如此善良的人。她們勸媽媽每天都過來，爲孩子領取食物和牛奶。于是我們在營地里一住便是一個月。

## 春花：兩條江邊的故事

生母與我（左一）在生命活水醫院（攝于約1931年）

自此，我每天都能飽喝一頓牛奶。媽媽雖然爲我開心，她却仍然吃不飽，漸漸地奶水便斷了。我正是在快速成長的時候，媽媽的奶水和灾民營的牛奶都加上也還不夠吃。媽媽只得沿街乞討食物。這樣過了一段時間，浦樂姐妹便發現"可愛寶寶"的笑容消失了——我太餓了。

九江城的積水終于開始消退，灾民們也陸續離開營地返回家園——或者説曾經是他們家園的地方。媽媽也感覺離家太久，不等城里積水退盡，便與其他灾民一道涉水出了城，再搭船回到北岸。而當她回到棚屋所在的那小丘上時，眼前却只有一堆爛泥。

泥坯築成的棚屋正常情况下可以住用多年而不朽，因爲緊密砌築的泥坯强度堪比磚塊。然而一旦被水浸透，一段時間後泥坯便會軟化，棚屋也會坍塌。老胡帶着我的幾個哥哥竭盡全力才將爲數不多的幾件家什從棚屋中搶救出來，却也都被水泡得不成樣子。幸而這些家什大多是木制，太陽曬干後尚可勉强使用。而此刻的當務之急是趕在冬天來臨前重建棚屋，現在已是暮夏時節了。

媽媽長嘆一聲，犯愁道，"咋辦呢，老胡？我們哪里有錢去張羅這建房的材料呢？人手又到哪里去找呢？"

"若是放在平常日子，"老胡仿佛是在自言自語道，"親戚

## JEAN 春華 裴敬思 醫學博士

朋友,街坊鄰里都能搭手幫忙。可就算人家肯來幫忙,我們也總要張羅些飯菜招待人家。現如今一粒糧食都打不下來,又到哪裡去張羅吃食?"

"說的是嘛,"媽媽附和道,空洞的雙眼望着前方。半晌,她又將目光轉向了我,她的小春花,瘦小虛弱地躺在那裡。經過了這幾個月的艱難,她對我已經割舍不下,盡管她并不願意承認——兒子畢竟還是最要緊的。老大叫闊祥,取得是富裕吉祥的意思,現在已經十四五歲了。

"積水若是不退的話,這稻田入冬就會上凍,來年春天也是麻煩,"老胡忖道,"不然,讓幾個男娃到洋人的醫院裡看看能不能找到工?"老胡頭一次開了竅。

"春花又咋辦呢?"隨着又一聲長嘆,媽媽問道。她知道我的命運早晚是找個婆家送出去。這是鐵律。

這次老胡沒吭聲。

"咋辦呢,老胡,春花一天比一天打蔫,我怕她熬不過去啊。"媽媽開始抽泣起來。

老胡仍舊只是沉默。

媽媽突然靈光一閃,想起營地中的灾民曾告訴她說洋人喜歡救助中國女娃。媽媽眼中有了亮光,她站起身來,"老胡,你帶

傳教士在九江生命活水醫院救助兒童

## 春花：兩條江邊的故事

我回去九江，這次讓闆祥也跟上一道去。"

"你這不是剛剛才回來。"老胡糊塗了。

"我聽人説，那些洋人把丢掉的女娃撿回去，養在孤兒園里。有的還留到家里自己養起來。"媽媽激動起來，聲音越來越高，簡直像在叫喊。

"那便怎樣？"老胡木然地回應道，隨后突然恍然大悟。"你這話有理。只是人家洋人能相中我家春花？"媽媽一聽這話也有些泄氣，又坐了下去。

不過媽媽沒過多久便又打起精神。"誰知道呢。我們去領牛奶的時候洋人都喜歡她，啥都多給她一份。眼下遭了這場大灾，家家都揭不開鍋，到哪里去尋婆家。送給洋人倒是條好出路。"媽媽説着又興奮起來，聲音也漸漸高了。"老胡！依我看我們就把春花送給洋人。試試嘛！"

"倒也是個法子，"男人應道，仍然有些疑慮，"只是不知道娃娃和這些洋人能不能處得來？"

"她見洋人時倒也不曾認生，"媽媽答道，"那些洋人看來也都喜歡她。"

胡家夫婦二人似乎都不急于將這主意付諸行動，他們你一言我一語地聊着，進行着兩人之間或許從未有過的一場漫長對話，誰都不願意承認自己的心中已經被這個小小的嬰兒占去了一席之地。

轉眼又是幾個禮拜過去了，媽媽望着日漸消瘦的我連連嘆氣。自從我在那一天凌晨來到世上，給他們添了多少麻煩啊。媽媽知道隨時都可能死在她的懷中，她必須趕快行動。她決定明天一早便讓闆祥搖船送我們過江，帶我去見洋人。

也是機緣巧合，翌日一早過江之后，媽媽剛剛趕到醫院大門口便撞見了裴師母。媽媽并沒有太多客套，只是鼓起全身的勇氣，幾乎一口氣便説明了來意。"裴師母，收下我的孩子吧，讓她給你當閨女！""師母"是對老師妻子的恭敬稱謂。

裴師母被媽媽突如其來的一番話驚呆了，她一句話也説不出來，思緒瞬間閃回到十五年前的1916年。那時她年方三十一歲，剛剛嫁給了比她年長八歲的裴敬思大夫。這對伉儷新婚燕爾，未

### JEAN 春華 裴敬思 醫學博士

出蜜月便遠涉重洋來到中國，那時心中便已經決意要在中國定居并將余生獻給傳教事業。作爲家中唯一的子女，盡管父母對她的決定給予了無條件的支持，遠離年邁的二老對裴師母而言也絕非易事。不過最終她還是帶着二老的祝福與裴敬思醫生毅然啓程，向榮耀的聖主和中國人民交付了全部身心。

婚後多年兩人一直不曾生育，雖然兩人從未談及此事，裴師母心中却一直引以爲憾。或許正是出于這樣的想法，裴師母一直致力于提高農村地區的女性福利。然而在這里她看到了太多的女性弃嬰，她們被丟弃在醫院門口、人家門外、甚至就是街巷道旁，有的嬰兒連臍帶還未脫落就孤獨地流血而死。這樣的情景更加鞏固了裴師母的决心，她要竭盡己能救助這些中國女孩，尤其要幫助她們得到像樣的教育。

就這樣，裴師母漸漸便多了幾個中國"女兒"并以此聞名。當時這些"女兒"大多都已經過了十五歲甚至更大。其中有幾位養女靠裴師母與她的美國朋友共同設立的獎學金資助已經上了大學，只有一位年齡尚小，也已經入讀小學，住在學校宿舍。裴師母深知收養一個女嬰會給自己帶來什麼樣的苦難與折磨，而當年她已經四十有八，到了當祖母的年紀。半响，她才終于從母親問話帶來的震撼中回過神來，問道，"你叫什麼名字？"

或許是被裴師母的口音搞糊塗了，媽媽被問得一臉茫然。裴師母身邊隨行的人便又爲媽媽轉述了一番。"哦，我婆家姓胡，裴師母。"媽媽這才恍然大悟，笑着回答道，隨即又問道，"你還會講中國話？"

裴師母點了點頭，正色道，"胡太太，我很遺憾。這不是一件簡單事情。我不能就這樣把你的孩子拿走。至少現在我還不能給你答復。"

或許是被媽媽眼中的失望觸動，裴師母隨即又補了一句，問道，"這男孩是誰？是你的兒子嗎？胡太太？他看起來倒是個聰明的小伙子。我想我可以幫他找到一份工作，或者讓他上學。"

媽媽的腦筋一時還没能轉過彎來，這才想起站在身後的闊祥。她立刻深深鞠了一躬道，"是的，裴師母，請您關照了！闊祥是個好孩子。謝謝裴師母。您若是能幫幫這孩子出息，就是大

## 春花：兩條江邊的故事

恩大德了。"媽媽將闊祥推到面前，按着他的肩膀示意他跪下給裴師母磕頭。

裴師母立刻攔住了媽媽。

"不要這樣！没有必要，胡太太。請不要這樣。"

媽媽沒有堅持，但不死心地又將懷抱中的我向裴師母遞了過去。"可是，這女娃咋辦？我們没法子……求求你……"

"不，胡太太，這是你的孩子。是個有母親的孩子，我不能亂拿。"

裴師母將我推回媽媽的懷抱，語氣非常堅決。媽媽這下泄了氣，將我背在背上垂頭喪氣地離開了醫院。她本以爲洋人都非常闊氣，本來應該是一拍即合的事情。更何況上次見面的時候，他們明明都很喜歡自己的娃娃。她漫無目地地走在街上，心中無限惆悵。

不過，裴師母總算還是收下了闊祥，安排他在醫院中做護工幫忙照管灾民營。裴師母甚至還答應説要與裴醫生商量，看是否能够安排闊祥讀書。盡管這樣的恩惠已經算是非同小可了，媽媽却還是感到希望落了空。畢竟她此行的主要目的是爲了要把我送出去。

這時九江城區中積水大多已經退去。媽媽合計着，倘若能在九江多耽一陣時間，或許能碰上個合適人家把我"嫁"出去。然而幾天行乞之後她便明白了，在這洪灾剛剛過去的時節，誰家也不願意多添一張吃飯的嘴。

眼看路路斷絕，媽媽就算再不情願也只得離開九江打道回府。她朝碼頭走去，尋找渡江的船只。突然一個女人的聲音傳入耳中。

"等一等，胡太太，等一等！"

媽媽循聲轉身望去，喊她的人原來是裴醫生身邊的一位女譯員。

那位女譯員上氣不接下氣地喊道，"胡太太，我這幾天都在四處找你。裴師母想請你回去再談談這小女娃的事情。"

媽媽的眼睛一下子又亮了起來。

原來，我那瘦削可憐的小臉打動了裴師母。她回家后與裴醫生談了一番，但兩人却都没能拿定主意或是想出什么法子。于是他們便遵照一向的做法祈求神諭。

經歷了一番磨難的媽媽終于來到裴師母的家中，一踏進房門她便再也支持不住，撲倒在地失聲痛哭起來。這些日子她背着孩子沿街乞討露宿街頭，不僅耗盡了她的精力，精神也臨近崩潰的邊緣。

裴師母見狀連忙將媽媽攙扶起來，柔聲説道，"胡太太，我們或許有個辦法。請和我一起坐在椅子上，不要坐在地上，地上不干净。"

裴師母不知道媽媽是否聽懂了她的話，又繼續説道，"胡太太，你的孩子現在對于我和裴醫生來説還太小了，我們没辦法照顧她。不過我們可以資助你，這樣你可以把她養到大一些。然后我們再找個日期，你把她帶來交給我們。順便問一下，她叫什么名字？"

媽媽抓住裴師母的手，激動地説道，"裴師母，您可救了這娃娃的命了！我謝謝您！她叫春花。"

"春天的花朵，是嗎？"裴師母笑道，隨即又向我露出了燦爛的笑容。

這下媽媽高興起來了——我的未來終于有了着落！盡管與她原來預想的情況有些出入，却也能行得通。現在至少她的女兒絶不會餓死，這就足以令媽媽相當心滿意足了。她匆忙趕回家去將這消息告訴老胡——她知道老胡此刻正需要這樣的好消息來打氣。

由于裴師母付給媽媽的撫養費大多用作了棚屋的重建花銷和全家的口糧支出，我依然瘦得皮包骨頭，嚴重營養不良。然而對于他們而言，我不過是一個小女娃而已。那么多更急迫的事情就在眼前，誰會把錢花在我身上呢？大水過后，這個家已經一貧如洗，幾乎完全斷了炊。更爲可悲的是政府也袖手旁觀毫無作爲。而冬天正在迅速迫近。

# 3

媽媽和老胡最后一次渡江將我帶過對岸那天是個寒冷的冬日。我從出生以來一直衣衫襤褸，這一天他們却爲我換上了一身嶄新的中式棉袍，却没有人告訴我爲什么。我當時并不懂得自己身上的襤褸衣衫源自于我們的赤貧，更不明白其他孩子錦衣華服背后的原因。當時我還太小，甚至無法看出這些區别。然而這一天，我還是意識到了自己身上不同于往日的衣裝，并由此隱隱感到有些不尋常的事情正在發生。尤其令我費解的是他們竟然給我剃了頭——像男孩那樣刮净四周頭發，只余頭頂上的一小片。爲了抵禦寒冷的天氣，媽媽還爲我戴上了一頂綫織的花帽——那是她在灾民營地中領取的物資之一。

突然之間，許多人一下子涌進了我家的棚屋，這一帶的街坊鄰居都來了，其中不少還與胡家沾親帶故。他們在棚屋中毫無顧忌地議論着，全然無視我的存在，仿佛我根本聽不懂——不過這一點他們想得不錯，我確實聽不懂。

一個衣衫襤褸的女人問道，"當真嗎？你們當真要把她送到洋鬼子家里？"

旁邊一個女人又加上一句，"你這娃娃怕是要認生的吧？"

這時一個男人吼了起來，"要依我說，這是娃娃的福氣！"

衣衫襤褸的女人嗤之以鼻，"可憐娃娃，到了那邊，人家說話一個字也聽不懂！換了我，死也不跟洋人一起過——都是些野人！"

"說的是呢，"一個女人小聲附和道，"你看吧，過去之后娃娃肯定想家，不知要哭成啥樣子呢。"

我轉着頭左顧右盼，想弄明白他們在說什么，連脖子都扭疼了。媽媽看着我茫然的臉，對衆人吼了一聲，"不要亂講了！娃

## JEAN 春華 裴敬思 醫學博士

娃都嚇壞了。"

棚屋中立刻陷入沉寂。我好奇地望着媽媽。她拉着我的手說道,"我們今天要去洋人家做客。他們原來給過你牛奶的,還記得嗎?你還對他們笑呢。"

我怎麼會記得?當時我還只是一個小不點。不過作爲一個小孩子,我感覺這樣的解釋也就夠了。

于是,老胡和媽媽終于帶着我走上了去往江邊的小路。我們登上木筏,老胡默默地摇着櫓,媽媽則陷入了沉思。我獨自喃喃自語地念叨着,兩人却只是充耳不聞。突然間媽媽長嘆一聲,問道,"老胡,你說我們把娃娃送給洋人,能行嗎?娃娃和洋人能處得來嗎?"老胡根本沒有搭腔的打算,他依然沉浸在對我的失望中,只因我不是男孩。

事實上,女孩同樣可以帶來許多快樂。但老胡不知道,他根本就不曾正眼看過他的任何一個女兒,就連我那個在家中養到三歲才送給人家做童養媳的姐姐也從未能够得到他的青睞。然而小小的春花却有些不同。每次他從稻田中回到家中,我總會用天真甜蜜的笑容迎接他。他雖然饑腸轆轆疲憊不堪,也會情不自禁地抱起我來舞弄一番。而這樣的興致他是不常有的,即使是對他的兒子們。

我是他的親生骨肉,然而想到我們貧困的處境,想到女孩注定要送出去做童養媳的命運,將我送給洋人便成了順理成章的事情。或許她能過上好日子也未可知。因此對老胡來說,這事情已經有了定論。

就在這一刻,他的目光恰好瞥見春花的雙眸和笑容,而他却轉頭望向別處。

男人的沉默令媽媽感到煩躁,便又把問題重復了一遍。男人顯然也煩躁起來,吼道:"對!"

在我的記憶中,這或許是他們兩人之間第二長的一段對話。我的目光在老胡與媽媽之間移來移去,試圖理解他們簡短的對話。然而他們却發現了我正在傾聽,立刻便閉緊了嘴巴。

媽媽雖然一言不發,事到臨頭的重重顧慮却一直在她心中澎湃。她一定感到不解,自己費盡艱辛爲我争取到了這樣一個生存

## 春花：兩條江邊的故事

機會，此刻眼看就要功德圓滿，爲何她却并未感到如釋重負的輕鬆和歡愉，反而不願放手將我送走。這樣想着，她不自覺地便抱緊了懷中的我。我抬頭望向媽媽，一顆泪珠正落在我的臉上。

我懵懂地望着媽媽，伸出手去摸她的臉，"媽媽，哭？"這或許是我第一次開口講話。

"没有，"媽媽推開我的手。"媽媽没事。是冷風吹的。"

我信以爲真，又望向老胡。他却再次避開了我的目光。我猜或許是因爲他要專心摇船。

盡管洪水已過，江面也逐漸恢復到原來的寬度，冬日的朔風却凛冽强勁，在水面上掀起朶朶白浪。這樣的天氣行船自然絕非易事。木筏一路頂風破浪，終於將我們送達對岸。

這時九江街頭的積水已經全部消退。媽媽蹲下身子，讓我從她背上溜下來。那時我雖然才只有十個月大，却已經可以走得相當穩當了。我們一行三人沿着主街朝洋人的宅邸行去，一路上誰也没有做聲。到了大門前，我抬起頭，滿懷敬畏地望着那兩扇大門。媽媽則抓起門環，叩響大門。兩扇鐵門由內打開，門房見到我們并不意外，因爲事先已經有人向他交代過，讓他將那帶着小孩的一家三口領進廚房取暖。此刻已經時近正午，洋人却尚未從醫院回來。我們便在廚房中坐下，主廚師傅還客氣地爲我父母斟了熱茶。

我們等候的時候廚房中來了不少中國僕役，都是來看稀罕的。有的是獨自跑來，也有三五成群的。這些僕役大多是阿媽——打理家務的女傭，也有保姆和奶媽。其中一位阿媽懷里還抱着個中國娃娃，喂養得頗爲壯實，穿着也體面。媽媽先看看那娃娃，再看看我，不由又是一聲嘆息道，"比起來真是一個天上一個地下。看我家春花都瘦成了什麼樣子，没得吃啊。"

那位阿媽便接過話道，"送來這里你就放心吧，保險把娃娃調養得好好的。"

"這娃娃是哪里來的？"媽媽問道，心中疑惑着爲何裴師母要讓她的小春花多等上這好幾個月。

阿媽答道，"這娃娃的媽媽啊，把她生在生命活水醫院了。可這醫院本來是只給男人看病的。她本應去但福德的，那才是女

## JEAN 春華 裴敬思 醫學博士

人的醫院（譯者按：九江但福德醫院，爲美國衛理公會于1896年興建）。可她偏偏又去不成，因爲她兒子在生命活水醫院住院，病得離不開人。所以浦樂姐妹，就是浦大浦二啦，才幫她在這邊接生。她家男人又死掉了，這女人獨自拉扯兩個男娃，一個還在醫院，根本顧不上照管這女娃。所以這美國姐妹倆二話不說，就答應她幫她把娃娃帶大。"

媽媽聽得入了神，膽子也大了起來，問道，"這娃娃多大了？"

"還不到九個月。"阿媽答道。

"那麼說，比我家春花還小着兩三個月。"媽媽咕噥道，自己也有些搞不清我到底多大了。

阿媽將懷中的娃娃放下，安慰道，"你也莫急，這娃娃本來就長得個子大，你的娃娃也沒問題的。"

我望了望那個小姑娘，便搖搖晃晃地向她走去。她正扶着椅子想要站起來。我來到近前，她還沒站直身體，便已經明顯高過我了。說時遲那時快，阿媽們還沒反應過來，小姑娘一掌便打在我的臉上，輕而易舉便將我打倒在地。我呆望着她，無法相信自己的遭遇，勉強爬起身來便向媽媽退去，眼睛依然盯着這小壞蛋，生怕她追來再給我一巴掌。照管這小壞蛋的那位年輕阿媽姓王——后來我一直喊她王媽，連忙跑過來將那小姑娘抱起，與我拉開了距離。

這時外面傳來鐵門開啓的吱呀聲，僕役們全部跑回各自的崗位。王媽抱着小姑娘朝大門走去迎接洋人，廚房里便只剩下主廚師傅和我們一家三口。裴師母得知我們已經到了，急忙跑來表示歡迎。媽媽和老胡也立刻從座位上起身還禮。

媽媽一邊將我推向裴師母，一邊說道，"裴師母，這就是我家春花。特地帶來見您。謝謝您。"媽媽還算機敏，知道裴師母的漢語水平有限，自己說得太多反而會令她糊塗。

裴師母對我展顔一笑，說道，"歡迎你，小春花。"說着她便走上前來將我抱起，擁抱了一下，又在我臉上輕輕一吻。

我驚呆了，有些被嚇到了。中國人不習慣在大庭衆下表示感情，即使對小孩也不例外，當衆擁抱和親吻更是難以想象的

春花：兩條江邊的故事

與發小和她的阿媽王嫂在新家裏合影

事情。可當時誰又能想到，用不了不久，我便會親熱地喊這女人爲"目親"或"麻麻"了。(譯者按：作者兒時發音不准，將英語母親一詞"Mother"念做"Mudder"，媽媽一詞"Mum"發音做"Mar-Mar")

裴師母看來正在考慮如何調兵遣將，很快她便指派常媽做我的保姆。常媽點頭答應，領着我來到她在后院的住處——后院是中國僕役居住的地方。她在自己的房間里喂我吃了午飯。其實當時我已經會自己吃飯了——大人沒有余力嬌慣的孩子總是會成長得更快，更早學會獨立。

媽媽和老胡在厨房里邊吃着飯邊等候裴醫生回家。不久大鐵門再次響動起來，裴醫生回來了。不久我就要喊他爲"代代"——那是我自創的"爹爹"發音。媽媽和老胡剛剛放下飯碗，裴醫生也恰好進了厨房，兩人連忙起身見禮。裴醫生夫妻二人都希望能够對我的健康情况和基本能力多一些了解。

對于我是否能够説話這個問題，媽媽滿懷自豪地答道，"春花可能説了，一開口就停不下來。她啥都會説，還會駡人呢！"裴師母嘴上没説什么，心中却暗下决心，决不能再讓我説出一個髒字。而事實上在那之後，我也確實未曾吐出半個侮辱性字眼。

媽媽隨后又滿懷歉意地告訴裴師母，説我還不曾纏足，因爲鄰居説政府已經不讓這樣做了。這番話聽得裴師母目瞪口呆——

## JEAN 春華 裴敬思 醫學博士

她從未想過媽媽竟然曾有過這個打算。真是僥天之幸！我不喜歡媽媽給我剃的光頭，但盡管我當時還小却也明白，頭發剃掉了還可以再長出來。而一旦雙足被纏，那種摧殘將永遠無法修復。

裴醫生夫妻二人又一一詢問了我是否曾患過麻疹和百日咳等兒童疫病。不過看着我皮包骨頭的樣子，他們明白從媽媽口中大概也問不出太多東西。老胡在這次會面即將結束時拿出一份簽過名的字據，上面寫着："公歷一九三一年十二月二十二日，春花父母二人自願將親生女兒春花過繼與裴氏夫婦為女……"

在媽媽和老胡看來，這份字據已足以作為收養的正式法律文書。兩人離開時甚至都不曾與我道別，大約也是故意為之。然而時至今日，我已經全然不記得自己當天的心境，也從未有人告訴過我。不過無論當時我是怎樣的心境，它都并未持續下去，因為我的新媽媽已經為我能够開心地平穩過渡做好了周到細致的安排。

除了裴師母這位新媽媽之外，照顧我的還有常媽。她年紀大約五十出頭的樣子，更像我的媽媽。我一下子便黏上了她，對她格外親近。后來這些年中常媽對我的一個故事總是念念不忘，反復地念叨着我是如何地令她感動。那是有一天我發現她在偷偷地抹眼泪。

"你哭啥？"我問道。

"我男人死了，"常媽答道，"現在我要一個人拉扯個兒子，他又病得起不來床。我的命好苦啊。"常媽長嘆道。

"你莫要傷心，"我勸慰道，"等我長大，我就給你買一個大床，像洋人睡的那樣的大床，我照管你。"在我幼小的心中，一張舒適的床就是萬靈妙藥，能够解决她的所有問題。這承諾我從未忘記，然而常媽却連我長到十一歲都沒有等到便去世了。

我來到新家的時候正是一年中最為忙碌的時節。我進門的第二天便是我美國媽媽的生日，十二月二十三日。再過去一天，便是聖誕前夜，然后是聖誕節，那一年恰逢禮拜五。再過一個禮拜，公歷新年又來了，而農歷新年則要等到公歷二月六日。不過對我來說，這似乎永無休止的慶祝和烟花却像一場令人暈頭轉向的旋風。

## 春花：兩條江邊的故事

　　我記憶中第一次闖禍也正是在這頭幾個月里。在鄉下的棚屋中是沒有衛生間的，最多不過在墻角放一只大木桶供大人們方便，桶中的內容則是稻田肥料的寶貴來源。木桶雖則簡陋，在鄉下却也算得是件奢侈品了。大多人家只是在門外用稻草扎一處小棚充當便所。而我這樣的幼兒則穿着開襠褲，這樣隨時隨地都可以方便——當然首選的地方還是稻田。

　　在鋪着木地板和地毯的大房間四顧一番之後，我隱約感覺在這裏隨意蹲在地板上方便似乎不妥，况且房間中大部分地方都蓋着地毯。于是我便繼續四處尋找方便之所，然而强烈的便意却影響了我的判斷。當我的目光終于落在壁爐上時，我長出了一口氣，暗道，"再合適不過了。"

　　對于一段貫穿終生的關系來説，這樣的開始并不算平順。不過我却總是情願認為，我的美國父母在一年中最為忙碌的時節將我迎入家中，想必是將我當做了他們生日和聖誕的一份大禮。

# 4

在中國農曆新年那震耳欲聾的嚇人鞭炮聲中,我學會了在正確的地方解手。1932年在我的記憶中大抵是一片模糊。周遭發生的一切只有一半在我的理解範圍之內,不過我還是很快就開心地融入了我的美國家庭,喜歡上了我的美國父母,尤其是我的母親。我像小尾巴一樣跟在她身后,無論她走到哪里我都跟在后面。僕役們都説小春花變成了裴師母的裙尾,也有人説裴師母走到哪里后面都會拖着個布娃娃。

這所大宅原本是個清静的地方,唯一的聲音是美國人輕輕的

伙食改善后快速成長增重,攝于約1932~1933年

## 春花：兩條江邊的故事

腳步聲和他們的低語。而如今却大不相同，房間中四處回蕩着孩子們的歡歌笑語。

翌年夏天，也就是1932年，那個初次見面便打了我一巴掌的小姑娘終于開口説話了。使用手語的日子一去不復返了，過去她想要什么東西只會用手去指，連月亮也不放過。我相信她的兩位阿姨——更像是兩位媽媽——如果能把月亮摘下來的話，她們真的會爲她去摘。這孩子簡直就是她們的心頭肉。所以我就想，"你這小壞蛋，那么凶怎么還要花這么久才學會説話呢？"

然而這小壞蛋后來竟成了我的小姐妹，我倆居然出落成一對一模一樣的娃娃。她的兩位美國阿姨爲她取了一個非常漂亮的英語名字，不過在這本書中我會隱去她的真名，而稱她爲"發小"，因爲我們確實是親密無間的一對發小。我與她的兩位阿姨也都很親近，她們一位叫蒂阿姨（Auntie Dee），也就是在生命活水醫院中被人們稱作"浦大"的那位護士，另一位我喊貝希阿姨（Auntie Bessie）的自然就是浦二了。父母、兩位阿姨，再加上我和發小，我們六人住在一起儼然成了一個家庭。

兩個小娃娃整天在大宅中追逐打鬧，連窗櫺都震得嗡嗡作響。我的卧室在二樓，我常常會沿着木樓梯猛衝下去，與發小一同到我們在后院寬敞的花園中玩耍。而她却總喜歡端着一副公主架子，優雅地一步步從樓梯上走下來。我跑得急，往往會絆倒跌跤，弄得樓梯吱嘎作響，而我也疼得嚎啕大哭。不過我總會自己爬起來，不顧身上的淤青甚至是正在流血的鼻子，對旁邊的大人難爲情地咧嘴一笑。而可憐的常媽則不得不用她那雙纏過的小脚吃力地追在我身后，替我擦去鼻血，免得弄髒我雪白的新裙子。有一天常媽甚至抱了兩個枕頭守在樓梯下方，爲我跌落提前做好了准備。

當我們因下雨而被禁足室內時，我便會爬上那張巨大的摇椅，拼命地摇來摇去。有一次我摇得實在是太猛了，竟然將摇椅摇得翻倒過來。我則從摇椅上飛了出去，撞翻了一個衣架后摔在地毯上。這一下摔得雖然不算太重，却險些奪去我一只眼睛——只差一英寸（譯者按：2.54厘米）我的一只眼睛就會被捅瞎。那只烏青的眼睛成了我的榮耀勛章，大家都來詢問事情經過。在發小

## JEAN 春華 裴敬思 醫學博士

的兩位媽媽中，蒂阿姨一向不苟言笑。她板着臉沒有笑，還把母親和常媽都數落了一番，甚至大聲嚷嚷起來。我猜大概是責備兩人疏于職守沒有將我保護好。這大宅若是能够說話，它會講出多少故事啊！

我自翊比發小年長幾個月，一直將保護她視爲己任。我像只抱窩的老母鷄一樣總是寸步不離地守護着她，盼望着出些亂子讓她哭起來，以便我去盡責安慰。然而不巧的是她和我一樣，并不喜歡哭，因此我總是苦等却沒有機會。有一天我突發奇想，决定爲自己制造一次安撫發小的機會，便從背后將她推倒。發小狠狠地摔了個大馬趴，然而却并未發出哭聲。我將她從地上拽起來，扶着她靠墻坐好。負責看顧發小的保姆王媽一直在不錯眼珠地盯着我們，立刻一陣風似的衝過來將發小抱在懷里，從頭看到脚地仔細檢查。發小的膝蓋擦傷得很厲害，而這時我的保姆常媽聽到動靜，也衝了過來將我護住，生怕王媽會把我怎樣。

直到這時我才突然意識到自己的行爲是何等地不對，我像一只羔羊般老老實實地站在那里准備接受懲罰。幸而發小的傷并不像看起來那麽嚴重，而兩位阿媽也都不忍心責罰我。這樣我總算是險險逃過一劫，并未在媽媽和阿姨回家后遭到冷遇。

發小和我都是執拗的牛脾氣。大宅里養了兩條小狗，一只叫

兩個一模一樣的娃娃，攝于約1934年

## 春花：兩條江邊的故事

做"跑跑"，像個迷你柯利犬，是"代代"的寵物。另一只是個京巴，名叫"匹克"，是母親的愛犬。我對動物一向不很感冒，因此對它們總是敬而遠之。但發小却喜歡抱着它們百般寵愛。有一天跑跑心情不好，被發小糾纏得煩了，便咬了她的手。然而就是這樣，她也没有哭，只是一聲不吭地背着手靠在墻上。我不知道出了什麽事，過了感覺像是幾個鐘頭之後，我去叫她和我一起玩。她却站在那里一動不動，臉上既没有驚懼也没有痛苦。最後我只得拉住她的胳膊，問道，"你怎么了？有什么事情嗎？"

發小這才勉强把手從背後拿出來伸給我看，一下子便把我驚呆了。她的手還在流血。我大聲哭了起來向大人報警。發小去注射了狂犬病疫苗。那次咬人事件之後跑跑没過多久就死了，只有它的齒痕還留着發小手上，一直伴隨她走過一生。

與發小相處時間不長，我便注意到我們兩人間一個截然不同之處：發小膚色白皙，這在中國人中間并不多見；而我則是更典型的東亞人種相貌。就算在生命活水醫院中，僕役員工也常常為發小的白皙膚色而嘆為觀止。兩位阿姨對此頗為得意，我却暗中嫉妒。

然而老天是公平的。發小的皮膚雖然白皙却很嬌貴，一旦被蚊蟲叮咬便會感染，必須人為處理方可康復。她若是抓撓便會更加糟糕。因此發小的雙腿在夏季的數月中總是貼滿了紗布，形象頗不美觀。但這紗布的裝飾也成了我艷羡的對象。為了與發小爭奪這樣的特權，我故意用力抓撓自己的腿，然而無論我多么用力却總是無法造成傷害。或許是我當時指甲還不長。現在回想起來自己當時真的是少不經事，不僅不懂為自己如此健康的皮膚而感恩，反而盼望着有朝一日自己能在胳膊腿上貼滿創可貼。

終于有一天，我不小心將胳膊撞在門上，擦掉丁點大的一小塊油皮。我心花怒放——終于可以貼創可貼了！然而，母親查看後得出的結論却令我大失所望，"這點小傷用不着創可貼。"

于是我便决定揭開傷口上那塊痂——這樣傷口便可以流血，然後我自然就可以貼創可貼了。然而盡管我不懈努力——不停地揭開傷疤，那傷口却不肯流血，感染就更不用想了。不過我的右臂上倒確實留下了一個微小的三角形傷疤，直至今天仍然在提醒

## JEAN 春華 裴敬思 醫學博士

我當年自己是何等愚蠢和執拗的一個小姑娘。

1933年底的超級節日（12月23日母親生日、25日聖誕節，然后便是公歷新年）到來之時，我和發小都已經能説出完整的句子了。但母親不知爲了什么總是急于知道我們兩人是否有唱歌的能力。當時我們都還不滿三周歲，她便開始教我們用漢英兩種語言唱兒歌。母親發現我竟然能够哼唱曲調，大爲欣喜——盡管我哼唱的歌詞中摻雜了許多無意義的音節和咕嚕。于是我和發小便正式開啓了爲禮拜日的英語禮拜儀式唱詩的"職業生涯"。這禮拜儀式是爲當地的傳教士和講英語的當地信衆舉行的，牧師一般都由"代代"充當。

當她還在很小的時候，發小便展現出音樂天賦，幾乎是一名渾然天成的高音歌手。后面幾年中她又成爲一名出色的鋼琴演奏家。我的嗓音較低，適合中音演唱，但我在歌唱方面却毫無天賦。而且我還有個致命弱點——面對觀衆時極度怯場，這是我與發小間的另一個巨大差异。可憐的母親完全無法預料我在臺上的表現——我常常因爲怯場而毫無征兆地突然跑掉，或是將頭埋到她的腿上令她尷尬萬分。即使我勉强站到了臺上，我也常常會轉過身去背對觀衆，嘴裏更是連一個調子都不肯唱出。然而發小却完全不知怯場爲何物。她會鎮定自若的從頭唱到尾，令觀衆大爲欣喜。我枉爲一個假小子，竟然如此怯場，這兩種特質集于一身，實在是一種不幸。

不過一旦回到家中，情况便完全不同了。我又變回了那個完全不知害羞爲何物的假小子，會扯足嗓門地大唱特唱，即使跑調也毫不難爲情。我最喜歡的曲目是：" Jesus loves me hmmm–hmmm I know, something–something, hmmm–hmm–hmm for the Bible something so……"（譯者按：以上歌詞爲著名聖歌《耶穌愛我》的前兩句歌詞，作者年幼時記不清。原歌詞爲"Jesus loves me this I know, For the Bible tells me so"，大意爲："我知道耶穌愛我，因爲聖經做如是説"）我可以像接龍般將我喜歡的曲目一首首不停歇地接連唱下去，就好像是一首歌一樣渾然一體。我會坐在那把曾將我發射出去的摇椅中，邊摇邊唱，"I have food to eat and clothes to wear…. hmmm–

hmmm, something–something……—hmm– hmmm—"I am more precious by far than the sparrows…."

　　那時的我無憂無慮，快樂無邊，最要緊的是我能够感受到自己身上的萬千寵愛。盡管我嗓音糟糕，曲不成調，母親却每每面帶微笑，歡愉地望着我縱情歌唱。看着自己收養的孩子能够如此從善如流地接受耶穌，無論將來是好是壞，對她已經是莫大的慰藉。在我此前的短暫人生中充滿了饑餓與寒冷却沒有足够的愛，或許正是這樣的經歷才令我敞開胸懷，饑渴地投向一切關愛與温暖的源泉。

# 5

母親喜歡春花這個名字,而我自從來到新家后也確如春花般吐苞盛開。不過看着我月復一月地茁壯成長,母親爲我取英文名字的衝動也愈發難以遏制。她身邊中國員工僕役也在不斷提醒,說春花——春天的花朵,這名字在漢語中還有個不算隱晦的含義,容易令人聯想到"水性楊花"甚至是賣春。于是母親便決定在我的洗禮日爲我取個新名字。

"小春花,"母親柔聲說道。她常常對我講漢語,這次也不例外。她繼續說道,"這個禮拜日我們要爲你取一個英文名字。從現在開始,我們會喊你'珍'(Jean)。"我被這番話搞糊塗了,甚至有些害怕,"爲啥呢?"

嗨,我的名字叫珍•裴敬思(Jean Perkins)!攝于約1935年

## 春花：兩條江邊的故事

"因爲'珍'是我非常珍愛的一個名字，我想讓你擁有這個名字。"母親沉默了一下，又道，"我本來想等你大一點再告訴你這故事的，不過你那麼聰明，我現在就告訴你好了。在我出生之前，我有個姐姐叫做珍。"

我瞪大了眼睛。

"你，出生？"我脱口而出。在我當時的想法中，只有小娃娃才會出生，而大人們似乎應該一直都在這世上。

母親被我的想法逗樂了，"對啊，媽媽和你一樣也要出生，只不過那是很早以前的事情了。"她繼續説道，"媽媽的姐姐珍肚子疼得很厲害，于是我們的爸爸便帶她去看醫生。"

"就像'代代'一樣，"我插嘴道，爲自己能用英語"day"來稱呼爸爸感到自豪。

母親耐心地點點頭表示鼓勵，又道，"是啊，我親愛的寶貝。他們去看的那個醫生説珍的肚子裏有蟲子，然後給了我們的爸爸一包碎玻璃碴，讓珍吞下去殺蟲子。那時候用玻璃碴泡水來殺蟲還是合乎情理的，因爲本來就沒有很多藥可以選。"

"他們剛一回到家，"母親繼續講道，"我們的爸爸就讓姐姐吞下玻璃碴。姐姐苦苦哀求，説她不想吃玻璃，但爸爸却不答應。最后珍還是吞下了玻璃——她是個很聽話的孩子。可玻璃碴并沒有殺死蟲子，反而割破了她的胃，姐姐幾乎是立刻就死掉了。從此之後我們的爸爸一直在怪他自己。"

"媽媽，你叫我'珍'，是想要外公開心嗎？"我問道。

母親一下子緊緊抱住我，吻着我道，"你真是個聰明孩子，一點就透。"

這整段對話中，我們一直在講漢語。我不敢保證自己完全聽懂了母親的意思，因爲她講漢語時口音很重。但我確實看到她的眼睛中飽含熱泪。多年之後我又有了新的疑問，因爲母親的媽媽——也就是我的外祖母，名字也叫珍。那么我的名字是取自外祖母嗎？那位名叫珍而不幸夭折的女孩是否另有其人？還是我誤解了整個故事？這些問題我一直没能弄明白。當時我畢竟還只是一個小孩子，就算是最重要的人生大事在我腦海中也不過是過眼雲烟。不過從那時起，我的名字却是定下來了。

## JEAN 春華 裴敬思 醫學博士

我蹦蹦跳跳地跑到我的布娃娃那裏，向她宣布了我的新名字。"從現在開始，你要喊我珍啦。"

1934年4月，我的洗禮日終于到了。從教堂回來后，我無比自豪地告訴我見到的每一個人，"今天他們在教堂給我洗了頭髮，所以從今往后你們都要喊我珍啦。"大家笑過之后，大宅裏的中國人照舊喊我"春花"。于是我的名字就變成了"珍·春花·裴敬思"。

幾天之后，兩位孺勵女子中學（譯者按：Rulison Girls High School，爲江西省最早的女校）的中國教師來到家中做客。母親與她們很熟。孺勵女子中學是由傳教使團設立的，母親在那裏教高年級的學生學習《聖經》。這兩位教師很好奇我是如何在一個美國家庭中生活并與家人相處的。當她們看到我的巨大變化時，簡直無法相信自己的眼睛。一年前還骨瘦如柴的一個小女孩竟然出落得如此健康壯實、面色紅潤、目光明亮。不過我還是有些害羞，躲在媽媽的短裙后。這兩位教師都喊我"春花"。

"春花，你喜歡這裏嗎？"一位教師問道。

"你喜歡你的美國媽媽嗎？"另一位追問道。兩人講的都是英語。

一則是害羞，二則對自己的英語也沒有把握，因此我對她們的問題只是搖頭。而當媽媽用漢語加入談話時，我却能夠用漢語對答如流。這兩位教師看得忍俊不禁，最后其中一人說道，"裴夫人，您知道春花講起漢語來帶着美國口音嗎？"

"沒有啊，這我還不知道，"母親有些不好意思地答道，又問道，"我講漢語時有口音嗎？"一段漫長的沉默之后，一位教師才建議道，"您何不同她講英語，這樣她就能從其他那些沒有口音的人那

嗨，媽媽，看我的新日本娃娃！
攝于約1935~1936年

春花：兩條江邊的故事

裏學漢語了。她現在已經能聽懂不少了。"

"這主意妙極了，"母親道，又解釋了一句道，"我同她講漢語只是希望她能够掌握自己的母語，却没有想到自己是有口音的。"

從此，我便正式開始了雙語訓練。媽媽向兩位浦樂阿姨轉述了孺勵女子中學教師的建議之後，發小也開始了同樣的訓練。其實在那之前兩位阿姨已經開始對發小講英語了。或許發小開口講話晚的原因正是因爲她拿不定主意該講哪一種語言。

自那天開始，美國人同我講話時只講英語，然而我却并未向其他中國員工學習漢語，因此漢語能力便開始退化，口音問題便更加談不上了。母親不再爲我讀從前那些復雜難懂的贊美詩，而是開始給我讀童話故事。這些童書都是我在紐約州楊克斯的外祖父母寄來的。

母親給我講了些關于外祖父母的事情。她說外祖父在一個叫做紐約的大城市蓋房子時，外祖母便待在家裏照顧母親。她還講了些關于"代代"父母的事情。她說"代代"很小的時候爸爸便去世了，很久以前媽媽也去世了。母親說"代代"有個名叫亨利（Henry）的哥哥，兩人非常要好。雖然亨利只比"代代"年長一點點，却一直像個父親一樣地照顧"代代"。我聽說自己也有外祖父母，自然很是開心，盡管我并不真正理解這概念。我對亨利伯伯尤其感興趣，據說他曾在我來到新家前造訪九江。我暗自盼望着他能够再來一次，這樣我就可以見到他了。

母親爲我讀的那些童書中有彩色的插畫和押韵的句子。她讀過《鵝媽媽》、《杰克建造的房子》、《三只小猫》、《老國王科爾》、《小小蜘蛛》和《吹笛人的兒子湯姆》，當然也少不了《一閃一閃亮晶晶》和《小紅帽》。還有許多其他的故事，但我現在却已經想不起來。媽媽讀起書來表情很是豐富，她的表情常常逗得我開懷大笑。比起贊美詩來，這些童書可要有意思多了。

有一天，母親興衝衝地拿起一本剛剛從楊克斯寄來的書。她翻開一頁便讀了起來。

"捏、捏、脚丫豆，
來了潮水大浪頭，

## JEAN 春華 裴敬思 醫學博士

你若不快回家走，

就要落進大海溝……"（譯者按：此處兒歌爲蘇格蘭英語，發音拼寫均與英語有顯著不同，區別類似普通話與粵語。）

母親讀了幾句便皺起了眉頭。

"仁慈的上帝啊，"她嘆道，"我媽媽爲什麼要寄這么一本書來？"

"怎么了，媽媽？"我問道。

母親又仔細看了眼那本童書的封面，這才答道，"我的珍妮寶貝（譯者按：珍妮 Jeanie是作者名字珍Jean的昵稱），這本書上都是蘇格蘭童謠。我們不讀它。你要學的是美國英語，不是蘇格蘭英語。你可不能一張嘴像個蘇格蘭妹子！你的漢語已經被我毀掉了。"母親搖着頭，從箱子中摸出另外一本書，看了看道，"這才是本好書呢。我要幫你把舌頭理順，把你的發音訓練好。"于是她便開始教我讀"吹笛手皮特把筆放在紙上"（譯者按：英文原文爲"Peter Piper Puts Pen to Paper"，是一句繞口令）。母親咧開嘴露出一個大大的微笑，顯然非常滿意。當時我根本不懂兩種英語在發音上有什麼區別，直到多年以后我才知道母親就是蘇格蘭人。

這樣強化的朗讀和聽力訓練再加上字母單詞的辨認練習，使得我在短短八個月內便取得了英語表達能力，只有個別幾個動詞還需要以漢語代替。我口語的進步和准確的發音令母親和"代代"大爲鼓舞，"代代"建議道，"我們把珍送到牯嶺美國學校附屬英語幼兒園去吧。今年秋天她就三歲半了。"

"這主意太棒了！"母親贊同道，"親愛的愛德華，我感覺珍在語言方面有些天賦。將來或許能當個作家。"

"代代"爽朗地笑了起來，"好吧，喬吉（譯者按：Georgie是作者母親名字喬治娜Georgina的昵稱）。她大概能行。不過我們現在討論的只是學前班而已，可不要太急于求成。"

我轉着眼睛，來回地望着他們兩人。然而要我加入一群新的陌生人重新適應，我却不是很感興趣。畢竟我好不容易才適應了這個洋人的新家，現在剛剛才開始感到舒服。不過顯而易見的是，這件事由不得我。事實上母親已經開始教我見到美國老師后

## 春花：兩條江邊的故事

應該怎樣打招呼了。

"現在假裝我就是你的老師，"母親道，"我上課前會講這樣一個開場白。'好，現在我們班裏來了一位新同學。你叫什么名字，親愛的？'然後你就要回答，'珍'。"母親彎下腰，將雙手輕輕放在我的肩膀上，說道，"記好，這就是你的提示問題。然後下一個問題就是'你多大了？'然後你就要說'我三歲半了。'"母親自問自答，將這對話反復重復了幾遍，然後讓我按照這個順序來表演一番。

于是我便努力裝出成人的腔調說道，"好，現在我們班裏來了一位新同學。你叫什么名字，親愛的？"

"我叫珍！"我自問自答。母親很高興，又道，"來，珍，現在我們來練習下一個問題！"

"你多大了，親愛的？"我拿着腔調自問，然後又裝模作樣地點着頭，自豪地伸出四根手指道，"我四歲了。"

"好吧，四歲已經很接近了，而且也容易說。太棒了！你已經可以上學了！"母親自豪地抱了抱我，又在我臉上輕輕吻了一下。

這一天終于來了。九月份，我正式入讀一家英語幼兒園，這是當時頗具盛名的牯嶺美國小學及中學的預科班。學校的位置在牯嶺山，也就是聞名遐邇的廬山。母親帶我一路走到學校正門的街道對面，便放開我讓我自己進去——她認爲我已經夠大了，送到這裏就可以了。于是我便獨自走進樓房，找到了教室，而我的老師立刻迎上來表示歡迎。

沐浴在新紅袍的光輝中，攝于約1935年春

## JEAN 春華 裴敬思 醫學博士

老師一上來便道，"你好嗎，珍？"（譯者按：原文爲"How do you do？"結構雖爲問句但只是初次見面的正式問候語。）

這一下可給我問昏了頭。我驚慌失措，腦袋裏一片空白。她不該這么問的。我當時大概楞了一兩秒鐘才回過神來，但我却感覺像是經歷了一輩子那么長。老師專注的目光盯在我的臉上，她雖然友好，眼睛却好像在我臉上生了根一樣不肯放松。我揣度着她的想法，猜想她大概是希望我能回答得更快些，于是便鼓起勇氣將准備好的答案一股腦全部喊了出來，"我叫珍我四歲啦！"隨后我便想找個地方躲起來，因爲房間裏坐滿了美國孩子，都在哄堂大笑。我當時多么希望母親能在身邊啊！

事后母親得知了情况，但并没有責備我，一直提心吊膽的我這才松了一口氣。母親認爲作爲一個年僅四歲的孩子，我做得已經算是不錯了，畢竟我原來從未踏進過任何一所學校。盡管我的開場介紹出了這樣的失誤，老師和那些美國同學還是很快就喜歡上了我。由于我年紀比班裏的同學都小，他們便送給我一個綽號：小不點珍妮。

母親得知后評論道，"看來你已經開始交朋友了啊，珍。我想他們都喜歡你。"

在幼兒園的加課輔導下茁壯成長，攝于約1936年

### 春花：兩條江邊的故事

"是的，媽媽，我交朋友了！我也喜歡他們。他們的金頭發和藍眼睛特別有意思，就像你和'代代'。他們長得和我還有發小都不一樣。"

母親攥了攥我的手，緊緊地抱着我，却并沒有回答。

我非常喜歡在幼兒園的那些日子，更要緊的是我的英語進境神速。從那時起，母親再要我做什么事情，我便開始用"Okay"來回答。大宅中那些中國大人還不習慣聽我説英語，聽到后都感到非常有趣。

"珍果然有語言天賦。"媽媽自豪地向"代代"報告。其實我當時年紀尚小，學習新事物自然不難，不過后來我自己也漸漸開始相信我在語言方面確實有些天賦。

# 6

我們的大宅坐落于一座小丘的頂部,小丘對面是一條叫做"塔玲南路"的街道。其中"南"指方向,而"路"則意爲道路。正對大門的是大勝塔,顧名思義,是一座古塔。而門前這條街道的命名同樣源于這座古塔。家中各處都能望見這座坐落于一座名爲能仁禪寺的佛教古刹院内的古塔。與古塔相比,大宅便要新一些,落成時間大約與"代代"的醫院新址相仿。許多傳教使團成員都在九江城内安家,他們的宅邸四散分布,而我家則是唯一坐落于小丘頂上的一家。

　　出了大宅一路向下,小丘脚下便是"代代"的生命活水醫院。醫院中所不具備的現代便利設施,"代代"的家中同樣也付闕如。大宅是木質結構,房間内有下水系統,但電力供應却極其有限,因此不得不依靠煤油燈和蠟燭照明。大人們總是警告我和發小要小心火燭,以免失火燒了房子。然而他們或許是太忙了,從未告訴我們萬一失火應該如何應對。

我們在九江的大宅坐落于小丘之上,母親戲稱爲"路邊小旅店"

## 春花：兩條江邊的故事

一天晚上，我和發小正就着燭光聚精會神地做游戲，她的頭不知不覺間朝蠟燭越靠越近。突然間我們聞到一股頭繩燒焦的惡臭，而我們身邊却沒有大人。"這可怎么辦？"我傻了眼，隨后我們兩人便慌亂起來。而這時火焰已經快要燒到發小的頭發上了，我知道我必須立刻行動起來。我抓起一個枕頭，開始用枕頭向發小的腦袋胡亂砸去。一番猛擊后竟然真的撲滅了火焰。然后我們兩人扯開嗓門開始拼命喊叫，阿媽、阿姨和母親全都飛奔而至。看到事故現場后她們都一陣后怕，不過媽媽對我的機智反應和冷静頭腦也頗為贊賞——那時我畢竟才只有四歲。

我們在九江大宅的花園中與當地的外國傳教使團成員舉行慶典活動

## JEAN 春華 裴敬思 醫學博士

　　后來我上了學之后，才了解到1871年芝加哥那場顛覆了美國火灾響應規範和救援程序的火灾。然而身處舊中國的農村地區，如果當時真的燃起大火，肯定無法及時找到足夠的水源來拯救我們的大宅。

　　我們的用水來自于房子后面的一口水井。兼任園丁的門房負責每日汲取井水，并灌滿厨房中和房屋四周的陶瓮。在我們這樣一個大家庭中，水的消耗量是非常大的，因此汲水也是一件辛苦差事。我和發小都不知道老門房的名字，便喊他"水爺爺"。這名字中的"水"字自然來自于他汲水的職責，而"爺爺"則等同于祖父，是對老年男性的尊稱。水爺爺雖然嚴肅，却也不失友好，臉上總是帶着笑容。每次他走過花園時總會對我們招手示意，不過更多時候他只是埋頭工作。

　　花園中没有水管或噴淋器這類設施，我們便只能用水罐來澆灌那兩大塊草坪。母親是個愛花之人，所以我們一上一下兩個花園中一年四季都開滿了五顏六色的花朵，而春天則更是繁花似錦。園中栽了幾株樟樹，還有一兩顆櫻桃樹——每年春天總是開滿了鮮花。還有兩株日本楓樹，樹葉每到秋天便轉爲亮麗的橙黄甚至鮮紅。其中一株日本楓樹相當高大，"代代"在上面安了秋千供我和發小游樂。而可憐的水爺爺則擔負着照顧這些植物的重任——草坪、花卉和樹木都是他的工作。

　　每逢禮拜一，水爺爺便會左右開弓，用兩條扁擔在雙肩上挑上四只大木桶。他先將水從井邊挑到洗衣房，交給負責在禮拜一洗衣的管家。我常常望着他洗衣，一看就是幾個鐘頭。他先用刷子將所有的衣物刷洗一遍，然后便拿起一個沉重的大木板將衣物不停地搥搗一番。最后，他會赤着脚在濕衣服上跺來跺去，漂洗掉污漬。他像水爺爺一樣也是個壯實漢子。而且他洗的不僅是我們全家的衣物，還有醫院裏的病號服及被單。由於他看起來比水爺爺要年輕些，發小便喊他爲"大板叔叔"，因爲他總是用大木板搥搗衣服。他搥搗衣服時就像在敲鼓，身體也會隨着節奏前后擺動，同時大概也在趁機活動一下緊張的腰肢。大板叔叔令洗衣看起來像是一項頗爲有趣的娱樂，然而當我到了十歲被母親派去給他幫忙時，我才發現這差事毫無樂趣可言。

## 春花：兩條江邊的故事

天氣晴朗時，大板叔叔便會將衣服晾曬在户外。晾衣繩在一個小池塘的岸邊，池水深度足以將我和發小淹死，因此那裏是我倆的禁地。"代代"將那一片區域圍上了籬笆。不過小孩子總是好奇的，每次大板叔叔去禁地晾衣服時我總會跟在后面偷看。這項工作他一做便是幾個鐘頭，技巧非常嫻熟。他先是在自己身上別上很多別針——腰帶上、襯衫上、甚至在他的耳朵、鼻子和下唇上都會別上。身上帶着這許多別針，他便無法和我講話，連做個笑臉都不行。不過我坐在那裏看他干活他却也并不阻止。

在晴朗禮拜一的午后，我喜歡望着那些雪白的被單在風中狂舞，好像在說，"我要自由、自由、自——由！"然而倘若趕上雨天，這些洗過的衣物便只能放在地下室中滴水陰干。這時它們便會散發出一股霉味，而不是那種陽光和清風帶來的香甜氣息。

就在我在母親和"代代"的陪伴下快樂成長時，媽媽突然意外來訪。那時距離她和老胡將我交給我的新父母已經三年有餘。看到我脫胎換骨般的變化，媽媽簡直無法相信自己的眼睛。她望着我，目光中滿是敬畏地說道，"春花，你現在就像個神仙一樣，你變了一個人，你在過着神仙一樣的生活！"她說的没錯，我真的像是在天堂中一樣。

與其他傳教使團家庭合影，攝于約1936年1月

## JEAN 春華 裴敬思 醫學博士

不過，媽媽也注意到我沒有能夠立即認出她來，隨後她又得知我取了"珍"這個新名字。這令她多少感到失落，場面一時有些尷尬。幸好母親在場——她總是能很快地隨機應變。母親對我說道，"珍，你有兩位母親。"她指着媽媽，"她是給予你生命的母親。因爲她住在鄉下，所以就是你的'鄉下母親'，我們隨時歡迎她來看望你。"母親停了一下，又道，"我是你現在的母親，而你也會永遠和我們生活在一起。你是'代代'和我最寶貴的女兒！"

我聽懂了這話，便笑着向媽媽揮着手，却仍然保持着距離。

我對媽媽后幾次來訪的反應也大同小异，不過她拜訪的次數也并不多，而老胡則更是一次都沒有露面。隨着時間流逝，我對媽媽的情感依戀也漸漸被磨去。她對于我來説已經變成了一個常人，僅僅是我應該認識的常人，像個遠親。而我現在所在的這個家庭才是我唯一熟悉和熱愛的。我的生母是誰對我來説已不再重要，重要的是喬治娜·裴敬思現在是我的母親。

在我生命中最初的幾年中，死亡天使似乎對我格外青睞有加。我僥幸逃過了那場大洪水一定令她非常氣惱，因此在我六歲前她又接連拜訪了三次。她來勢汹汹，一次比一次更加惡毒凶狠。倘若我還在我出生的那個家中，我一定早就遭了毒手離開人世。不過在我的新家中，死亡天使的陰謀却并不容易得逞。

她發起第一輪進攻時我還只有四歲——就在媽媽第一次來看望我之后不久。當時阿媽們不僅僅負責照顧我們，還要打掃卧室和倒馬桶。她們將馬桶中的内容倒入后院的一個糞池，而當地的農民則會每禮拜來一次，將淘净池中的糞水用大桶運走作爲稻田和菜地的肥料。

我和發小喜歡看阿媽們吃飯，盼望着她們能夠給我們嘗一口她們的下飯菜，比如酸菜、豆腐，甚至是她們自己腌制的泡椒。她們的食物口味重，總是很咸很辣，因而也格外好吃。然而我們常常失望而歸——阿媽們不敢讓我們吃她們的飯菜，擔心萬一我們吃壞了肚子會怪罪到她們頭上。

那時在中國鄉下，鬧肚子腹瀉對于所有五歲前的孩子來説都是家常便飯。然而這些腹瀉却極爲凶險，幾乎是與死亡擦肩而

## 春花：兩條江邊的故事

過。腹瀉并非由于我吃了阿媽的食物，而是來自于寄生蟲——在當時也算是常見的疴疾，多半是我接觸了稻田中的土壤而染上的。我進了幼兒園后大約半年，"代代"便懷疑我染上了寄生蟲，并且通過醫學實驗證實了他的懷疑。我很幸運，因爲我的"代代"就是一名醫生，因此我服用了現代藥物而不是碎玻璃碴。我對現代醫學在二十世紀初期的發展成就滿懷感恩之心。如果沒有現代醫學，'珍'這名字就會變成母親家族中的一個詛咒。我還記得一種藥的名字叫做"蟲子毀滅者"或是類似的名稱。然而不幸的是我的蟲子對這藥并無反應，反而是我被這藥搞得極其難過。我的腸胃無法適應西藥，體重開始銳減。

"代代"吩咐母親和常媽給我喝夠了水，確保我不要脫水，貝希阿姨則每天都來爲我做一次檢查，而發小的保姆常媽則用雞湯熬了米粥幫我補充營養。我在他們的悉心照料下情況逐漸好轉，相對輕松地又拿下一局，以二比零領先死亡天使。我不知道現代藥物是否殺死了那些蟲子，但起碼給了它們一個教訓——如果它們讓我不好過，它們自己也不會舒服。如果它們真的像"代代"認爲的那么聰明的話，它們就得學會和我和平共處。

然而下一次的戰鬥却要嚴酷得多。我四歲半那時有一次發起了高燒。恰好母親當時要去教堂，便把我留在家裏。然而她又不放心我獨自在家，去過教堂便匆匆趕了回來。我的額頭滾燙，她

貝希阿姨返美行前與生命活水醫院員工在九江碼頭合影，我與蒂阿姨站在一起；發小與貝希阿姨站在一起

## JEAN 春華 裴敬思 醫學博士

拿來溫度計給我測量體溫，竟然達到104華氏度（譯者按：40攝氏度）。那時人們對付高燒的慣例手段就是灌腸。母親正在准備器械，却聽見我迷迷糊糊地説道，"要是我上了天堂，我要媽媽也和我一起去。"

母親答道，"傻孩子，你燒糊塗了。"

而我却答道，"天黑了。媽媽。"

我眼前發黑，却自以爲是天上飄過一塊烏雲遮住了陽光，而母親則繼續忙着爲我灌腸。幾分鐘后母親感覺不對，自言自語道，"珍怎么會這么安靜？"她低頭一看，立刻驚恐地叫喊起來——我的臉色烏青，雙唇全無血色，口吐白沫，癱軟無力。當時家裏除了主厨田師傅厨師和水爺爺之外没有别人。母親急忙丢下手頭的器械跑到厨房，對田師傅喊道，"快，馬上去找醫生來！"

然而田師傅轉臉便將這十萬火急的任務轉交給了水爺爺。而水爺爺偏偏又是個泰山崩于前而色不變的沉穩性子——這是他挑水的工作使然，他只能慢吞吞地走，不然水就灑了。盡管母親恨不得能讓水爺爺肋生雙翅飛到醫院，水爺爺還是邁着四平八穩的慣常步子來到了醫院。他找到了"代代"，從容地交代道，"您的孩子不舒服。裴太太的意思是，您忙完活計，方便的時候盡快回家看一下。"經過水爺爺這樣一番轉述，"代代"完全没有聽出情況的急迫，便一直將手頭的病人料理妥當方才啓程回家。

就在這段時間中，母親一直在給我做着冷敷，一邊不停祈禱，一邊焦急等待。中間恰好蒂阿姨帶發小從教堂回來，她看了情形后决定再爲我做一次灌腸。終于，"代代"回來了，一看我的樣子便知道情況危機萬分。他知道高燒對幼兒尤爲凶險，如果處理不及時，幾秒鐘的延遲有可能導致生死之别。"快，把她泡在熱水裏！""代代"一面指揮搶救，同時自己已經一馬當先衝向了浴缸。蒂阿姨立刻將我浸在熱水中。半個小時后我漸漸恢復了意識，又被抱回床上。我便昏昏睡去，一口氣睡了二十個小時。后來我才知道，媽媽祈禱的時候，常媽就坐在旁邊，一直不停地抹着眼泪。她太愛我了，知道我從洪水和饑荒中幸存至今是何等不易，擔心我會就此一病不起。

"代代"用熱水浴將我從死神手中救回的故事很快就傳遍了九江城，甚至傳到了周邊城市。連長江對岸的媽媽都聽說了這回事，慌忙渡江來看望我。這一次我對她的記憶更清楚了，有些奇怪爲什么這個女人似乎始終都在記挂着我。至此，我在與死亡天使的比賽中占據着壓倒性的優勢：大洪水、驅蟲西藥的不良代謝反應和高燒。但戰鬥還未結束。我在童年中與死神的最后一次較量也注定是最爲驚心動魄的。

健康活潑的我與父母、醫院員工、學校老師及福音傳道士合影，
約1936年11月攝于九江某會議現場

# 7

死亡天使的最后一次進攻中打頭陣的是百日咳,這是一種兒童常見病,其中文名稱"百日咳"指其症狀可以延續百日之久。百日咳患者咳嗽時喉部后方會發出類似哮喘的"呼呼"聲。這種抽動的力量非常強大,足以震裂細小的血管并導致鼻衄或眼周出血,令患兒看上去好像被人在臉上揍了一拳似的。1936年春,我剛滿五歲便患上了這罕見的并發症。

經過一個禮拜的劇烈咳嗽之后,我迎來了最爲悲慘的一晚——在哭泣中入睡,又被咳嗽窒息,然后便發起了高燒。母親起床后吃驚地發現我滿臉是血,而我的鼻子還在流血,根本止不住。

母親喊醒了"代代"。他在我臉上施以冷敷,折騰了好一陣,血總算止住了,于是大家又昏昏睡去。大約凌晨三點時,我又喊了起來,"媽媽!我嘴唇腫了!"

可憐的母親連忙起床去點蠟燭。果然——我的下唇腫得老高。她以爲是蜘蛛咬傷,便柔聲安慰,話音中并未露出恐懼,怕嚇壞了我。我躺在床上,圓睜着雙眼,半天才説道,"媽媽,不要睡覺。"她便將我抱到她的大床上,讓我枕在她的胳膊上,目不轉睛地觀察着我。到了清晨六點,我的上唇也腫起來了。母親連忙將父親叫醒。

這時我的整個臉都腫了起來,腫到連眼睛都無法睜開的程度。"代代"在我臉上塗滿了安福消腫膏,然后又用紗布包扎起來,只在嘴巴和眼睛那裏留了空隙。那股樟腦和薄荷的油膏氣味直到今天清晰地留在我的記憶中!此時我的浮腫已經擴散到遍布全身,先從雙脚到雙腿,再從雙手到雙臂,而且還無法排尿。我的雙手腫得最厲害,媽媽只得剪開我的睡衣袖子。"代代"擔心

## 春花：兩條江邊的故事

我這樣下去很快就會腎衰竭。那時病得可真是不輕。

"代代"擔心我是鏈球菌感染或蜂窩組織炎。如果真是那樣他也無計可施。當時盤尼西林雖然已經面世，但非常稀有，醫院一般都留給成人患者。盡管母親一再請求"代代"，他還是拒絕把醫院的盤尼西林拿來。他愛我如此之深，大義當前時却還是不願爲我而犧牲其他數百名患者的利益。

他們又試了灌腸、補充體液 （譯者按：原文爲"push fluids"，指通過超量飲水補充體液的一種舊時的醫療手段）和小蘇打水熱浴等辦法。看來熱浴并非能治萬病的仙丹。與這些相比，他們爲我做的努力中更多還是祈禱。由于我的症狀已經超過了百日咳的範圍，在没有明確診斷的情况下，能救我的看來只有奇迹了。

現在回想起來，我當時未必是感染，而有可能是對某些物質的嚴重過敏反應。"代代"每個小時都會爲我聽診胸音和呼吸節律。他讓我服了些巴比妥酸鹽和戊巴比妥，幫我鎮静下來。他還給我用了奎寧來抵禦真菌感染和瘧疾。蒂阿姨拿來一只漂亮瓶子，裏面裝着止咳糖漿讓我喝。我記得瓶子上寫着"舒蒲醫生"，還有"威斯康星州拉辛縣造"這樣的字樣。當時大家都認爲這止咳糖漿既然是産自美國一定没有問題，但如今我們知道二十世紀初的很多鎮咳藥都相當危險。

我身上的浮腫不知何故漸漸地開始消退了，順序正好與其出現的順序一致。浮腫退去後，我的雙腿和臀部就出現了大片的蜂窩樣紅腫。不過這紅腫慢慢地也退下去了，然而消退之前又生出大片的水泡。我總是忍不住要去摳破那些水泡。水泡的破損痊愈后我的皮膚上留下了一片片傷痕狀的黑斑，不過這些黑斑經過一夏天的陽光后也都消失無踪。

下面這段話摘自我母親寫給我外祖母的信：

"昨夜我真切地感受到了祈禱爲珍帶來了轉機。從劫難中逃生一向都是她的拿手好戲，她是個真正的逃生專家！然而天可憐見，盡管愛德華已經想盡了一切辦法也竭盡了全部力量，大家還是感覺她這次可能會在劫難逃！然而，憑着上帝的恩澤。媽媽，我會一直不停地祈禱下去的……"

## JEAN 春華 裴敬思 醫學博士

我真的又逃過了一次劫難！洪水、饑荒、高燒、蟲子，還有這次不知是感染還是過敏反應的磨難，都没能將我擊倒。我開始懂得自己的生命力全部源自于上帝的恩典和家人的關愛。從此之后，我便不再爲自己和死亡天使間的較量計分了。

1937年6月18日，六歲的我完成了人生中一個重要的篇章。我走上主席臺，按照老師帶領我們練習了好幾天的標准動作鞠躬行禮。我臉上光彩焕發，伸出雙臂，從校長手中雙手接過小學預科班的結業證書。我成爲一名合格的牯嶺美國小學一年級學生了！我無比自豪！

"代代"的臉上洋溢着父愛和快樂，"孩子還是要數自家的看來齊整！"母親會意地點點頭，附和道，"除了咱自家孩子，别的孩子都站出列了！"（譯者按：上述兩句對話爲蘇格蘭英語，語法用詞均與標准英語有很大差异。） 他們兩人的交談明顯帶着濃重的蘇格蘭口音，我完全聽不懂，但是我却明白他們都在爲我感到自豪和快樂。

母親是個業余攝影師，這樣難得的場合自然不會放過機會練習技藝。我的班級共有十五人，大多都來自傳教使團家庭。我清楚地記得照片中站在我旁邊的那個小男孩名叫"明明"。他個頭比我矮，長了張可愛的娃娃臉。當然了，那時誰也不會想到，他

幼兒園畢業，攝于1937年夏

## 春花：兩條江邊的故事

將來竟然會成爲我的丈夫！

　　黑雲壓城城欲摧，九江城內傳言四起，説"島上的帝國主義者"——這是大人們給日本人起的別稱，正蠢蠢欲動妄圖侵略中國。我一直没能徹底弄懂到底是怎麽一回事，但還是能够隱約感覺到有不好的事情即將發生。大人們談話的内容發生了變化，尤其是在餐桌上。我很喜歡聽大人聊天，還經常會插嘴發表自己的意見，往往令他們忍俊不禁。

　　在一個禮拜日，晚餐時"代代"爲大家盤子裏盛上烤鷄。我盯着那只烤鷄看了半响，一副實事求是的樣子説道，"這鷄再也不會打鳴了！"大人們立刻哄堂大笑，連眼淚都笑了出來，足足笑了幾分鐘才緩過氣來，不然吃飯真的要噎到。在我看來，這些大人的行爲簡直與孩子無异。我不解其故，突然打破沉默脱口説道，"我不明白。"話音剛落，沉寂便籠罩了餐桌。我的話本來完全没有玩笑的意味，只是這些大人們太過緊張了。他們不知道如何向一個六歲的孩子解釋已經迫在眉睫的戰争。

　　對于我們這些孩子，生活似乎還在正常運行。我一直念念不忘地惦記着去牯嶺風景區游玩。母親和"代代"在著名的牯嶺風景區有個避暑别墅。牯嶺山海拔近五千英尺（譯者按：約海拔一千五百米），位于鄱陽湖西北，扼守九江門户。我們的那所别墅坐落于一個别稱衛理公會小村的景區内，是衛理公會傳教使團人員休養生息的地方。母親有很多照片和明信片上都展示着人們登山前往獅子岩（譯者按：原文爲"Lions Leap"，疑爲廬山著名景點獅子岩）的景况。此外還有許多外國人也住在那裏，有些甚至會整年常住。由于那裏有不少需要醫療服務的西方人，"代代"便先于我們出發上山以便爲這些患者出診。

　　終于，我們的牯嶺山之行于1937年7月17日啓程了。從家裏到山脚的路程大約有六英里（譯者按：約9.6公里），然后便是一條陡峭上行的山間小道。山路上多是急彎險角，中途有幾處格外狹窄危險。我們一行人雇了七輛人力車魚貫行進，看來頗爲壯觀。拉車的車夫都是苦力——這是當時人們對那些出賣體力爲生者的通稱。英文中的詞便直接將漢語詞匯"苦力"音譯過去。漢語中

## JEAN 春華 裴敬思 醫學博士

1937年傳教士子女聚會，上面一張照片中位于中間的是我最好的朋友茉莉(Mollie)她的父母是但福德醫院的女科醫生。下面一張照片中的小朋友來自于基督復臨安息日會傳教士家庭。

顧名思義，苦力自然就是吃苦賣力之意。我先是想要找一個帶兩張童椅的車，盼望着能和發小坐在一起，然而并沒有這樣的車。我退而求其次，又想找一輛能供四人相對而坐的車子，那才有意思呢。但那樣子的車也已經全部被人雇走了。于是我和發小只能坐在大人的腿上。

　　到海拔四千英尺（譯者按：約1,219米）的高度大約需要走十五英里（譯者按：約24公里）的山路。山路有幾處臨近危崖，幾

## 春花：兩條江邊的故事

乎是懸在萬仞深澗上方。我緊緊地抓着母親，滿懷恐懼地望着危崖，心知車夫一旦失足便萬劫不復。幸好這些車夫都是慣走山路的老手。剛剛走過危崖，仿佛是大事降臨的預兆一般，天上又突然下起了傾盆大雨，將苦力們淋得透濕。還好時值盛夏，這雨倒恰好爲他們帶來些許涼意，頗有振作精神之功。然而脚下的路却又變得泥濘濕滑。母親告訴我，這些車夫有時甚至會在入冬後踏着冰雪覆蓋滑不留足的山路冒險拉客進山。"代代"也會應外國患者之請，一年中多次往返廬山出診。

到達山頂之前，還有數千級石階要爬。這才是真正的難關。車夫的艱難喘息聲聲入耳，令我心生惻隱。就在那一刻我暗下决心，將來自己長大后一定要憑自己的力氣上山。隨着我們身處位置的海拔逐漸上升，我們耳鼓也開始發脹，而周圍蟬鳴的合唱也漸漸沉寂。當耳朵適應了環境氣壓后，蟬鳴的旋律又出現了。這些生靈似乎在用這一曲漸强的樂章迎接我們來到衛理公會小村。

"到啦！"母親指着路牌宣布道。我從車上一躍而下，從小丘的半山腰拔腿朝我們的避暑別墅奔去。

聽到外面的喧鬧聲后，我們的好鄰居阿德萊德阿姨　(Aunt Adelaide) 探出頭來。我和發小喊她阿德萊，因爲阿德萊德這個發音太難了。由于她滿頭白髮，我倆堅信她至少有一百歲了，而實際上她那時不過四十出頭。她每次都會爲我們烤制小甜餅，那是我和發小最喜歡的美味。此刻阿德萊德阿姨見到母親，喜悦的心情溢于言表。

"歡迎回來，喬吉！"阿德萊德阿姨將母親一把抱在懷裏，說道。"愛德華今天一早出去巡診了。"然后她又轉向我和發小，"跟阿姨來，小家伙們，看阿姨給你們准備了什么……"

這次牯嶺山景區之行是我第二次拜訪這座古老的大山。我第一次來的時候還只有三歲，而在這次拜訪前的兩個夏天和進入幼兒園前的那兩個夏天我都因爲身體不適無法成行。

## JEAN 春華 裴敬思 醫學博士

我們的牯嶺山避暑別墅之行，攝于1934~1935

# 8

與九江城裏潮濕悶熱的苦夏截然不同，山間的夏日清新怡人，令人精神振奮元氣充盈。盡管到達別墅的當晚我幾乎一夜都未入睡，次日一早還是精神煥發。我激動萬分地起了床，渾身似乎充盈着無窮的精力。

母親和"代代"已經決定送我到牯嶺美國小學就讀。這學校就坐落于衛理公會小村内，生源主要爲傳教使團成員及當地外國人的子女。入學后我會常年寄宿。雖然我極其喜歡和母親同住在一起，但想到能在牯嶺山中常住還是頗受誘惑。

這一天終于到來了。媽媽帶着我和發小出了別墅，前往牯嶺美國小學辦理秋季入學手續。我需要立即開始修讀暑期預備課程。我有些爲發小感到遺憾，因爲她還要再等一年才能入讀這家英語學校。一路上我又蹦又跳，快樂的像只百靈鳥。我將母親和發小甩在后面，一馬當先跑在前面，與兩位身穿帥氣筆挺制服的男士擦肩而過。

這兩位男士被我嚇了一跳，停下腳步與母親交談起來。母親向他們介紹過發小，又揮手喊我回來。于是我便一陣風似的又衝回她身邊，但此刻他們的談話已經結束了。我再次與那兩位軍人擦肩而過時，其中一位友好地向我微笑致意，同時抬手輕輕掀了掀帽檐，露出帽子下光亮的頭頂。后來我才得知，這位與我兩度擦肩而過的先生竟然是當時的國家最高統帥，蔣介石委員長。而與他同行的那位則是他的總司令馮玉祥元帥。他們看着眼前的發小和正從遠處跑來的我，臉上的表情既驚訝又有幾分忍俊不禁。三十年代牯嶺山景區的中國女孩本就不常見，現在他們同時遇見兩個穿着打扮都像外國人的中國小姑娘，其驚訝可想而知。

這個景區雖然名爲衛理公會小村，其實當時許多頗有名望的

## JEAN 春華 裘敬思 醫學博士

中華民國內閣成員也會攜家人在此度假。1912年，孫中山先生和他一手創建的國民黨建立了中國歷史上第一個共和制政府。作爲孫中山先生的繼任者，蔣介石總統和其國際知名的妻子宋美齡女士也常常造訪他們在這個景區內的私人別墅。

母親將我剛剛錯過的這兩位人物的來頭告訴了我，我問道，"那么他們就是那些讓我們來，我們就要來，讓我們走，我們就要走的人嗎？"

母親點頭表示肯定。

"那我很遺憾錯過了他們！"

"不要緊，寶貝，禮拜日我們還會見到他們的。他和他夫人會去教堂，我們很多年來一直都去牯嶺山上的同一間教堂呢。蔣夫人的父親本人就是一位衛理公會的牧師呢。"

母親安慰着我，自己却有些心神不寧。她看到這么多的中國高官齊聚牯嶺山，疑心他們正要召開緊急會議商討軍情。

這次邂逅是我人生中第二次見證歷史大事。第一次是長江大水，而這次則是第二次世界大戰。當時是1937年7月，西安事變剛剛過去七個月，蔣總統被自己的下屬張學良將軍和楊虎城扣押軟禁起來。這次政變事件之前，時任總統的蔣介石一直集中力量在全國範圍內清剿共產黨和其武裝力量——紅軍，而對來自日本帝國的外部威脅却熟視無睹。西安事變迫使當時執政的國民黨與在野的共產黨聯合起來，共同抗擊日本侵略者，最終才形成了第二次世界大戰中的太平洋戰場。后來我們得知，就在我們來到景區的幾周前，共產黨方面的重要領導人周恩來剛剛來到此處與蔣介石會談。雙方商議了聯合抗日的細節事宜，并在我們住在景區這段時間通過廣播面向全國發表了《國共合作宣言》。

剩下的一段路上我們都沒做聲。到學校見過校長和一年級的老師后，媽媽告訴我道，"珍妮，這個預科課程要上半天。我和發小去圖書館邊讀書邊等你，等你放學我再帶你倆一道回家。"

我點點頭，便朝教室走去，迫不及待地要成爲一名一年級學生！

牯嶺美國小學一切都好。我不喜歡的只有一件事情——午睡。在我看來，這完全是浪費時間。窗外溪流潺潺，叮咚的水聲

## 春花：兩條江邊的故事

仿佛在召唤着我，"來啊來啊，帶上你的小鏟小桶，來盡情玩吧！"

而林間的蟬鳴，在我聽來也仿佛是在對我説話，"嘶嘶嘶，來抓我啊，啊啊啊！我在地下孵了一百年——嘶嘶嘶，現在只有三個月好活——嘶嘶嘶……"

我在心裏默默地告訴它們，但凡我能够脱身，我一定會出去的。同時我却只能躺在那裏，暗自盤算着如何熬過這兩個鐘頭的可惡午睡。心中翻騰着的種種想法令我百感交集，既爲自己能在牯嶺山學習生活而興奮，又爲即將離開發小而憂慮不安——她是我最好的朋友兼玩伴。再想到我馬上就要離開母親和常媽獨自生活，于是更加無法入眠了。

媽媽在夏季的大多時間都在牯嶺山度過，不過偶爾也會回九江幾趟。醫院的生意需要她來打理，當然也要去看望在那裏工作的"代代"。盛夏的幾個月中"代代"很少能有機會在牯嶺山休閑度假，不過他會讓醫院的中國醫生休假。就算他夏天偶爾來到山中，也都是爲診治患者而來。

不過每隔幾年，他和母親就會在九、十月間東渡大洋前往日本，遠離一切事務，徹底放松休息一番。有時蒂阿姨和貝希阿姨也會與他們同行。他們有時會取道香港，那也是他們非常喜歡的一個地方。在日本，他們會橫穿日本島，母親甚至還學了些日語。他們會帶回照片給我看，本州島上的有富士山、箱根町（はこね）附近的蘆之湖、奈良（なら）的神鹿和地處極北的北海道的大沼湖。照片上的日本女人和小姑娘都很漂亮，穿着也十分有趣。"代代"和母親都非常喜歡日本。

遠離塵囂，無憂遠游對于母親和"代代"自然是一件樂事，但對我而言，無論時間長短，與他們分別總是一種痛苦。其實對他們而言又何嘗不是如此。母親離開的日子我總是感到六神無主，每次道别時都禁不住泪流滿面，即使只是一日之别。我的泪水令母親心碎，爲避免這傷心的離别，她便趁我還在睡夢中時悄悄溜走，然而事後又説曾聽到了我的呼唤。我無論何時醒來，只要在母親的床上找不到人便會感覺自己像個被遺弃的孤兒，哭得痛徹心扉。要么看她離去遠行，要么醒來獨對空床，我不知道哪

## JEAN 春華 裴敬思 醫學博士

種情況更令我傷心。哭過一陣后，我便會告訴兩位阿姨，"我先不哭，留下眼泪晚上再哭。"

我雖然不是母親親生，但我與她感情之親密甚至要勝過親生母女。我常常會對她講，"媽媽，我那么愛你，你都不知道我有多么愛你，你永遠都不要離開我，好不好？"

我思緒凌亂，躺在那裏毫無半分睡意，心中猶疑着拿不定主意——按說我現在馬上就要變成一個大姑娘了，不應該再對母親如此依戀。可一想到學校開學后我就無法再與她一起生活，我還是禁不住感到心中空落落的。

生活對于一個六歲的孩子可能會顯得過于復雜，但六歲畢竟還是個無憂無慮的年齡。牯嶺山上，每天有午后的山風吹過窗外的松林，顫動的松針發出陣陣有節奏的嘆息，仿佛在爲我無法在樹下清凉的松蔭中嬉戲而惋惜。此后的許多個下午，我就在這樣的聲音撫慰中漸漸入眠，并在一覺甜夢之后繼續與發小和其他傳教使團成員的子女游戲。我們一起遠足、野餐，一起在落日余暉中唱起贊美詩。

山頂附近有一小塊平地，地上一叢巨石堆成了摇籃的形狀。衛理公會小村中的人們都將其稱爲"摇籃石"，那是我們經常在傍晚去野餐的地方。鮮艷的落日懸在西邊的地平綫上，我們則

與其他傳教使團成員的子女攝于牯嶺山景區，1937年

## 春花：兩條江邊的故事

遭到轟炸前不久，攝于1937年

一起唱着讚美詩，享用晚餐。我們總會唱起我們最喜歡的那一首——"紅霞漸褪日西沉，暮天覆地翳空林，敬侍崇拜主座前，仰見星光滿諸天，燦爛無邊……"我們慨嘆這這大千世界的無邊秀色，心中感到自己與造物主又拉近了些距離。

良辰美景雖好，惜只是曇花一現。年僅六歲的我無從得知，自己生命中的那些重大選擇早已在冥冥中爲我注定。我生命中的這份寧靜安逸轉眼間就將烟消雲散，而我童年中這段最爲快樂的時光也即將成爲記憶。

在1937年8月一個我永遠無法忘懷的清晨，凄厲的空襲警報打破了牯嶺山景區的寧靜。正在度假的我們從睡夢中驚醒，聽到教堂鐘聲大作。鐘聲與警報相伴，在山谷中回蕩不絕，警告我們敵機正在逼近。幾分鐘后我們頭頂上便傳來轟炸機震耳欲聾的咆哮。由于我們在牯嶺山的別墅中没有電話或電報機，直到次日我們才從當時尚在九江的"代代"那裏得知了事情的情况。

原來，當時已經占領東北的日本人不再滿足于殖民東三省，悍然發動了全面侵華戰爭。日本皇軍已經占領了北京和其臨近的港口城市天津，正迅速向長江中游及東部沿海地區推進。而在不遠的上海，慘烈的戰鬥已經拉開序幕。

日本人轟炸了長江沿岸，戰火西侵直至漢口（現在已并入武漢）。即使是九江這樣的彈丸之地，也被丟下了足足十一枚炸彈。生命活水醫院收治了二十名傷員，"代代"花了一整天時間爲他們取出彈片。得到消息后，母親和蒂阿姨兩人立刻啓程下山，只留下幾位阿媽照顧我和發小。

母親和蒂阿姨離開后，我便自告奮勇地承擔起每天早晨禮拜的主持工作。我和發小選定了贊美詩的曲目并且領唱。當時我們雖然已經開始閱讀英文版《聖經》，離開父母的指導還遠不能熟練閱讀。由於幾位阿媽根本不懂英文，我們便決定使用中文版《聖經》。然而即使算上阿媽，我們這些人認識的漢字也還不夠多，無法通讀。于是我們便一路支支吾吾地念下去，心想上帝一定知道我們已經竭盡所能了。好容易磕磕絆絆地讀完了《聖經》，我們又開始了最樸素的祈禱："上帝啊，賜福我們吧，請讓戰爭消失吧。"雖然戰爭對于我們這樣的孩子還只是個模糊的概念，但我們也知道它絕不是好東西。

幾天后蒂阿姨從九江趕回牯嶺山上。她鎖了別墅的門，帶着我和發小下山去了。我不知道將來是不是還能故地重游。我爲之無比自豪的牯嶺美國小學一年級學生生涯就此草草結束。

兩個月之后，時間進入1937年10月，盡管九江仍然一片混亂，但學校還是開學了。母親和"代代"安排我入讀了孺勵女子中學的附屬學校——孺勵女子小學。于是我又重新成爲一名自豪的一年級小學生，而發小則進入了幼兒園大班。我喜歡我的幾位老師，也喜歡算術，然而上學的快樂同樣是曇花一現。上海淪陷了。緊接着首都南京也在1937年12月被日軍攻破，隨后便發生了歷史上那場慘絕人寰的殘暴屠殺。在這樣的暴行面前，西方世界只是無動于衷地袖手旁觀，而中國人民則勇敢地獨自奮起反抗。

戰爭難民很快形成洶涌的人潮，開始從中國東部沿海地區朝華中及西部地區遷移。大部分難民會取道長江。一時間滔滔大江上，無數超載的船只溯江而上，船上則塞滿了携家帶口的難民。

## 春花：兩條江邊的故事

一年級入學，攝于約1937年

許多航程以悲劇告終——不堪重負的船只在驚濤駭浪中翻覆，無數難民葬身魚腹。水路即便如此凶險，航船仍是一票難求。無法雇船的難民便乘火車甚至小型飛機西行，而他們中的絕大多數則只能徒步逃亡。九江城每天總要有數百難民過境，而學校爲免惹上是非也都關門大吉，就連美國傳教使團開立的學校也不例外。部分學校甚至帶着中國教職員工整體西遷，而美英公民則開始考慮離開九江這是非之地。

戰禍所至之處，無論貧窮與富有均無法幸免其荼毒。許多遷徙中的難民在兵荒馬亂中失了方寸，根本不知道路在何方。他們只知道要盡量遠離日本侵略者，因爲中國的部隊正在節節敗退。

由于找不到合適的藏身之所，其他的外國傳教使團成員大多踏上了歸程，尤其是那些帶着孩子的家庭。然而這場戰爭的規模龐大無比，戰火最終燃遍全球。九江一度龐大的傳教使團社區迅速縮小，我們的大宅院内草坪上的聚會也盛景不再，甚至連聖誕節和感恩節的聚餐也都取消了。取而代之的是日漸增多的傷員，他們不停地涌進城内，人數從每日數百很快就激增至每日數千。像周邊城市中的傳教使團醫院一樣，"代代"的醫院也勉力維持着正常運行。母親和兩位阿姨日夜不停地照料傷員。隨着受傷的平民和士兵與日增多，連家中的僕役和幾位阿媽也被喊去醫院幫忙。

雖然前綫還在下游離我們很遠的地方，九江也已經陷入一片混亂，成爲戰區的一部分。日益頻繁空襲和轟炸即使在入夜後也不停歇。我們根據收到的指示在房屋上樹立美國國旗或塗上紅十字標記，并用白色十字標明了醫院和教堂的邊界，以免這些地方遭到日軍轟炸。雖然未必有用，至少我們是這樣希望的。

當時還是孩子的我們無法完全理解事態是何等嚴峻，反而對

## JEAN 春華 裴敬思 醫學博士

于躲進防空洞避難樂此不疲——只是爲了在等待警報解除的這段時間能够吃到爆米花。那段非常時期實行物資定量配給，大家都縮减到每日兩餐。因此空襲時的零食便等于是額外加餐。聽到解除警報的笛聲后，我們便争先恐后地跑出防空洞，立刻便會被外面的光綫刺得睁不開眼。然而我們這些孩子却都把這當成是一項運動。

后面天氣就逐漸轉冷了。當空襲警報在夜間響起時，大人們也越發地難以將我們從熟睡中叫醒，然后再摸黑幫我們穿衣。他們會拽着我和發小向下步行一兩個街區，來到小丘脚下的醫院，讓我們躲進地下室中的防空掩體中。早在1929年"代代"興建這醫院時，他就設計建造了這樣一個避彈掩壕，真是先見之明！

記得一次空襲來臨時，我睁開眼時發現母親已經爲我穿了一半的衣服。我迷迷糊糊地問道，"你們在干什么？"這之后我們便離開老宅，開始在醫院裏睡覺過夜。我告訴母親道，"我不喜歡這樣，"隨后又問道，"等到聖誕節的時候這一切能結束嗎？"

然而聖誕節臨近時，戰争非但没有結束，反而傳來了各種謡言，説日軍將要將九江城夷爲平地！幸而這種可怕的情况并未真的發生，不過在1937年的12月22日，確實有二十枚航彈落在了附近的機場上。

# 9

战况在1938年春进一步恶化。我们终于被迫将全部家当搬到医院中，在那里临时安家。尽管"代代"带领医院员工将所有的美国国旗插满医院，又在四处都画满了红十字，仍然不时有炸弹落在医院大院附近。母亲甚至带人用粗重的白色石灰线标记了医院的边界。而此时，日军部队正在沿着长江向上游推进，不断逼近九江。九江地处咽喉要地，一向是中国重要的内陆港口，因此大人们知道日军入侵九江已经在所难免。

夏天来临时，当地数以百计未及西逃的中国人恐慌起来，开始大量涌入传教使团居住的院落。尽管生命活水医院的病房中早已住满了伤员，"代代"还是打开了大铁门，接纳人们进入大院避难。就像1931年洪灾期间一样，医院的房间很快全部被改为难

在生命活水医院中避难的中国家庭，摄于约1938年

## JEAN 春華 裴敬思 醫學博士

民的居所。本來設計用于兩三名病人的房間常常擠進數個家庭。這些難民多是教堂的信衆，也有醫院員工的親屬，還有那些不曾隨校西遷的教師。最后醫院實在是人滿爲患，再也無法裝下更多的人，"代代"才只好將大鐵門關上。此時醫院收留的難民人數早已逾千。

在1938年7月24日至25日之間，日軍對九江進行了三十六小時的連續轟炸，停泊在長江中的炮艦不停地將炮彈向我們傾瀉。我們躲在"代代"修建的救命掩體中，但即便是如此堅固的掩體，在猛烈的炮火震撼下都不免瑟瑟發抖。空氣中彌漫着塵土和硝烟，没有人知道這工事能否撐過這輪炮擊。此后又是接連兩日的空襲，然后一種詭异的寂静便降臨在九江城上。

流言傳來，稱日本皇軍將于次日占領全城。于是在這輪炮擊中幸免于難的沿街店鋪都用木板封了門窗，店鋪老板們則收拾細軟，携家帶口躲到鄉下避風頭。醫院照舊是大門緊鎖，没人敢溜出去張望。

然而我却禁不住好奇，很想看一看這些可怕的敵人究竟是怎樣地青面獠牙。我將自己貼在大鐵門上，透過門縫拼命向外張望。只聽一陣齊步行軍的脚步聲由遠及近，視野中便出現了一面白旗，中間塗了個紅球。后來我才得知那便是日本的國旗，也是全體國人恨之入骨的旗幟。士兵們都帶着尖頂帽子，帽子后面挂着一片布簾蓋住他們的后脖頸。

我正看得津津有味，一只有力的大手突然從我身后伸過來，將我猛地拽了回去。一個既熟悉又陌生的聲音怒喝道，"躲開大門，珍！想被日本人抓去嗎？"

大手松開后我才轉過身來，幾乎認不出身后的"代代"——他那一臉怒容任誰見了都會不寒而栗。我老實得像只羊羔，俯首帖耳地跟在他身后回到了安全區域——醫院大樓。就在那一瞬間，我一下子就懂得了戰争究竟意味着什麽。我們脚下的土地已經不再是一個自由的國度了，而是被侵略者占領的疆域。就連父親的行爲都因此變得與往日不同了。

日軍占領了城市，但誰也不知道他們下一步會做些什麽，或者不會做什麽。我們與難民們一起呆在醫院的土地上。當時"代代"的醫院等同于美國領土的一部分,而既然美國并未與日本交戰,醫院的土地便應該是安全的。但是誰又能打包票呢。

由于醫院大院裏收留了數以百計的孩子,都在漫無目的地四處亂跑。母親和"代代"便決定在成人難民中選拔材堪執教者,將他們組織起來爲學齡兒童興辦一個臨時學校。我和發小都入了學,算作二年級學生。而此時距離我離校失學已經將近七個月。盡管戰爭還在繼續,母親還是希望努力確保我的教育不至中斷。

這之后母親更進一步,她在這些臨時學校的基礎上又專門爲我請了一位中國先生教我中文閱讀和書法。不知什麼緣故,我從一見面就不喜歡這位老師,而且估計他也對我也并不感冒。這位先生戴着一副眼鏡,令他看起來像只老貓頭鷹。我對他粗魯無禮,上課時坐立不安。若是趕上別的小朋友們在外面快樂玩耍,我却只能坐在屋裏寫大字或者聽他用那單調的聲音講課的時候便更是如此。

有一天,這位老師大概是終于忍無可忍了,對我道,"若是你再不專心,我便要用戒尺了!"

"來啊!"我立刻頂了回去,自忖他不敢打我。

然而他却真的打了。我剛剛伸出手掌,他便使出全身力氣揮動戒尺,開始狠狠地抽打我的手掌,一直打到我手心又紅又腫。我咬緊牙關,連眉頭也沒皺一下,更沒有流一滴眼淚。我才不是個愛哭鬼!他打完了,我便跑出教室,從此再也沒有回去過。

我們在這醫院的大院中又住了半年。這是我頭一次與各種不同社會階層的中國孩子打成一片。這段經歷讓我與自己的根更加接近,同時也重新召喚出把我内心深處的那個假小子。我與這些小伙伴們一起玩玻璃球和一種用鉛筆刀玩的游戲——將刀子以不同高度不同角度抛下來,讓它們扎進土地裏。輸家必須跪在泥土地上用牙齒將贏家的刀子叼起來。可憐的常媽便只得天天爲我洗泥巴衣服。

太陽將要下山的時候,我們的游戲便換成了"老鷹捉小鷄"。一個孩子當老母鷄,另一個當老鷹,其余的則都是小鷄仔。小鷄仔們拍成一列,每個人抱住前面人的腰,而最前面的一個則抱住老母鷄的腰。同時老鷹則要繞過老母鷄平伸的雙臂和其他小鷄

## JEAN 春華 裴敬思 醫學博士

與當地中國孩子在生命活水醫院大院內一起玩耍，攝于約1937~1938年

仔的障礙去抓住最后一只小雞仔。我們一邊大喊尖叫，一邊隨老母雞擺動躲閃。在這個需要團隊合作的游戲中，我的角色經常是老母雞或者老鷹。

我們還會從垃圾中翻找出布片或毛綫來縫制衣服，再把這衣服穿在用小樹枝制成的玩偶身上。或者還可以找來紗綫纏成綫團，然后用棒針來織成彩色的圍巾。

有一天，我和發小看了一出戲。戲中展示了一場傳統中式婚禮，而在這婚禮中，一伙賊人偷走了新人的一箱財物。此后一個賊人被捉住了，人們便組建了一個臨時法庭來審判他，偏偏負責審判的臨時法官又是這伙賊人中的一員。中國人無論在什么樣的緊張環境下，總能想出法子苦中作樂。

我們這些孩子對戰爭都無比憎惡。由于每天只能吃兩餐飯，大家的肚子都餓得咕咕叫。此后又縮減到每日一餐，這時餓死的命運仿佛已經觸手可及，尤其是我們這些孩子。不過我想這似乎也不足爲奇，中國的窮人一向便生活在饑餓的陰影下。

這段時間中最可怕的遭遇，或許莫過于醫院大院被醉酒的日本兵野蠻闖入，他們有時甚至連上衣也不穿，打着赤膊便闖進院內。這些醉鬼盤踞在大門附近的平臺上，嘴裏嗚哩哇啦地不知喊着些什么。當官的會抽出腰刀，而士兵則揮舞着刺刀。我們大多會躲進房間裏，也有人會傻呆呆地站在那裏觀望。這種爭吵對峙發生了不止一次，而母親每每跑去解圍。她真是個勇敢的女人。

## 春花：兩條江邊的故事

她會走到那些醉酒的士兵面前，用日語與他們溝通。她的日語談不上流利，但她却總能設法抓住對方的注意力。每每要經過一場漫長的談話和勸解，這些日本兵才會收刀入鞘，穿上衣服。然后母親便會將他們送出大門。這時大院內人們心中的石頭才會紛紛落地，隨即便是一陣此起彼伏呼氣聲。事后母親告訴我們說其實她和我們一樣害怕，但她會默默祈禱，祈求上帝賜予她勇氣和智慧。

九江的局勢直到1938年底才漸趨穩定。由于美日間并未交戰，"代代"讓母親幫忙翻譯，與當地日軍指揮官巧妙周旋并達成一致。不久日軍便用炮艦爲醫院運來了我們急需的藥品、食物和水。作爲交換條件，"代代"同意向日軍人員開放醫院，但前提是醫院同樣也向中國人開放。此后數月中，插着美國旗幟的炮艦將數量明顯增多的補給運抵九江碼頭——也就是船只停靠的那段河岸。

在醫院裏擠了一年多之后，有些中國難民和醫院員工開始小心地試探着重返家園。此后效仿者越來越多，很快醫院大院中的難民便十去八九。我們最后也走出院門，門外的情況令所有人都大感意外——外面竟然基本沒有什麼變化。"代代"認爲這應當歸功于本地的大量美國傳教使團及外國人——他們都來自那些并未與日本交戰的國家，或者至少當時尚未交戰，因此日軍有所收斂。與日軍燒殺搶掠大肆荼毒的南京頗爲不同，九江城大體上依然秩序井然，只是城外的農田被炸得一塌糊塗。

在1939年9月一個炎熱的秋日，母親和"代代"帶着我搬回了我們的大宅。暌違一年半后，我們終于又能够睡到那舒服的大床上，在寬闊的花園中恣意玩耍，這是何等的愜意！我奔出后門，駕輕就熟地爬上樹梢，又回到我鐘愛的那株樹下蕩起秋千。諷刺的是這樹竟然是一株俗稱"日本楓樹"的鷄爪槭。不久我又開始想念發小——兩位阿姨想要在醫院多住些時日，因此我現在還只能獨自爬樹游戲。

九江的生活似乎是回歸了常態，但戰爭還遠未結束。事實上，這場大戰才剛剛拉開序幕。在餐桌上，大人們變得越發地郁郁寡歡，總是憂心忡忡地小聲談論着歐洲的時局。我聽到他們說

JEAN 春華 裴敬思 醫學博士

生命活水醫院中一個難得的安靜時刻

起德國入侵了波蘭,而同時紅色俄羅斯與英國却在忙于在北歐實現它們的帝國主義野心。

盡管大人們的談話令我們這些孩子感到緊張,我們還是為孺勵女子小學即將復課的好消息而歡呼雀躍——日軍占領九江前有不少老師逃到了長江上游的重慶,但孺勵女子小學有些老師留了下來。不過孺勵女子中學的老師仍然還在重慶,因而無法復課。

搬回大宅幾個月後,我正式升入三年級——盡管我在一、二年級缺了不少課。好在我終于能和發小作同班同學了。

# 10

我們正式開始上學是在1939年的秋季。盡管我們知道和平只是稍縱即逝，但這種按部就班的生活却給我們帶來一種一切正常化的錯覺。不過，很快我就會對"入侵"這個單詞產生切膚之痛。

爲確保安全，我們每天上下學全程都要由幾位阿媽接送。日本兵在九江城大街小巷設立了無數崗哨，用來護衛他們占領的那些房屋。我們見到這些衛兵時必須向他們行禮并且九十度鞠躬。若是忘記了，便會被他們搜身、毒打甚至用可怕的軍犬威嚇。少不經事的我不服氣，決心要維護自己的尊嚴，誰也不要想阻止我。

田師傅的女兒莎拉（Sarah）與我同校，也在孺勵女子小學念書。有一天我告訴她，"今天我們不要給他們鞠躬。"

那天發小由王媽護送，在我們之前出發。于是護送我和莎拉的任務便交給常媽來完成。常媽走在前面，經過崗哨時她向士兵鞠了躬便走了過去，我和莎拉則昂首跟在后面。走過崗哨后大約有不到一秒鐘的時間，什么事情也沒有發生。我暗自得意，心想這次成功過關了。誰知却是大錯特錯！

轉眼間，莎拉的尖叫將我拉回現實。只見一只巨大的狼狗正向她撲去，而莎拉則完全亂了方寸，嚇得只知道在原地轉圈。在這令人頭腦一片空白的恐懼面前，我的反應則是兩股戰戰地僵在原地。幸運的是即便狼狗能够感到我的恐懼，它們也不會追擊站立不動的人。

常媽慌得跪倒在地，用漢語懇求日本兵道，"太君，求你行行好，拉住狗吧！她們都是小孩子，只有八歲，還不懂事啊！"士兵們雖然聽不明白她的話，看到她指手畫脚的樣子想必也猜了個大概。他們猙獰地狂笑着，狠狠地踢着常媽，然后又將她推到

JEAN 春華 裴敬思 醫學博士

在地，讓狼狗臥在她身上。

日本兵取足了"樂子"，終于同意讓我和莎拉通過，但我們都必須老老實實地鞠躬。眼前發生的一幕令我悲憤交加怒火中燒，然而除了默默祈禱上帝讓他們放過常媽之外我却完全無能爲力。莎拉一直在大哭，而我雖然想痛哭一場，却仿佛哭不出來。我害怕得抖個不停，心知這次自己算是闖了大禍，還害得常媽替我受過。我究竟是怎么想的？這種行爲既算不得勇敢也談不上愛國，只是純粹的愚蠢魯莽，何況還害得別人幾乎搭上性命。現在我終于明白了在自己被占領的國土上做亡國奴的滋味。

日本兵騎着高頭大馬，耀武揚威地在街上巡邏，常常會在我們上學的路上將我們截住取樂。他們會騎着馬將我們逼到墻邊，馬腹橫在我們面前，令人窒息，而日本兵却認爲很有意思。煩躁的牲口會用釘了鐵掌的馬蹄在原地踢騰，踢起泥土灰塵。我總是害怕那馬會踢到我。而日本兵鬧够之后便會殘忍地獰笑着策馬走遠，留下灰頭土臉的我們站在墻邊瑟瑟發抖。

我開始謀劃對日本人展開報復。我和發小商議，决定將嚼過的口香糖丟到日本人的卡車裏，因爲駐扎在醫院外的那些軍馬就是這些卡車運來的。在我們幼稚的想法中，穿着膠底鞋的日本兵會踩上這些口香糖然后被粘在車廂裏動彈不得。然而我們却總是扔得不够遠，許多"子彈"都落在土地上滾成了泥球。經過多次的努力，我們終于將幾團口香糖成功地丟進了卡車。看到那些日本兵一邊摳着鞋子上的口香糖一邊互相指責時，一直郁積心中的怒火總算得到了些許釋放。

日本人的兵營與我們的大宅隔街相對。我們看到日本兵將上好的白米倒在地上，而饑腸轆轆的中國孩子則躲在附近，伺機去撿食。這種行徑令我和發小尤爲憤怒。我出了個主意，創造出一些聽起來像日語的詞，比如"我們恨你們！"或"滾出我們國家！"我們對着街道對面的日本兵高喊這些自創的詞句，然而他們却只是津津有味地看着我們傻笑。于是我們便泄氣地放弃了創造日語的計劃。

我轉而請求母親教我日語。她盯着我看了半晌，然后搖了搖頭道，"語言是神聖的。"她正色道，"語言很復雜，需要花時

## 春花：兩條江邊的故事

間來學習、欣賞并且尊重。"

在帝國主義治下忍辱偷生的那些日子裏，我們常常會遭遇宵禁，而且大多突如其來，沒有事先通知。倘若宵禁時在大街上被抓到，會面臨很嚴厲的懲罰。有一次常媽送我去上學，我們馬上就要走到學校大門時突然實行了宵禁，而我們却一無所知。我們好端端地走着，突然衝過來一群日本兵將我們抓住。常媽向他們百般解釋，說我們馬上就要進校門了，可這些日本兵却只是充耳不聞，也或許是根本没有聽懂。他們舉着明晃晃的刺刀，將我們押進學校對面的一座小廟。院子裏已經關了幾個中國男人，都被扒光了上衣在那裏搜身。這些侵略者一邊搜身，一邊對他們恣意凌虐，拳打脚踢。我跪在那裏等候發落，突然跳起身來就要跑，却被一只手緊緊地抓住衣服無法挣脱。只聽常媽低聲對我說道，"别跑！孩子，他們會開槍的。"

然而我并不是要逃跑，而是看見了母親和"代代"走進了小廟，下意識地想要奔向他們的懷抱尋求庇護。常媽倒是很警覺，她看到日本兵背對着廟門無法得知母親和"代代"進來，因此出手將我拉住。幸好有一個日本兵看見了我的父母。經過一番漫長的解釋，母親終于讓這些士兵明白了我是美國人的養女，我們這才算是逃出生天。

母親和"代代"緊緊地抓着我的手，一邊向外走一邊告訴我，"多虧了那位送奶工，他看見你和常媽被帶到廟裏去，拼了命一路跑到醫院告訴我們。"母親說着，眼裏都是泪水。當我終于來到教室時，全班同學都爲我歡呼起來。

按説我經過了這樣一次可怕的遭遇之后，應該不敢再觸犯宵禁或是令他人涉險了。然而我却還是要不斷地試探，想要找出邊界在什麽地方。后面一次宵禁時，我本來正好端端地呆在家裏，田師傅也告訴我應該離窗子遠些，然而我却按捺不住好奇。我想弄清這些日本兵爲什麽總是毫無預警地實行宵禁。所以我便把臉貼在面向整條街道的厨房窗子上，想看看日本人生怕我們看到的到底是什麽。突然，我看到一個士兵朝我這個方向走來。由于院子有高墻圍着，我倒并不感到害怕，然而緊跟着大門處便傳來了猛烈的敲擊聲。

## JEAN 春華 裴敬思 醫學博士

田師傅喊道，"春花，快跑，藏起來！他們發現你偷看了！"我嚇壞了，一溜小跑躲進了地下室。很快，頭頂上便傳來日本兵的沉重腳步聲。他們搜遍了大宅中的每個房間，而田師傅則緊張地跟在后面。我屏住呼吸，捂着自己的嘴巴生怕發出一點聲音。

最后，我聽到一個士兵用蹩腳的漢語説道，"小姑娘的，偷看不要的！"田師傅答了句什麼，隨后腳步聲便逐漸遠去了。聽到大鐵門落閂的聲音，我長出了一口氣，跑回廚房。田師傅摇着手指對我說，"春花，你啥時候能學乖啊？這可太危險了。下次他們再抓到你，搞不好當場就會把你槍斃了。你的美國爹媽也救不了你！"我緊緊地擁抱了田師傅一下，給他露出一臉傻笑。田師傅只得無奈地摇着頭離開了。

田師傅對我的救命之恩直至今日我都銘記在心。他很勇敢，因爲那些日本兵完全可能會殺害他。這次事件之后，我對日本兵的憤怒又增加了一層。我一直在想，"到底要到什麼時候我們才能得到自由？"

1939年聖誕節那天，我收到了一封來自美國的來信。信是外祖父寫給我的，我簡直快樂極了，居然沒有求助任何人就自己通讀了那封信。

"爲什麼我居然不用人幫忙就能讀完？"我暗忖，"這不對勁。"

"媽咪！"這是我在牯嶺山跟其他美國小朋友學來的稱呼。"什么事？寶貝？"

"外公給我寫信爲什麼不用大人的話？"我問道。"這樣你才可以自己讀啊。"母親答道。

哦，原來如此。説來説去我到底還是算不得大人。我長嘆一聲，盤算着還要多久我這個八歲大的孩子才能被人當做大人。

幾個月后，噩耗隨着一封電報降臨——敬愛的美國外祖父突然辭世。從此，再也沒有人喊我"那小孩"了，我也永遠不會再收到他的來信了。我人生第一次體會到親愛的人去世的悲痛，心中充滿了沉甸甸的悲傷。我向母親哀愁地問道，"媽咪，所有的人老了之后都會死嗎？"

## 春花：兩條江邊的故事

"是的，寶貝，所有人都會死的。"母親答道。

"那樣，我就一定要盡快上天堂。"我嘟嚷道。"爲什麼？"母親問。

"因爲離開你我活不下去！"我的回答令母親開始思考——她在我心中到底有多老。

突然有一天，"代代"和母親宣布他們要回美國。其實這本是情理之中的事情——外公剛剛去世。正所謂禍不單行，就在他們出發的幾天前，又傳來外婆摔斷了腿的消息。這下他們更必須盡快趕回去了。

我站在九江碼頭，雙眼滿含熱淚。我的一顆心像我的世界一樣碎得七零八落。蒸汽輪船載着母親和"代代"駛向遠方，我拼命地揮着手，泪眼朦朧地望着孤帆遠影迅速地消失在一綫水天之間。我曾經求他們帶我一起去，但他們不肯，其實我也知道爲什麼——因爲我受不了再次別離。

臨行前，母親想要哄我開心，說道，"這次我們不會離開太久的，寶貝。等我們回來的時候我們把外婆帶來跟我們住在一起，那不是挺棒嗎？"

我能說什麼呢？我點着頭，却仍然止不住地抽泣。還記得當年我蹣跚學步時他們曾經去過一次日本，我本以爲我現在已經是個大孩子了，不至于再像那時一樣爲分別而焦慮。這時有人輕輕地碰了我胳膊一下，我抬起頭，透過朦朧的泪眼看到了貝希阿姨，她滿懷同情地說道，"珍，他們走遠了，看不見了。我們回家吧。"家？父母不在了又怎麼能算是家？想到這裏，我的泪水再次奪眶而出。

可能老天認爲我只是遠離父母還不夠悲慘，竟然讓發小和兩位阿姨也離開大宅。這是因爲大宅的修建工程尚未完工，因此她們要暫時住在一個叫做毛茶涵的地方——一個專供美國傳教使團女性成員居住的大院。于是繼父母離去之後，我又失去了兩位阿姨和發小。這樣的巨變令我完全不知所措。我懇求常媽帶我去找發小，因爲小孩子是不准自己上街的。

常媽帶我去了幾趟毛茶涵。每次見到發小，我們都玩得很開心，因爲她也想我。她給我展示電燈是如何工作的，我看得如痴如醉。但是我感覺發小在那裏似乎并是不開心，好像總是背負着什么心事一樣。或許她不理解爲什么自己和阿姨必須住在毛茶涵，也可能是她認爲"代代"和母親不想再讓她們與我們一起住在大宅，想要趕她們走。

我最后一次去毛茶涵是在發小和兩位阿姨搬回大宅之前。告别的時候，我穿過花園朝大門走去，發小站在平臺上居高臨下地望着我。就在我即將走到大門時，她突然莫名其妙地對我大發雷霆。我記不清她到底説了些什么，總之是與她們住在毛茶涵有關，而且她還喊我"猪"——這在漢語裏是個極具侮辱性的詞匯。我火氣上涌，也開始還以顔色，同樣喊她"猪"。于是一場"喊猪大戰"正式拉開序幕。

我們兩人猪這猪那地對駡了半天，將言語化爲利刃互相傷害，間或還加上一些更有色彩的詞匯來助攻。吵嘴很快升級爲拳脚相向。我們輪着拳頭撕扯對方的頭發，引得住在院子裏的一群孩子圍過來觀戰。我倆則不顧一切地拽着對方的頭發打作一團。最后常媽慌忙跑來，才將我們扯開。她眼含泪水，質問道，"我的春花！你這是怎么了？你一直都是那么友愛的一個孩子！"

我羞得無地自容，那天常媽臉上的失望我至今無法忘懷。

# 11

　　大宅新建的一翼終于竣工了,兩位阿姨也帶着發小搬了回來。我很開心發小能夠回來與我們同住。她腦筋轉過彎來,意識到了自己的錯誤,我們也將那場不愉快拋在腦后。我們兩人分住在兩個相鄰的房間,外面的陽臺是相通的。院子中地勢較高的那個花園中有一株樹的枝杈直伸到我們的陽臺,每年春天都會有一對鴿子在這裏做窩。我們特別喜歡觀察那些小小的藍色鴿卵孵化,看那些丁點大的小乳鴿拍打它們的翅膀。

　　兩位阿姨住在樓下——她們原來居住的房間留給了外婆。我終于明白了我們爲什麼要在原來的大宅上擴建出一翼新房。母親也果然沒有食言,外婆真的要從楊克斯搬來九江與我們同住,而且還要帶上她的蘇格蘭陪護凱蒂阿姨 (Aunt Katty) 一起來。

　　父母遠在楊克斯的這段日子,發小逐漸變成了一個勤奮用功的學生。而我却像斷了綫的風箏或是脫了繮的野馬一樣完全失控。在中國,學校教學仍然遵從着古老的傳統。我們要一遍又一遍地反復大聲朗讀歷史典籍,直至倒背如流,而大多數學生根本不知道他們反復誦讀的內容是什麼含義。盡管我和發小上學時,這樣的教學法已經在西方的影響下有了些許改進,但背課文這項苦役仍然沒有廢止。與過去艱澀難懂的文言文相比,當時的漢語風格已經開始變得通俗易懂,但我還是無法接受極其枯燥的背誦。何況所謂現代白話與古代文言相比,也不過如同亞拉姆版聖經之與詹姆斯王欽定版本聖經,語言仍然老氣橫秋。

　　背誦不光是我所痛恨的一項功課,也是我成績最爲糟糕的功課。這要麼是因爲我的某種記憶機能在那次搖椅事故中遭到損傷,要麼便是由于嬰兒期營養不良的后遺症。不過我只是對于自己不理解的那些課文感到難以背誦。由于母親和"代代"多年前

## JEAN 春華 裴敬思 醫學博士

便開始對我講英語，此后我又在美國學校中就讀多年，我的漢語因而變得極其糟糕，對中國歷史也一無所知。如今恰好沒有人監督我學習，我便往往胡亂念上十分鐘的書，然后從樓后的樓梯飛奔下樓，跑到院子裏地勢較低的那個花園中的池塘邊，去看那只百年老龜是否又露出了頭。要么我就跑到那株日本楓樹下面，拼命地盪起秋千直至與樹冠同高。因此，就在發小老老實實地刻苦背誦課文的時候，我却在爬楓樹或者跳房子。

發小天生不善爬樹，但有她在身邊和我一起玩還是會增添很多樂趣。我會幫她爬上一處枝杈，讓她呆在那裏，然后自己却像只猴子似的在枝杈間盪來盪去。"代代"在院子中修建了一個鷄舍，我們兩人都很開心，因為那鷄舍就像個玩具屋。買來種鷄之后，我們都不願意把鷄舍讓出來給它們住。常媽只好勸解我們道，"你們要讓鷄住進去，到時候看小鷄從蛋殼裏孵出來，那才好玩呢。"常媽説的對，看着小鷄破殻而出果真非常有趣。

由于總是貪玩不學習，我的成績直綫下降。一向嚴厲的蒂阿姨開始留意我的成績單了。她在做護士前曾經在密歇根一家私塾中教書，而且她似乎很樂于對比我和發小的月度成績單。

"啊，"蒂阿姨瞪起眼睛，説道，"發小的語文是九十分，我來看看，珍只有六十分！"

要么她也會這樣説，"發小考得不錯，珍可就不怎么樣了。"這場學業上的灾難毫無預警地降臨到我頭上，而我的父母都遠在楊克斯，貝希阿姨也在密歇根度假。我四顧茫然，找不到指引。

隨着我的成績一路下滑，旁人也加入了評論的行列，開始對我冷嘲熱諷。我最要好的朋友的媽媽是一位産科醫師，她會説，"裴敬思太太救助的這些孩子啊，讀書成績好像都不太理想。珍也不例外，搞不好還是最糟糕的。"然后她便長嘆一聲

穿着水手服重返學校，攝于約1940年日軍占領時期

## 春花：兩條江邊的故事

道，"也是奇怪，這孩子成了這個樣子，竟然也沒人敢管。"有一次算術課考試，全班都不及格。老師氣壞了，用戒尺打了全班所有人的手板，却偏偏饒過了我。

有個坐在我旁邊的同學抗議道，"不公平！"隨後立刻傳來另外一個聲音回應道，"人家春花是裴敬思大夫的女兒嘛。"老師一言不發，大踏步衝到我面前，一把抓住我的右手翻過來掌心向上，用戒尺狠狠地抽了十下，一下比一下更用力更響亮。我沒流半滴眼泪，連吭聲都沒吭。

父母離開的這段日子中，媽媽來探訪過一兩次。然而如今她的來訪越來越令我感到尷尬難受，因爲我對她已經毫無感覺。我只是特別想念我的美國父母。更令我難堪的是每次媽媽走后田師傅都會取笑她的口音。他倒不是故意刻薄，而是真的認爲她的鄉下口音很好笑，似乎已經全然忘記了他自己本來也同樣出身鄉下。如此，我便又想到自己的出身，于是越發地感到悲苦難熬。

我的三年級没能合格結業。儘管學校給了我一次補考的機會，却沒人幫我補習功課。我是否能够升學根本沒人在意。想到年齡比我小的發小秋季入學就會升入四年級，而我却只能重修三年級，我開始感到自慚形穢。

我的世界漸漸土崩瓦解。我開始胡思亂想，不知道母親和"代代"是否還會依舊愛我。他們離開已經六個月了，這對于一個孤獨的孩子來說就像是永遠的別離。我滿懷着對他們的無邊渴望，度過了自己的九歲生日，而知道那一天是我生日的却只有被我泪水浸濕的枕頭。我感覺自己很蠢，開始故意做些蠢事，心境也變得越發地郁郁寡歡。"母親總會讓我感覺自己很受重視。可是看看我現在的樣子，我變成這個樣子簡直是耻辱。"

1940年10月14日，我的煎熬總算結束了——母親和"代代"終于回到了九江，還帶來了外婆和她的蘇格蘭陪護凱蒂阿姨。他們離開了整整八個月！我開心得不得了，寸步不離地跟在母親身后，生怕一轉眼她又不見了。令我更爲開心的是貝希阿姨也已經啓程返回九江。她回來之后蒂阿姨估計就不會再那么大聲地讀我的成績單了。

我和八十五歲的外婆立刻就黏在了一起。她在九江碼頭上第

## JEAN 春華 裴敬思 醫學博士

首次見到外婆，攝于1940年秋

一眼看到我就將我認了出來，因爲母親已經給她看過了許多我的照片，根本不會看錯。外婆耳朵有些重聽，説話也要借助一個小型擴音器。作爲一個身體虛弱還坐着輪椅的高齡老人，遠渡重洋到一個語言不通的地方定居實屬不易，不過她調整適應得還算不錯。到了九江幾天之後，她就喜歡上了她的中國保姆羅媽，甚至超過了她帶來的陪護凱蒂阿姨。羅媽年近六旬，動作非常輕柔也遠比凱蒂阿姨耐心。盡管語言不通，她和外婆打着手勢用身體語言交流得竟然也很順暢，只是偶爾需要我和發小幫忙。

我和發小都很同情凱蒂阿姨，因爲她除了每天下樓吃飯之外，其余時間只能呆在房間裏無所事事。因此我們兩人經常會去她房間串門，主要也是出于好奇。她有很多我們從未見過的東西，比如口紅、化妝品、卷發器和指甲油。母親和兩位阿姨從來不用這些東西。我們都想知道這些東西是做什么用的，怎樣用。不過最令我着迷的還是她的假牙，總會隨着她説話上下亂動。雖然知道不禮貌，我們還是忍不住會咯咯笑。凱蒂阿姨非常善良。不但不以爲忤，反而大度地一笑置之。不過我想她肯定偶爾也會冒出想抽我們嘴巴的念頭。

母親和"代代"對我三年級留級的情況非常重視。"代代"決定爲我檢查視力，看是否因此造成了我的成績下降。他爲我做

春花：兩條江邊的故事

"代代"以眼鏡助學的主意，攝于約1940年

了散瞳，導致我幾天內都看不清東西。隨后他發現我是遠視，便爲我配了一副眼鏡，認爲我的成績會由此好起來。他真是個天才！

我別別扭扭地戴上了眼鏡，心中暗暗盼望着自己能立刻生一場病，免得以這個形象到學校出乖露丑。然而事與願違，我沒有這樣的運氣——我比馬還壯實。于是在1940年晚秋的一天，我把頭深深地埋到懷裏，亦步亦趨地緊跟在常媽身后朝學校走去。進教室的時候我的臉紅得像一坨甜菜根。我悄悄地溜進座位，却還是被人看到了，"快看啊！那個留級生是個小四眼！"羞得我恨不得能在地上找條縫鑽進去。

幾個月之后我轉學到了龍山小學——同樣也是一所由傳教使團管理，主要爲傳教士子女而設立的英語學校。有幾位同學還曾經是我幼兒園的同班。母親和"代代"認爲換個學校可能會幫助我重振學習的信心。他們還真想對了。我的成績很快就追了上去，至少達到了龍山小學的水平。到1941年夏天的時候，老師認爲我的學業水平已經够格直接跳級進入五年級了。

相比枯燥的中文經典背誦，在英語環境中學習美國文學更令我感到自在從容。母親和外婆每天都會輔導我練習閱讀和寫作。但我知道我進步的最重要原因還是母親和"代代"回來后爲我帶來的安全感和被愛的感覺。

## JEAN 春華 裴敬思 醫學博士

就在我滿懷歡欣地向着五年級的秋季開學大步前進時，戰爭再次殘忍地向我們宣示了它的存在。1941年12月7日，美國夏威夷珍珠港遭到空襲的消息震驚了整個世界，也在長江中游的美國傳教使團社區中引起了軒然大波。至此，全球各方在各條戰綫上都宣布了全面戰爭。這突如其來的消息令人措手不及。就連一直爲美國人工作的當地中國人也開始爲自己的前途擔憂，擔心自己將會受到牽連而遭遇不測。如果日本人開始對九江的美國人采取敵對態度，我們和當地的中國同事將陷入孤立無援的境地。中國古諺誠不我欺——禍不單行。

珍珠港空襲事件的余波未平，外婆又突然陷入持續的病痛而卧床不起。她的后背上起了紅疹，這些疹子沿着她的腰腹部逐漸蔓延。"代代"認爲多半是疱疹。"非常不容易治療，"他摇着頭説道。

羅媽悄聲告訴我，"你外婆的腰是被一條龍纏住了。這龍咬人特別疼，是要命的東西。如果龍頭咬到龍尾，人就不行了。"我看着她，驚得兩眼圓睜。誰也説不清這過程要持續多久，我們只是每天看着她腰上那疱疹日復一日地擴散，雖然緩慢却沒有停下來的意思。

與此同時，一度與美國人井水不犯河水的日本侵華占領軍開始明顯變得充滿敵意。屋頂上的美國旗幟再也無法保證我們的安全了。醫院門外的日本哨兵開始恣意盤查騷擾往來的人員，甚至在醫院内部尋釁打砸，干擾醫院正常運行。這樣的情况下，上學自然是不可能了——我的學業再度中斷。

在當地的美國傳教使團成員中，包括我父母和貝希阿姨在内的幾位都無意逃離中國。他們已經下定決心，投入畢生精力爲中國人民服務，寧願將這項事業進行到生命的最后一息！然而這一天，日本占領軍指揮官突然命令全體美國人立即離開其住所和設施，并且必須在1942年5月前離開九江。我那剛剛找到平衡的小小世界再次變得岌岌可危。

春花：兩條江邊的故事

碩果僅存的九江傳教士的最后一次禮拜日聚會，攝于約1941年

# 12

倘若父母真的要被迫返回美國，我又將何去何從？這個問題我琢磨了足足一個禮拜之後，終於再也忍不住，沒打招呼便走進了他們的書房。書房是他們處理公務和研讀《聖經》的地方，平時只有大人才可以進去。但在那個禮拜日的午後，我已經顧不得這許多了。"媽媽，你這次去美國會帶上我嗎？"

母親很平靜，將目光轉向了正坐在他那張巨大的木書桌前打字的"代代"。"代代"抬起頭，滿面笑容地望着我，然后朝母親點了點頭。母親便招手讓我走近些。

"寶貝，"她說道，"上次我們回國沒有帶你同去，我知道你不開心。但是當時我們也是沒有辦法，因為我們沒有任何正式的美國文件來證明你和我們的收養關係，只有你親生父母手寫的那張過繼文書。所以去年我們出發去前在上海停留了一下，去美國聯邦最高法院的中國辦事處履行了一套法律手續，把你的收養合法化了。所以現在你已經是我們的合法女兒啦，美國法律正式認可的！"

母親停頓了一下，似乎在等着我的反應。見我并沒有激動的樣子，她又繼續說道，"我們把這事告訴了你兩位阿姨，所以蒂阿姨去度假的時候她也幫發小辦了同樣的手續。現在'代代'和我，還有貝希阿姨，已經向日本當局申請了帶你和發小一起回美國。現在我們正在等他們的正式批准。"

聽到這樣的消息，我激動得無法言語。母親的話裏有許多具體內容我聽得雲裏霧裏——什麼是收養文書，又爲什麼做他們的女兒還需要上海什麼法院的批准。我一直以爲他們對我的愛就足以證明一切了。不過我確實聽懂了母親和"代代"正在打算帶我一起走，這次他們不會把我獨自丟下！

## 春花：兩條江邊的故事

"不過，"母親又補充道，"爲了預防萬一，如果日本人不讓你和發小同我們一起走的話，我們已經拜托過程醫生和程太太，請他們在我們不在的這段時間照看你們。我們給你准備了衣服、書和其他用品，裝了滿滿兩箱，已經托人送到程家去了。"母親説的程醫生也是醫院裏的一位員工。

我對這個備選方案毫不感冒。我告訴媽媽道，"我不想和他們住在一起。我只想和你、'代代'還有外婆住在一起！我想要去美國。"

母親只能微笑着安慰我道，"是啊，我的寶貝，我們現在就是在祈禱能夠這樣啊。"

這次談話之後没有多久就傳來了好消息，九江的日本當局批准了我和發小隨美國父母同行的申請。我高興得幾乎要爆炸了。只是想一想就令我心髒狂跳。我爬上秋千，拼命地向高處蕩去，同時大聲地喊叫着，"美國！美國！噢！哇！"我一次一次地蕩向澄净如洗的藍天，連大樹都爲之撼動，樹葉紛紛落下。我相信發小也像我一樣激動，但是她更爲内斂，很少表露情感。我在秋千上歡呼的時候，她多半正在房間中爲期末考試復習功課。

得知我和發小可以隨行後，母親便開始向我們介紹美國的情况。"珍妮，你到美國之後，我們就可以去看外公外婆給你買衣服、買書和玩具的那些商店，比如那些小雜貨店和伍爾沃斯。隨着母親娓娓道來，我的思緒也飄向了大洋彼岸那個遥遠的國度。我感覺好像要進入一個童話世界或者天堂。

然而回到現實中，距離啓程的最后期限僅有三周之遥，而大家都在爲外婆擔心。老人家當年已經八十七歲了，還病得很厲害。以她的身體狀况，多半無法承受返回美國的漫長航程和舟車勞頓，同時我們當然也不能將她丢在這裏不管。于是我們就只能祈禱上帝幫她從痛苦和煎熬中解脱出來。有一天，我和母親正在外婆的房間中，她突然抬起手臂，臉上洋溢着笑容大聲喊道，"威廉！"

威廉是外公的名字。

緊跟着，她的手臂突然又垂了下去，臉上的笑容也消失了。她吃力地告訴母親道，"我看見你爸爸來找我了。我很開心，

JEAN 春華 裴敬思 醫學博士

可是我剛一喊他的名字，他就停下來了，他看着我，很失望的樣子，然後他就走了⋯⋯"

現在距我們離開九江的啟程日期只有兩周了，而外婆身上的疱疹還在合圍。羅媽悄聲告訴我道，"用不了多久龍頭就咬到尾巴了⋯⋯"果不其然，短短幾天之后那條無情的惡龍真的咬到了它的尾巴，而外婆也在睡夢中平靜地永遠離開了我們。

"我們祈禱的時候并不是想要你死，外婆，"我看着她的遺容默默想到，"可是我們也不想看着你受罪⋯⋯"外婆面容安詳，好像是睡熟了一樣。

我和發小一起主持了葬禮儀式。我們穿着花裙子，拿着裝滿花瓣的花籃。按照中國習俗，高齡的老人去世后人們要為老人的長壽而慶祝。我們為外婆舉行了基督教的葬禮，然后將她葬在九江岸邊的一個美國公墓中。

看着大人們埋葬外婆是個難忘的體驗。我永遠也忘不了她那張長眠的臉，平靜自然地躺在棺材裏。她的樣子讓我確信，她一定正在和外公一起住在他們天堂的家中，多半正面帶微笑望着我們呢。

離開的日子終于到了。1942年4月21日，我們在日本士兵警惕的目光注視下離開了深愛的大宅。我們要帶走的東西很多，足足裝了好幾輛人力車，還另外雇了十一個苦力來搬運其余的行李。記得其中還有一只箍着銅邊的灰色金屬行李箱——裏面裝滿了半個世紀以來母親所拍攝的全部照片。我們沿九江的主干道朝碼頭進發，去搭乘內河蒸汽輪船前往上海。一行人帶着如此浩浩蕩蕩的一大隊車馬行李，場面頗為引人注目，然而我們的心情却是沉重的。更令人百感交集的是媽媽也得知了我們即將離去的消息，和老胡一起匆匆忙忙地渡過江來與我們道別，說不知此生是否還能再見到我。媽媽攥着我的手，不住地抹去眼角的泪水，最后說道，"春花，你這一走，就不知道還能不能再見面了。"我不知道該說什么，只是無奈地對她笑了一笑。老胡站在幾步遠的地方，只是一言不發地看着。這十年來我還是頭一次見到他。

## 春花：兩條江邊的故事

離開九江的前一天，攝于1942年

學校的好朋友們都來爲我和發小送行。他們扒在我倆乘坐的人力車上，哭喊着讓我們一定不要忘記他們，永遠不要！我也哭得不能自已，抽泣着向他們保證會永遠把他們記在心中。常媽沒有來，因爲她已經跟着兒子兒媳離開九江會到鄉下生活了。發小的阿媽王嫂，在那之后接班成了我事實上的阿媽。[1]

王嫂與我們在一起總是有很多樂子。我們都喜歡聽她講故事、説笑話，或者出謎語給我們猜。她雖然沒有念過書，頭腦却非常聰明。而且她行動起來也遠比常媽和羅媽利落許多，因爲她有一雙"解放脚"——從未纏過的天足。能讓自己的脚丫自由生長真是她的幸運！離別那天，王嫂一直站在碼頭上默默地抹着眼泪，直到人們全都散去后才離開。

最后一次互道珍重之后，我們走上了跳板。十年前我第一次渡過這條古老的大江時脚下只有一只小木筏，而今天我將第一次乘坐一艘有着甲板和艙室的真正大船順流而下！對于一個從未跨出九江一步的十一歲孩子而言，離開全部的舊相識去探索一艘蒸汽江輪的奧秘時那種激動是刻骨銘心的，幾乎瞬間便壓倒了我的離愁別緒。

我們于次日抵達了上海外灘。剛剛登上陸地，日本士兵便急吼吼地將所有美國人趕到等候在一旁的巴士上，押解我們來到哥倫比亞鄉村俱樂部——那裏已經被改造成一個拘留營，專門用來集中撤離中國的美國人。我們是第一批抵達的撤離人員。作爲少不經事的孩子，我并未像大人那樣對那裏的一切都焦慮萬分。生活條件和食物質量還在其次，最令人不滿的是無論何時外出都必須向日本人報備，還要詳細匯報外出的行程和預計返回的時間。

---

1　我們喊她"王嫂"是因爲她比常媽要年輕很多。"嫂"這個稱謂等于"阿姨"，而"媽"則用來稱呼老年婦女，等同于"奶奶"。

JEAN 春華 裴敬思 醫學博士

而我却對這種遭遇感到興奮，一大群人擠在一個巨大的大廳中，女人兒童與男人之間只有一道布幔相隔，甚至連一家人都不能呆在一起。没到吃飯的時候，我們都要端着空盤子排在長長的隊伍中等候。我忘記具體吃的是什么食物，但肯定不是田師傅的手藝。不過我倒并不在意，我當時對身邊的一切事情都感到無比新奇。

在拘留營中我有生以來頭一次使用了抽水馬桶。母親告訴我，解完手之后要去拉那根我勉强能够摸到的鏈子。于是我便踮着脚尖，抓住鏈子然后用盡全身力氣向下一扯。只聽水箱中傳出一陣雷鳴般的咆哮，嚇得我魂飛魄散，拔腿便跑。此后不再害怕了，我又會一直拽着鏈子不松手，能拽多久就拽多久。有時候我也會找一個大人陪我去解手。

我們也確實離開拘留營外出過一次，而且去了一家大百貨商店。我在那裏頭一次乘坐了電動扶梯，我給它起了個名字叫做"會走的樓梯。"扶梯很好玩，但是我總害怕自己的脚會被卷進這機器中。大上海這花花世界令我目不暇接，不光是因爲這城市的龐大無邊，也因爲城市中的那些高樓大廈和熙來攘往的人流。

三周時間匆匆而過，我對哥倫比亞鄉村俱樂部拘留營的生活仍然没有厭倦。但隨着有越來越多的美國人被帶進這裏，日本衛兵也對拘留營中的部分成員變得越發殘暴起來——不僅是精神上的折磨，甚至還有肉體上的摧殘。我還記得一位受害者的名字叫做畢肖普•沃德（Bishop Ward）。日本人把凉水灌進他的肚子裏，然后用拳頭猛擊，還跳起來用脚踩他的肚子。這一幕令我們所有人都大爲震驚，因爲日本人對我們還算客氣。也許是我們的運氣，也許是因爲我們這一批人中間孩子比較多。對此母親評論道，"我們可能永遠無法理解。現在戰爭正在進行。"

又過了幾周，日本人突然將我們集合起來宣布通知。一名日本官員用英語説道，"你們明天凌晨三點要全部起床。這是絕密信息。絕不允許透露給這個俱樂部以外的任何人。"我們完全不知道等待我們的將是什么樣的命運，大人們只是默不作聲地收拾行李，而我們這些小孩則早早地被安置上床睡覺，免得我們無法按時醒來。

## 春花：兩條江邊的故事

　　1942年6月7日凌晨三時，我在半夢半醒中爬下床，隨着人流跌跌撞撞地走出俱樂部大門。令我大爲驚愕的是，母親和"代代"在上海的許多朋友竟然已經聚集在門口爲我們送別。他們站在那裏，雖然一動不動，目光却無聲地向我們説着"再會！"我想他們一定也不知道是否此生還能與這些美國人再次相會。不知他們是怎樣探聽到了我們出發的時間，決定趕來向這些美國人表達謝意，讓這些傳教使團成員知道他們爲中國所做的一切都會被國人銘記在心。

　　俱樂部大門外已經有許多輛巴士列對等候在那裏，我們被匆匆趕上其中一輛，巴士便載着我們穿過那些我永難忘懷的上海街道。黑暗的大街上雖然籠罩着霧氣，透過車窗我還是能看到那滿地狼藉的死屍——人行道上、路畔街邊、房前屋後。死者中有男有女，有老有少，甚至還有孩子。當年媽媽背着我沿街行乞的日子早已在我的記憶中消失，我甚至也忘記了世間還存在着這樣的貧困。"媽媽，"我小聲問道，"這些人都死了嗎？"

　　"我不知道，寶貝。"母親輕聲答道。"有些是死於饑餓或疾病，也有的天年已到，或是死于戰火。我想這冬天一定也凍死了不少。"

　　"等我長大了，我一定要做點什么，讓中國人不再凍死餓死。"媽媽輕輕地握了握我的手，顯然聽了我這話很是開心。

　　然后她又低聲説道，"戰争是個可怕的東西——對所有人都是這樣。"她這句話我一直銘記在心，永遠也忘不了。這之後我們便都不再做聲，母親一直握着我的手，巴士則在一片死寂中繼續前行，穿過黑暗的街道駛向我們一個月前停靠的外灘碼頭。

　　東方的地平綫上出現了熹微的晨光，太陽正在升起，仿佛是在預示着我們即將開始一段載入史册的行程。

# 卷二

哈德遜河：我成長的家園

# 13

　　長江上的蒸汽輪船已經足以令我興奮激動，然而與我們在上海乘坐的這艘巨無霸級的意大利遠洋郵輪"綠伯爵號"(SS Conte Verde) 相比，便是小巫見大巫了。"乘坐上這樣一頭鋼鐵巨獸該是怎樣的一種體驗啊！"我悄聲問母親，同時做好心髒跳出胸腔的准備。這艘多層郵輪是在母親的故鄉蘇格蘭建造的，于1923年完成了其處女航。當時這艘郵輪剛剛更名爲"帝京丸"(Teikyo Maru)，由橫濱港駛來。我們出港后，有一艘名爲"淺沼丸"(Asama Maru) 的日本郵輪與我們伴航了一段，隨后便駛向東南亞去運送滯留在那裏的美國人了。我們登船時，"綠伯爵號"和"淺沼丸"上已經乘坐了不少從日本登船的美國人。我們這一批乘客被稱爲"上海團。"

　　我迫不及待地想要在登上這艘美麗的郵輪上尋幽覽勝，但由于這一批登船的乘客足有六百多人，而且成人兒童都有，我們只能耐心等候。登船的先后順序是按照字母表排序的。我攥着自己裝娃娃的書包，不停地將重心從一只脚移到另一只，恨不能將我們的姓氏改爲以"A"打頭的。

　　漫長的等待后，總算叫到了我們的名字。母親、"代代"和我排在發小的前面，因爲我們的姓氏是以"Pe"開頭，而發小和貝希阿姨的姓氏"Ploeg"則以"Pl"開頭，還要往后一些。父母和我能够一起獨占一間特等客艙，但發小和貝希阿姨只能與一位陌生乘客同住。我新學會了兩個單詞，一個是"Stateroom"（譯者按：輪船上的特等客艙），另一個是"Cabin"（譯者按：客艙），知道它們的意思是輪船上的房間，而且比大部分酒店裏的房間都要小。

　　在這次航程中，與貝希阿姨和發小同屋的那位女士差一點

## 春花：兩條江邊的故事

就失去一只眼睛——艙房中電扇上的扇葉脫落，打在了她的臉頰上。我想一定是上帝將貝希阿姨安排在那裏的。她使出護士的專業本領，在專業醫生趕到之前爲那位女士做了急救處理。我想當時趕去的醫生大概就是"代代"，然而時隔多年，我已經記不真切了。

我將自己的布娃娃們妥善安置在鋪位上之後，便迫不及待地跑出去參觀綠伯爵號了。我首先注意到的是一個正在演奏的意大利樂隊，這場面我從來沒見過。他們奏起了迪克西蘭爵士樂，向剛剛登船的"美國佬"們表示歡迎。那個公共休息廳非常大，對我這個剛從九江來的孩子顯得尤其龐大。看過樂隊表演后，我爬上了最高一層甲板，而且驚喜地發現了一個漂亮的游泳池。沒過多久，這個游泳池就成了我的最愛，每天都會在那裏待上幾個小時——我就是這么學會游泳的。有一次我被人無意撞到，沉入了水中。我拼命挣扎想要露出頭來，却感覺頭頂仿佛被壓了一塊沉重的東西。我以爲自己要淹死了，而當我的頭無意中露出水面時，我發現自己居然又能够呼吸到空氣了！我環顧四周，發現根本沒人注意到我。這次瀕臨死亡的經歷對我大有神益，此后我落水再也不會恐慌了。一段時間之后我學會了"狗刨式"，心裏也就更有底氣。這經歷令我頗爲自豪，因爲我成功地學會了我在牯嶺山一個夏天都未能掌握的一門技巧。

有一天在甲板上，我透過一個舷窗向房間中窺望，看到了一張巨大的銀屏。銀屏上展示着像真人一樣大小的人物，像照片一樣，但却會動也會説話，同時還能聽到伴奏的樂聲。我無法想象眼前這一切到底是怎么回事，便跑回艙房向母親求教。

母親似乎并不驚訝。她遲疑片刻，説道，"那大概是電影。"

"什么？"我問道，激動的勁頭還沒有過去。不等母親回答，我又追問道，"我可以去看嗎？"

"不行。"母親不容置疑地答道。于是我也就無法再追問"電影"這概念究竟是什么，此事只得作罷。當天晚些時候，"代代"給了我一個略微緩和的答復，説再過一兩年，等我再長大一些后會帶我去劇院看場話劇。雖然我根本弄不清什么是話劇什么

## JEAN 春華 裴敬思 醫學博士

是電影，但我想最好見好就收，不要再追問下去了。母親能夠允許我獨自在船上四處亂跑我就非常知足了——對于十一歲的孩子來説已經算是相當自由了。

郵輪上有一位意大利水手，每次我從他身邊經過，他都會向我脱帽致敬，嘴裏還會嘀咕兩句意大利語。我也會回禮問好，向他説"Hello"。

這艘遠洋郵輪上的抽水馬桶比哥倫比亞鄉村俱樂部中的馬桶更加可怕。每次拉下鏈子后我都會飛奔逃命。

當我們即將駛離上海港時，郵輪上曾經響起過一陣警報。此后我們才得知，由于軍方誤判了我們這艘船的身份，我們差一點遭到魚雷襲擊。大人們得知此事后都面有懼色，而我們這些孩子却完全不知道自己剛剛走過了鬼門關。

1942年6月18日，我有生以來頭一次離開了中國。我將心底的話吶喊了出來，"你好，美國，我來啦！"我們駛入中國東海，然后轉舵南下，沿着中國海岸綫穿過臺灣海峽，進入中國南海。經過香港時我們靠港停泊了兩天，期間又有一批西方乘客登船。不過香港的這批乘客大多搭乘了淺沼丸號。我們沒有得到下船許可，因此我只是在維多利亞港中遥望香港，對這小島的曼妙身姿驚鴻一瞥。此后我們又經停了菲律賓和印度尼西亞一些小島嶼，中途或許又有乘客登船，但我已經記不得了。

我們停靠在新加坡港等候乘客登船時，同樣無法下船，只能在甲板上眺望。新來的乘客多半是美國人，不過我聽説也有些加拿大人。不久，我們便揮别了馬來西亞和印度尼西亞的海岸綫，駛入馬六甲海峽。駛出海峽后，這艘郵輪便進入了浩瀚的開放水域，在茫茫印度洋中乘風破浪朝我們的首個目的地進發：非洲的莫桑比克。這一走便是一個多月。

貝希阿姨和發小在航程中的大半時間中都在嚴重暈船。她們惡心眩暈、冷汗淋灕，幾乎連艙房門都無力邁出。這些巨型郵輪行進極其緩慢，有些從蕪湖來的傳教士甚至會向我們這邊的九江傳教士打趣道，"我們正在駛向磨——桑——比——克。"（譯者按：原文爲"We are mossing along to Moss-am-beek,"用莫桑比克的諧音打趣。） 有些人甚至抱怨説這船的速度還趕不上苔

## 春花：兩條江邊的故事

蘚的生長速度。

我雖然不像發小和貝希阿姨那樣暈船，不過在航程的第三天，當郵輪駛過一片遍布大浪的水域后，我也感到有些昏昏沉沉。我對自己原來極其喜愛的意大利早餐卷一下子失去了胃口，此后再也沒碰過它們。不過我還是從餐廳偷出來幾個，來投喂那些似乎一直在跟踪我們的海鷗。我不知道它們住在什麼地方，因爲四下望去，茫茫印度洋中目光所及之處連一塊礁石都看不到。

我臉皮薄，不好意思去結交船上的其他孩子，因此大部分時間都是獨自在船上閑逛——'沒有大人管的孤獨騎士。幾周過后，我突然聽到有人大喊，"陸地！陸地！"于是我就和船上的其他人一起蜂擁跑上甲板。果然，海岸綫遠遠地浮現在視野中。1942年7月22日，我們抵達了洛倫佐侯爵港 (Port of Lourenço Marques)——莫桑比克當時還是葡萄牙的殖民地。而今天洛倫佐侯爵已經更名爲馬普托，成爲距九江6,271英里（譯者按：約10,092公里）外的這個國家的首都。我們停靠在洛倫佐侯爵港，又接上了一批來自東非的美國人。在他們登船這段時間中，淺沼丸也趕了上來，停泊在我們附近。

在這段時間中，我其實參與了一場歷史性的事件，然而却不自知。原來我們這批人是用來交換所謂的日本"戰俘"的，其中包括很多日裔美國人。這些人先是在美國被集中起來，然后在紐約港被送上瑞典郵輪格利普霍姆號（MS Gripsholm），這艘郵輪在二戰期間有個綽號叫做"仁慈之船"。我后來得知，我們參與的實際上是一次平民版的"戰俘交換"，而且是絕密行動。珍珠港事件發生后，爲了將滯留在亞洲日本占領區的美國重要人士帶回本土，美國國務院與日本外務省交涉促成了這次交換。這些人士背景不同，行業各异，既有官員和外交家，也有商人和傳教使團工作人員。

由于滯留美國的日本人員少于滯留日本占領區的美國人，爲了達到數量對等，美國政府將成百上千日裔美國人也一同集中起來，甚至連許多二代或三代移民都不放過。他們被投入拘留營中，美其名曰"戰爭安置營"，隨后被運往莫桑比克。而日本方面倒也願意接收這些濫竽充數的"戰俘"，因爲在對美戰爭中可以利用他們的英語能力。

爲了防備德國、意大利和日本這三個軸心國向南美突進，美國與十五個南美國家結成同盟。于是，許多定居南美并在那裏工作生活的日裔人士也被押送到紐約港驅逐出境。他們被當做非法移民，成了莫桑比克換俘的合格人選。這些人中間也有不少是由格利普霍姆號直接從巴西接上的。

這次"戰俘"交換由兩個當時未參加戰争的中立國居間協調，其中瑞士代表美國，而西班牙則作爲日本的代理國，交換地點同樣選擇在一個中立地區。這樣的換俘在美國和日本之間總共只進行過兩次，而我們則是其中一次。一年之后的1943年9月又進行了第二次換俘，而第三次則因兩國談判破裂而中途流産。美日雙方共同編纂了一份"戰俘"名單，刊發在1942年6月28日星期日的《紐約時報》上。我們的名字也登載其中：

裴敬思·愛德華，紐約州楊克斯 (Perkins, E. C., Yonkers, New York )
裴敬思·喬治娜夫人 (Perkins, Mrs. G. M. P. )
裴敬思·珍·胡春花 (Perkins, J. H.–T. )
……
浦樂·貝希，密歇根大溪城(Ploeg, E., Grand Rapids, Mich.)
浦樂·E. L. (Ploeg, E. L. ) 【既發小】

我和發小很可能是這兩次"換俘"中僅有的兩位中國人。

當時的我根本無從理解這一系列事件，自然也無法估量其在歷史上的分量。不過我當時確實聽説我們的綠伯爵號與格利普霍姆號是以艦艇相對的姿態停泊在一起。這次兩船之間包括數百名兒童在內的數千"戰俘"交換，花去了足足幾天時間。每個人的姓名都清清楚楚地記録在花名册上。我看見許多與我年齡相仿的日本小孩，大多面帶迷茫和恐懼，有的還在大哭。不過也有些孩子非常頑皮吵鬧。我們排隊等候交換時，有幾個日本孩子想跑過來跟我們一起玩。這當然是不允許的。他們中間還有人大聲問道，"這艘船上有游泳池嗎？"另一個咯咯地笑着説，"格利普

## 春花：兩條江邊的故事

霍姆號上的飯難吃死了。"我們這邊沒有人回應他們，不過我能聽出來他們講的是美國口音的地道英語。而後來我才明白，他們本來就是美國人，只是日本族裔而已。

我們這一方的人們心中都懷着成功脫險的巨大喜悅，却都克制着沒有表現出來。不過當我們列隊走向格利普霍姆號時，空氣中的張力仍然能清晰地感覺到。母親自始至終緊緊地握着我的手，而"代代"則面沉似水地走在我們前面。貝希阿姨領着發小。隊列中排在我們身後僅有不多的幾個人。我不時回頭看他們是不是掉了隊，而母親則低聲告誡我道，"珍妮寶貝，專心看前面，他們也會好端端地過來的，你不用擔心。"交換完成後不久，綠伯爵號和淺沼丸號就滿載着那些來自北美和南美的日本裔美國公民，離開碼頭朝橫濱港駛去。

戰爭還遠遠沒有結束，上百萬即將于這場戰中喪生的人們當時還都好端端地活在世上。在交換戰俘的那一刻，沒人能知道這場戰爭最終會鹿死誰手。對於在那一天被交換的許多日裔美國人來說，他們被自己在這個世界上唯一熟悉的國家驅逐出境，被迫前往一個從未涉足甚至連語言都不通的國家。這大概便是他們焦慮的緣由。

我心中暗忖，"那會是一種什麼樣的滋味呢？"這時母親的話又回響在耳邊："戰爭是個可怕的東西——對所有人都是這樣。"

# 14

綠伯爵號和淺沼丸號離去之后,一切都安静下來,郵輪上又重新變得空曠起來。我們啓航駛往紐約之前會停留一天,可以趁機在洛倫佐侯爵這座城市(譯者按:既莫桑比克首都馬普托在殖民地時期的舊稱)中游覽一番。經過一個多月的海上漂泊后,我終于能夠下船站在堅實的土地上了,然而踏上陸地的那一刻,我却感覺却脚下的土地仿佛正在翻涌而起,好像想要陷住我的腿一樣。我像喝醉的水手一樣步履蹣跚,站都站不穩。我告訴母親,她解釋道,"你這是暈地了,寶貝!過一會兒就好了。"母親説得果然不錯,半個小時之后我就恢復了正常。

父母和其他傳教使團成員決定去參觀城裏一個當地的衛理公會教堂,我和發小自然也隨他們一起前往。我們走在這座城市中的街道上,看到無數皮膚黝黑的男男女女和小朋友,令我嘆爲觀止。我想起了我們在九江的教堂裏經常合唱的一首聖歌:"耶穌喜愛世上小孩;世上所有的小孩;不論紅黃黑白棕,都是耶穌心寶貝……"而直到此刻,我才頭一次明白聖歌中所言非虛——世上的人真的有不同顏色的皮膚。我是黃色皮膚,發小膚色比我更爲白皙,而母親、"代代"和兩位阿姨則是白皮膚。

與那位非洲裔神父握過手之后,我偷偷向自己的手上望了一眼,驚奇地發現手上竟然没有留下任何顏色的印記!

除去膚色,非洲人的友好也令我印象至深。他們邀請我們乘坐摩托艇去觀看野生河馬,那是我第一次見到這種長相古怪的巨獸。這種温馴的動物令我聯想起中國的水牛,因爲它們雖然長相大相徑庭,却都一樣喜歡在水裏泡着。當地人警告我們不要去招惹它們,因爲它們發起怒來有時候會把小艇掀翻!

城裏到處都是沙子,沙子中還有很多帶有黑點的小紅豆子,

## 春花：兩條江邊的故事

可能是鷄骨草的種子，亦稱念珠豆或相思子。我們那天收集了很多這樣的小紅豆，我自己的那份我一直珍藏了許多年。那天發生的一切，直至今天都還歷歷在目。

1942年7月28日，我們乘坐格利普霍姆號駛離了莫桑比克。我們繞過南非開普敦，駛入浩瀚無垠的大西洋。路過好望角時母親情緒激昂地指着那邊，我却不明白她爲何如此興奮。我們于8月10日抵達裏約熱內盧，當時這座城市還是巴西的首都。巴西1822年才從葡萄牙的殖民統治中解放出來。聽説我們可以下船去游覽這座古老的城市，我像一只小鳥般歡呼雀躍。

巴士首先將我們直接送到了海拔2,300英尺（譯者按：約701米）的科科瓦多山的脚下，然後我們便乘坐纜車上山。身處纜車之中向下俯瞰，那情形頗令人膽戰心驚，纜車路綫中的一些地方尤其險峻，我們幾乎是在垂直攀升。我希望牯嶺山也能架設纜車來運送游客，這樣那些苦力就不用那麼辛苦了。科科瓦多山頂上聳立着一尊耶穌聖像，俯瞰着整座城市。他雙臂平伸，形成一個巨大的十字架，仿佛正在賜福世間衆生。那景象既豐滿充實而又具體而微，美得令人窒息。置身于山巔絶頂，整座城市和海港盡收眼底。山頂上有一家售賣飾品和紀念品的商店，其中有一種鑲嵌了美麗蝴蝶翅膀的玻璃令我嘆爲觀止。我們回到船上時天色已經全黑，而城中的萬家燈火却依然璀璨，令人目迷五色。此情此景，就連上海也相形見絀。

我們于八月中旬從裏約熱内盧出發，開始了我們這次長途旅行的最后一段航程。當我們艦艦相對交換戰俘時，有個日裔美國小孩曾向我們打聽綠伯爵號條件如何，我們説很棒。現在我才明白，格利普霍姆號竟然還要更勝一籌。這郵輪的空間如此寬闊，簡直令人有同時乘坐兩艘豪華郵輪之感。而且船上的游泳池是建在室内的，在雨天也可以享用。話雖如此，這次長途旅行的疲憊開始漸漸侵入身心，我們這些孩子的感覺更爲明顯。

一個伸手不見五指的深夜，正當我們沿着巴西北部的海岸綫行駛時，遠方的天空映出一片火光——水面上一艘油輪正在熊熊燃燒。一個水手大叫道，"水面上有油！"于是格利普霍姆號連忙兜了一個大圈子繞過那艘油輪，險險避開浮油。船長想派人

## JEAN 春華 裴敬思 醫學博士

去查看是否有幸存者,但水中并無生命迹象,于是我們便繼續前進。

當時所有人都必須將用過的鋁箔收集起來用于回收,包括雪茄和巧克力的包裝紙。這也無時無刻不在提醒我們戰爭還在繼續。我一直忠心耿耿地執行着這項任務,將收集來的鋁箔揉成了相當大的一個球。然而我却不知道應該把這成果上交給誰,下船時只好將它留在了船上。

貝希阿姨和發小在這最后一段航程中似乎精神些了,或許是由于格利普霍姆號更大更穩,也可能是由于我們已經離開了風大浪疾的印度洋。現在發小和我整天黏在一起。我們兩人總會盡量穿成一模一樣,因爲貝希阿姨平時總是會爲我們各自縫制一件同樣的衣服。于是船上的人們被搞糊塗了,總會問我們是不是雙胞胎!如今嚴酷緊張的換俘已經過去,父母認爲我們應該收心溫習一下閱讀和拼寫了。這令我大失所望,因爲這意味着我不能像從前那樣在船上四處游蕩恣意玩耍了。

不過大人的話是有道理的。要想在美國入讀五年級或六年級的話,我們必須要具備五、六年級的閱讀、寫作和拼寫能力。盡管我曾經上過美國幼兒園、牯嶺山夏校學前班,而且我那個重修三年級的小學也是以英語爲主要語言,但我讀過的大部分課程還是漢語的。因此我們在此后的航程中學得相當用功。貝希阿姨找了本地理書,并用它做教材來教我們閱讀和拼寫。

發小天生是個好學生,而我却不然。隨着我們與美國的距離不斷拉近,我的興奮也與日俱增,逐漸達到了無法專心聽課的程度。對于母親、"代代"和兩位阿姨等美國人來説,抵達美國意味着回到故鄉重獲自由。然而對于我和發小意味着什麽呢?

一天,母親喊道,"快來看,寶貝。"

母親的激動程度是我原來從未見過的——事實上此後也從沒見過。此刻的她簡直像個孩子。我衝出艙室跑到甲板上。啊,沒錯,壯觀的自由女神像就屹立在那裏,只見她一手擎着火炬高高指向天際,莊嚴雄偉地屹立在紐約港。

郵輪從自由女神的脚下駛過,開始溯哈德遜河而上。我站在甲板上,目不轉睛地望着女神的面孔。奇怪的是,我從她的笑容中感受到一種深深的悲傷，我不知道這是什麼原因。

這就是美國，一片自由的土地，勇敢者的家園。1942年8月25日，禮拜二，我們在新澤西州澤西市靠岸停泊。我一眼便望見了碼頭上的蒂阿姨。站在她身邊的是一位高大英俊，滿臉絡腮胡須的男人。那一定是被我們一直稱做"亨利伯伯"(Uncle Henry)的"代代"的兄長。原來他早就在碼頭等着迎接我們，同來的還有兩位阿姨的姐姐安娜·浦樂 (Anna Ploeg) 與她丈夫。這是一次多么快樂的重逢啊！

由于船上共有1,451名乘客，爲防止間諜混在我們中間向美國滲透，聯邦調查局等政府機構必須對所有人進行徹底調查逐一過關。因此下船登陸足足花去了三天時間。包括我和發小在內的許多乘客被分流至埃裏斯島，因此我們是最后一批離開的。

### 聯合通訊社專綫報道：1942年8月28日

"新澤西州澤西市，8月28日——三一學院教授亨利·裴敬思的弟弟愛德華·裴敬思醫生携夫人及其收養的11歲中國女兒珍·胡·裴敬思已乘坐外交人員交換郵輪格利普霍姆號于本周抵達并將登陸。現住哈特福德市佛利斯特大街55號的裴敬思教授在碼頭迎接弟弟和弟媳，稱他們在經歷了這段始于中國九江的艱辛航程后，狀況要"遠遠好于"自己的預預期。裴敬思醫生在九江從事傳教事業。

裴敬思醫生及其夫人和女兒隨最后一批乘客下船后便立即回到他們在楊克斯市的家中。"

與報道中所說的不同，事實上我們并未"立即"回到楊克斯的家中，而是先入住了位于曼哈頓公園大道上的華爾道夫酒店。第二天我和發小便前往埃裏斯島上的美國移民局辦公室接受審查。母親知道此行能否過關事關重大，便事先向我介紹了移民官可能問及的問題，如年齡、姓名、父母的姓名和我的故鄉等等。這一番准備工作與她送我入讀牯嶺山美國幼兒園前那一套大同小异。

## JEAN 春華 裴敬思 醫學博士

次日，我們乘坐輪渡來到埃裏斯島。進入移民局等候室時，房間裏已經有不少人了，我們便緊張地等待着。貝希阿姨與發小進入單間后，我又等了數個小時才聽到有人叫我的號碼。母親和"代代"便帶着我進了一間沒有窗子的房間。奇怪的是到了這裏，我緊張的感覺反而消失了。

房間裏坐着兩位移民官，一男一女。那位女性官員率先發問，問題都是姓名和目的地等常規信息。我對答如流。然后便輪到男官員發問了。"那麼，裴敬思小姐，你身上是否有任何胎記？"

我冷靜地答道，"沒有，先生。"

他又追問道，"那麼在必要情況下，您身上有什麼可以用來確認您的身份的東西？"

我想了想，突然看到了我的右手拇指。自從我記事以來，那只手指的指甲一直就是褪色的。我將右手伸向移民官，問道，"這個可以嗎？先生？"男人點了點頭。

"這是怎麼造成的？"他問道。我搖搖頭，露出無奈的笑容表示我也不知道。母親和"代代"坐在我身后的一條長板凳上，此刻一定很爲我自豪。我干得不錯。

我忘了是誰問的下一個問題："你在美國有任何血緣親屬嗎？"

"有啊，我的亨利伯伯，他住在康涅狄格州！"我不假思索地喊了出來，頗爲自豪。兩位官員同時皺起眉頭，向我的父母投去"我們早就知道"的那種眼神，明顯認爲我撒了謊。

母親連忙站起身來解釋道，"先生，我認爲這孩子還不懂血緣親屬的含義。"

我轉過頭，母親向我解釋，亨利伯伯是裴敬思醫生的哥哥，但與我沒有血緣關系，因爲我是"代代"收養的孩子。"代代"咧嘴而笑。兩名官員點着頭，明白了我剛才并不是在説謊。

此后當母親將此事講給亨利伯伯時，他哈哈大笑起來，笑得連臉上的絡腮胡須都在顫抖。看來能被我當成血緣親屬令他頗爲得意。

"珍妮寶貝，你可一點都沒説錯，"他説，"你是我侄女，

## 春花：兩條江邊的故事

我的侄女從來都不會錯！"

然而此刻我們還在埃裏斯島上面對着兩位移民官，壞消息馬上就傳了出來。儘管母親出示了美國最高法院上海辦事處出具的收養文書，他們却只允許我在美國停留三個月！

母親質問道，"你們想讓這個十一歲大的孩子三個月后去什麼地方？回到她那戰火紛飛的祖國？難道不是日本正在跟我們開戰嗎？難道中華民國不是我們的盟國嗎？"

看到進門后一直謙恭有禮的母親突然開始自信地據理力爭，兩個移民官都吃了一驚。兩人竊竊私語一番之后，那位女移民官告訴母親，"您女兒可以暫時居留，但是條件是一旦她的祖國結束戰爭，她就必須在三個月之內離境。"這些話我完全聽不明白，但母親看起來怒不可遏，開始給兩名移民官上課，告訴他們埃裏斯島的意義。

埃裏斯島于1890年被本杰明•哈裏森總統指定爲第一個聯邦移民檢查站的所在地，至1954年關閉。在此期間，任何年滿18周歲或以上的移民，只要其身體及精神狀況合格都有權得到歸化。由于我擁有美國最高法院中國辦事處簽署的正式收養文書，且來自美國的盟國，按照當時的移民法規本應暢通無阻地入境。母親與移民官一番爭辯后，他們告訴我的父母說如果我希望歸化成爲美國公民，我必須在年滿十八周歲后履行另外一套手續。后來我才得知發小也得到了同樣的判决。儘管"代代"持有一個法學學位，但他也拿不准目前我們能采取什麽行動。因此雖然不知道將來會出現什麽狀况，他們也并未急于了結此事。

然而在我看來，能够爭取到這樣的結果已經是大喜過望了。儘管我只得到了一個臨時性的居留許可，我首次見到美國的熱情并未有絲毫折扣。母親和"代代"帶我們轉遍了紐約城。我們在第一天晚上去了洛克菲勒中心和無綫電城市音樂廳，所見所聞無不令我嘆爲觀止，尤其是百老匯和時代廣場那些閃閃發光的彩燈。我在劇院前看到了穿着古怪的舞者。母親發現我正在瞪着人家看，連忙用力將我拽走。

我對這座遍布摩天大樓的城市一見鐘情——伍爾沃斯大廈、克萊斯勒大廈，當然還有坐落在第三十四大道上的帝國大廈。我

## JEAN 春華 裴敬思 醫學博士

們登上了帝國大廈樓頂，那也是我和發小頭一次乘坐電梯。電梯很嚇人，令我肚子裏一陣翻滾。到達頂層後我們一下子就衝了出去，眼前的景色令我立刻心生敬畏。勁風吹起我們的頭發。我向下俯瞰，樓下往來穿梭的汽車小得像玩具一樣；我極目遠眺，只見兩條滔滔大河拱衛着這座島嶼，最后在遠處交匯奔向自由女神像。暮色中，我看到五光十色的彩燈從四面八方次第亮起。一切都鍍上了一層藍綠色的色調，還摻雜了幾分淺黃。這景象突然喚起了我心中的傷感，令我的思緒飄到世界另一端那個我稱之爲故鄉的地方。在那邊，也有一條大河奔流不息。

第二天，我們沿東河而行，直至曼哈頓橋和布魯克林大橋，一切都盡收眼底。那是怎樣的一副風景啊！吃過午飯后，我們又漫步于母親曾多次描述的中央公園，欣賞其中美不勝收的風景。離開公園后我們又乘坐上城地鐵參觀了哥倫比亞大學，途經阿姆斯特丹大道上的聖盧克醫院——也是"代代"學習并成爲一名外科醫生的地方。余興未消的我們又信步朝哈德遜河走去。大人們在身后聊天，我和發小則一路蹦蹦跳跳地來到第七十九大街。我們坐在那裏的木質碼頭上看着紅日西沉。母親伸過手握住我的手，落日余暉將她沉思的面頰染成橘紅色，而"代代"則深情凝望着母親。一瞬間，我突然意識到我們從揚子江邊來到這裏跨越的那萬水千山。

這些難忘的日子如白駒過隙，很快就到了我們各自回家的日子。"代代"和兩位阿姨叫了一輛黃色的士，亨利伯伯則開着他那輛1935年的克萊斯勒載着母親、發小和我。我們飛速駛過大街小巷來到紐約中央火車站，爲兩位阿姨和發小送別。她們要由此乘火車前往密歇根大溪城。發小突然抓住了我的手，我們兩人四目相對，執手相看淚眼，都意識到我們正要做漫長人生中的第一次別離。

發小隨兩位阿姨登上列車，我已經是哭得不能自已。而發小則一如既往地把控着她的情緒。我泪流滿面，望着列車徐徐開動，最終消失在視野中。發小是我認識的唯一姐妹，而兩位阿姨也早已成爲這個大家庭的一部分。前路漫漫，禍福難測。母親雙手攬住我的肩頭，聲音中充滿理解，"走吧，寶貝。火車已經走了，我們也該回家了。"

　　家，當然了！哈德遜河畔，那是母親長大的地方，很快也將成爲我的新家。我擦干泪水，向發小和兩位阿姨遠去的方向又望了最后一眼，便隨"代代"和母親登上亨利伯伯的克萊斯勒，駛向我們的家園——紐約州楊克斯市亞瑟普雷斯六號（6 Arthur Place, Yonkers, New York）。

# 15

我喜歡北楊克斯的生活,美國已經成了我名副其實的新家。此后的兩年中,我變成了一個徹頭徹尾的美國少年,就讀于百老匯北759號的楊克斯第十六公立學校。而且我也愛上了我們位于亞瑟普雷斯6號的老宅——當我還在車道上朝它走去時就已經對它一見鐘情了。

這棟老宅坐落在一個小丘上,我在二樓的臥室有兩扇窗子。我最喜歡那扇朝向正西的窗子,因為我可以透過它遠眺哈德遜河的美景以及河對岸新澤西方向的帕利塞茲絕壁。白天哈德遜河上各種艦艇駁船往來穿梭,而晴朗的月夜中河面則泛起粼粼波光。我立刻就對這條河產生了親近的感覺。后來突然有一天,帕利塞茲絕壁上的一場滑坡造成了一塊新的地貌,遠遠望去居然與希特勒的臉有幾分神似,真是大煞風景!"代代"說,或許這是上帝在提醒我們,戰爭還沒有結束。

臥室的另一間窗子朝北,正對一片小樹林。當年多虧外祖父投書楊克斯市政廳請願,這片林子才未曾遭受被道路攔腰截斷的

我們位于紐約州楊克斯市亞瑟普雷斯6號小丘上的老宅

## 春花：兩條江邊的故事

厄運，得以完整保留。外祖父這一義舉爲此后幾代人播下福蔭，令此處環境清幽。除了偶爾會在夜間聽到不識路的汽車在道路盡頭急刹的聲音。

這座房子就是我的天堂。我有一張維多利亞式的黃銅大床，也是母親兒時的睡床。在閣樓上的一個木搖籃中，我甚至還發現了幾只母親兒時玩過的娃娃，都穿着十九世紀的衣服。我把她們同我從九江帶來的娃娃一起都擺放在我的窗臺上。這些娃娃們有時是我僅有的玩伴，尤其是在我無法去拜訪朋友的雨天裏。我甚至還有了自己的洗浴間。一天之中我隨時都可以跳下床邁着舞步到其中去衝涼。我也不再害怕衝水馬桶，甚至還能在水箱無法正常蓄水時自己修理。浴缸是陶瓷的，竟然還帶塞子！我很快就對水管裏流出的冷熱水習以爲常，不知道如果再回到中國，是否還能適應那裏的生活條件。

老宅前院的中間長着一顆巨大的海棠樹。我和鄰居家的兩個小妹妹時常在這裏玩捉迷藏。這棵樹是外公外婆在母親還小時栽種的，因此到我們住在這裏時一定有百年的樹齡了。這樹在春天百花盛開時尤爲美麗。我從前從未見過海棠花，它令我想起我們在九江那個草木繁茂的花園。楊克斯的老宅有一種特殊的意義，因爲母親就是在那裏長大的。我從未見過外公，但房子裏到處都能看到他的照片。

與鄰居家兩個孩子之一合影

在我的記憶中，這裏的唯一的美中不足之處就是鄰居家放養在街上的狗。我本來就怕狗，而這條狗真的會咬人。躲避它成了我每天必修的功課，爲此我不惜繞路遠行，多走出一個街區。然而即使是這樣也并不保險。有一天，我正從相反的方向朝家中走去，肩膀上突然傳來一股沉重的力道。我立刻嚇得魂飛魄散，僵在原地連聲音都無法發出——這家伙竟然在跟踪我。謝天謝地，它不過是

## JEAN 春華 裴敬思 醫學博士

在我的脖子和耳朵上舔了幾下，便像它出現時一樣悄無聲息地溜走了。我回到家中，直到進了洗浴間清理時雙腿還在戰戰發抖。母親正在做晚餐，看到我嚇壞的樣子似乎有些吃驚，却也沒說什麼。

我喜歡閱讀，讀了《小婦人》、《小紳士》、《海蒂》、《綠山墻的安妮》、《湯姆叔叔的小屋》和《篷車隊》等小説。我在楊克斯還没有交到新朋友的這段時間裏，讀書要算得上是我最喜歡的消遣了。當我讀到《湯姆索亞歷險記》和《哈克貝裏芬歷險記》時，"代代"告訴我說他和亨利伯伯曾經與馬克吐温住鄰居。我只當他只是在説笑而已。

我在第十六公立學校入學的那一天，母親將我帶到校長辦公室，給校長看了我在龍山小學的四年級成績單。校長是母親的高中同學，笑着將成績單遞了回來，對母親道，"喬吉，我的中文恐怕要温習一下了，不過分數我倒還能看懂。你們誰來幫我翻譯一下？"

我自告奮勇道，"我來。"然而由于害羞，聲音却小得幾乎聽不見。

校長點點頭道，"你的英語在中國人裏面説得算是相當好了。"校長隨后將我領到了五年級的教室。在同學們的注目禮中，校長將我以"珍·裴敬思"這個名字介紹給了同學們。

點名教室的老師修斯夫人（Mrs. Hughes）領我來到我的座位前。我剛一坐下，全班同學便一齊站了起來。我也慌忙站了起來，不知道后面上演的是什麼戲碼。然后我便聽到了這樣的誓詞齊聲響起："我宣誓效忠美國國旗與它所代表的國家……"我還没有想好該怎麽做，他們又齊聲唱了起來："哦，你可看見，透過一綫曙光，我們對着什麽，發出歡呼的聲浪……"

我大感不解地愣在那裏。在我短暫的生命中，一半時間是在日本人的統治下度過的。我自然對愛國主義有着切膚的認識——一個人要熱愛自己的國家和國旗，而不是敵人的國家和旗幟。然而此時此地，我究竟該怎樣做呢？現在美國算是我的祖國嗎？不過没過多久，我便滿懷自豪和崇敬地加入了這場儀式，甚至還加入了11歲的女童軍。我喜歡我的童軍制服，尤其是那個髮夾！五

## 春花：兩條江邊的故事

月節的大游行中，我與女童軍隊友一起組成游行行列，齊步行進在蓋蒂廣場上。那時我是何等的自豪。

一開始我在學校的功課很吃力。我死活也拼不對"pneumonia"（肺炎）這個單詞，這成了我遭受的第一個奇恥大辱。放學后修斯夫人將我留了下來，一定要我拼對后才肯放我回家。但我越是努力就越拼不對。就在我馬上就要哭出來的時候，一個在九江聽過的聲音在我腦海中響起："裴敬思太太救助的這些孩子啊，讀書成績好像都不太理想。珍也不例外。"我咬牙忍住泪水，心中無聲地吶喊着："等着瞧吧！"

修斯夫人看出來我已經精疲力竭，心軟了，"珍，你先回家吧，但是明天一定要拼對啊。"我雖然獲得了自由，學好英語的決心却更加堅定了。

在第十六公立學校那兩年中，我觀察到了身邊人各種截然不同的性格。班上有個名叫海瑟 (Heather) 的女生，長得小巧玲瓏，總是像只蝴蝶一樣在課桌間飛來飛去，對所有人都非常友好。桃樂絲 (Doris) 則像我一樣腼腆內向。瓊 (Joan) 特別喜歡馬，還總是喜歡甩她的名牌手環，好像是嫌它礙事一樣。杰克 (Jack) 每次被修斯夫人點名回答問題時，必定要先用手指梳理一下他那棕色的卷髮。漢普森 (Hampson) 溫柔善良，很有音樂天賦。長了一臉雀斑的紅頭髮法蘭克 (Frank) 是第一個送給我情人節卡片的男生——那是在1943年的2月14日。那天男生都穿西裝打領帶，而女生則穿長裙。我們從這制服領會到，我們所做的事情是有意義的，從而逐漸建立了自尊。

學校的同學們待我都很好，也都很樂于助人。我從來沒聽他們說過一個歧視性的詞匯，就連"中國佬"這類的詞都沒有。我僅有的一次被偏見刺痛的經歷便是在放學回家路上被一個陌生小孩喊"小日本！小日本！小日本！"

我轉過身告訴他，"我不是日本人！我是中國人！"他被我自信的氣勢鎮住了。我扔下他大步走遠。就算我真的是日本人，他這樣說話也是不對的。

班上還有兩名同學，一個叫吉爾 (Jill)，一個叫貝蒂 (Betty)。她們都是在我來到第十六公立學校的頭一天就和我交上了朋友。

## JEAN 春華 裴敬思 醫學博士

兩人都將保護我視爲己任，隨時准備站出來替我打抱不平。我們后來成了一輩子的朋友。第一次見面時，吉爾來到我的課桌邊道，"珍，我叫吉爾。你把眼鏡摘下來，讓我們看看你長什么樣子好不好？"

我雖然不喜歡戴眼鏡，但是戴上之后又感覺不好意思摘下來。我搖搖頭拒絕了，臉漲得通紅。吉爾却以爲我沒有聽明白，反而摘下了自己的銀絲邊眼鏡給我示範，"瞧，就像我這樣。"

我老大不樂意地把眼鏡摘下來，一秒鐘后就戴了回去。吉爾立刻滿面笑容。

貝蒂有一雙藍色的眼睛，她的頭上長滿了金色的卷發，垂在她的肩膀上像彈簧一樣不停跳動。有幾個小發卷總是會跑到她的額頭上，她便鼓起嘴唇吹氣，用氣流來整理那些不聽話的頭發。她還總是喜歡舔嘴唇，舔得嘴唇干裂起皮。

我們聚在一起，像三個火槍手一樣形影不離。我們一起發瘋游戲——我們性格中都有假小子的一面，而且都喜歡爬樹。我還教她們中國的打彈子和飛刀游戲，教她們用不同的身體部位將鉛筆刀甩出去插在地上。

有一天我們三人正在楊克斯港附近玩，我突然看見一幕令我懷疑自己的眼睛的場景——我竟然看到了格利普霍姆號停泊在港口中。原來這艘郵輪正進行爲下一輪的戰俘交換作出發准備——那次交換的時間是1943年9月。于是我便將我來到美國的旅程經歷講給兩個朋友聽，她們聽了后都感覺我很了不起。

我用貝蒂的自行車學會了騎車。有一天，我故意激將她坐上后車架，騎車載她順着一個向下的斜坡猛衝。車子越跑越快，速度遠遠地超過了我的預料。我被嚇壞了，歪歪扭扭地衝向了逆向的對側道路，迎着一輛汽車衝了過去。我用力捏閘，但力道不够無法及時刹停。爲了停下來躲開汽車，我只好轉向朝人行道衝去。坐在我身的貝蒂雖然不知道出了什么情況，但是也明白大事不妙。幸好她摔在我前面，沒有受傷，車子也沒有受損。但我的右腿膝蓋上擦傷了一大塊，甚至能感覺到溫熱的血順着腿向下流。幸好那天我穿了便褲，所以誰都沒看見我流血。

在冬天，下雪之后有些路段會封閉起來，這樣孩子們就可以上去滑雪橇。母親和"代代"給我買了一架雪橇,作爲我在楊克斯度過的第一個聖誕節的禮物。我們輪流坐着這只雪橇從小丘上向下滑。有一次我們三人都擠在上面,結果一起從小丘上滾了下去。我們簡直太喜歡這游戲了!一家人快樂地在一起,那是多麼美好的時光啊。

我與父母去摩爾斯米爾美以美會教堂,現在這裏已經變成了一處地標性的名勝古迹。外公外婆和母親都曾經是這教堂的成員。教堂會衆們看到有個中國女孩加入,都萬分激動。我也就是在那裏遇到瑪利亞(Marie)的。瑪利亞雖然也是第十六公立學校的學生,却比我高一年級,但教堂的活動又拉近了我們的距離。由于她住得地方離我家老宅遠,我們在一起玩耍的時間并不像我和吉爾還有貝蒂那麼多。

不過,瑪利亞每次和我一起玩,她都會主動來我家找我,有時候她甚至還會住在我家過夜。我們一起玩娃娃,自己假裝成是這些娃娃的老師,讓她們當學生。和瑪利亞在一起的時候,我會略微收斂自己假小子的一面。我們倆都能很輕松地爬上大樹。不過當我們攀上枝頭,我們會坐在枝杈上安靜地聊天,而不是像我在九江那樣猴子般蕩來蕩去。有一天,我們正坐在枝頭閑聊時,瑪利亞突然望着我問道,"珍?"

她的表情一下子嚴肅起來,我立刻就明白了她一定有很重要的話要說。"怎麼?"我答道。

"我也是被收養的。"

"真的嗎?"我驚呼起來。"也是因爲你是女孩?"在我的認識中,這是我生父母丢弃我的唯一原因。

"不是的,"瑪利亞道,"我小時候我父母兩人都去世了,肺結核。我們的鄰居沒有孩子,就把我帶過來養,后來就正式辦了收養手續。他們收養我之前,我住在一個天主教寄宿學校。我在那裏很難過,也不知道該怎麼辦。"

"那你現在開心了嗎?"我問道。"哦,那當然了!"她答道。

"我也很開心,瑪利亞,我能有我父母收養真的很幸運。"

在那時候,收養還是家庭秘而不宣的私事。我倆同爲收養的

## JEAN 春華 裴敬思 醫學博士

孩子給了我們一條特殊的感情紐帶，令我們格外親近，也使得我們成為終生的朋友。

住在楊克斯的老宅中那段時間，我們誰都閑不住，每個人都有自己的任務。現在家裏沒有了王媽、常媽和羅媽這樣的阿媽，也沒有田師傅這樣的大廚，更無需水爺爺每天從井裏汲水。然而母親還是需要照料她的花園和草木。我在中國總喜歡看僕役們干活，現在總算到了學以致用的時候。我不僅要漿洗熨燙，還要幫母親打掃衛生，負責客廳的撣塵工作。有些工作比在中國時的工作要更爲復雜，我搓洗了很多衣服，連手指關節處的皮膚都磨掉了一層。

衣服中最難洗的是"代代"料理"勝利菜園"（譯者按：二戰期間美國政府號召人民在私人住宅院落和公園開闢蔬菜種植地應對蔬菜短缺問題，稱爲"勝利菜園"。整個二戰期間，美國全國各地的勝利菜園提供了美國國內三分之一的蔬菜供給。）時穿的連身衣。二戰期間"勝利菜園"遍地開花，因爲商店裏供應的蔬菜非常有限，要憑配給券購買。當時洗衣機還不多見，"代代"的連身衣浸在洗衣盆裏，一泡滿水就會變得非常沉重，我幾乎無法將它拎起來。不過我還是要克服困難，借助一個固定在那裏的套環將水分擰干。不過每次把洗好的衣服搬到后院去晾曬時，我都爲自己的成就感到無比自豪。我會坐在那裏，由衷地感激"大板叔叔"多年來爲我們的奉獻。

我最不喜歡的工作就是織補襪子，尤其是"代代"的！我四歲時就已經學會了用針，但只是用來爲我的娃娃做衣服，針脚很大。而織補襪子却非常費時費工，因爲"代代"的襪子都很舊，磨損嚴重。"

與瑪利亞攝于布朗克斯公園，約1943年

買新的多簡單呢。"我暗想。

在中國的時候，我對時尚毫無意識，因爲根本沒有這個需要。無論是家裏縫制的衣服，買來的成衣還是別人穿過的舊衣，給我什么我就穿什么，而且沒有絲毫不樂意。然而我在楊克斯讀到五年級后，情況發生了變化。

天氣漸涼的時候，我穿上了海軍藍的水手服。母親每次和"代代"到日本度假總會給我買水手服。她說水手服是日本女生的校服，我也很喜歡穿。然而這一天當我穿着水手服來到教室的時候，五年級的那位老師說道，"大家看是誰來我們班了？一個水手女孩！"

我的臉立刻漲得通紅，低下頭不敢看人。我不知道自己到底做錯了什么。不過這裏確實沒人穿水手服。我如坐針氈地挨過了一節課，下課鈴一響便頭也不回地一口氣跑回了家。我直接跑進我的房間裏，脫下那身制服，從此再也沒有穿過！此后不久，我在哈得孫河畔黑斯廷斯村拜訪母親的親戚時才知道我的衣服大多已經過時了——十一歲的女生穿起來已經頗不相宜。很快我就收到了兩件女士襯衫和兩條短裙，雖然是舊衣服改的，對于我這個年齡的女孩卻十分得體。

我學到了一個教訓：在美國人看來，衣服并不只是簡單地遮羞保暖，有得穿就好。一個人的穿衣風格是有着其內在意義的，旁人也會據此對這個人做出評判。如果一個人無法跟隨潮流，便會被人判定爲老派或乏味。于是我便開始觀察好友們的衣着并讓父母給我置辦，比如短褲、運動衫、寬松便褲和工裝褲。我還想要一件紅黑格子的法蘭絨襯衫，另外還有一件正裝上衣和一件運動夾克作爲正裝。

然而不幸的是我的這些願望很少能得到滿足。家裏的生活非常節儉。無論提出什么要求，母親和"代代"總會說太貴。在他們看來，雪橇、旱冰鞋和冰鞋這類東西都屬于華而不實而又費錢的無用之物，甚至連我在冬天裏真正需要穿用的大衣也被歸入此列。我只有在聖誕節或生日到來之際才有望得到這類東西。我一直想要一架自行車，懇求了無數次，甚至連母親都幫我說情，但"代代"還是不爲所動。

## JEAN 春華 裴敬思 醫學博士

后來我才漸漸明白,傳教士的薪水是非常微薄的。盡管"代代"持有行醫執照,但我們在美國這段時間他實際上算是處于失業狀態。家中雖有些許微薄積蓄,但除了"代代"出急診或爲請假的大夫替班能挣到些零星收入外,我們并没有真正的穩定經濟來源。最主要的是"代代"認爲我們在美國只是暫時栖身,因此婉拒了聖盧克醫院爲他提供的職位——他認爲没有必要。

我們幾乎從未進過餐館,而母親的厨藝也乏善可陳。有一次她邀請我的同學來家裏吃中式午餐,然而她對中餐的理解就是白米飯加上水煮蔬菜,再配上在醬油裏炖爛的蘿卜。這頓飯太可怕了,我在中國可完全没有吃過這樣的中餐,令我對田師傅倍感懷念。不過,盡管這頓飯最終以灾難告終,我還是欣賞母親作出的努力嘗試。她在提醒我不要忘記中國。

我自己也一直都没有學會做飯。不過我倒確實從母親那裏學到了些甜點手藝,能做出可口的蘇格蘭黄油甜酥餅干和花生醬甜脆餅。我后來常常想,不知道我的幾位同學吃完那頓"中餐"后做何感想。不過幸好我們還有蛋糕和冰激凌作爲餐后甜點,所以我想大概也算可以敷衍過去了。

# 16

現在我與父母共處的時間更多了，這一點令我非常開心。父親也意識到我們在中國時他沒能花太多時間跟我一起玩耍——那時候他總要忙着照顧病人。他想"爲什麼不趁現在的閑暇補上呢？"拿定主意之后，他便裝成一只熊的樣子，手脚并用，咆哮着爬進我的房間。我被他這種怪异的父愛展示方式嚇壞了，大聲尖叫起來，想要逃跑。母親聽到后立刻跑上來，看明白情况后笑得前仰后合，責備父親道，"我要提醒你，愛德華，珍已經十一歲了，馬上就要上五年級了。這種小孩子的把戲已經不適合她了。"

"代代"從地上爬起來，像個搗蛋被抓包的頑皮孩子一樣垂下頭，我們三人又大笑了一場。這是我頭一次看到"代代"頑皮的一面——原來他總是不苟言笑，一心撲在工作上。不過我發自內心地知道他也像母親一樣深愛着我，只是他表達愛的方式不同而已。而那一天他一定是非常放鬆，于是便天性流露，把他對我的愛全部釋放了出來。

"代代"的父愛展示雖然出人意料却令我樂不可支，我望着他走向厨房的背影，第一次感到他正在變老。他平時總是昂首挺胸站得筆直，就像他年輕時一樣——那時他還是耶魯大學的一名運動健將。但許多年前，一扇沉重的鐵門砸中了他的后背，幾乎奪去他的生命。從那以后他的身板就日漸佝僂。那場事故的細節我現在已經記不清了，因爲那是在我出生之前，1920年代的事情。他當時在山東協助美國紅十字會賑濟灾荒并抗擊一場流行性肺炎。我望着他躬身前行的背影，突然意識到如果不是他和母親的救助，我一定早已告別人世，又怎麼可能像現在這樣在紐約州楊克斯茁壯成長。

不久"代代"就開始了不定期的出差，每次出差都要離家

## JEAN 春華 裴敬思 醫學博士

幾天。我聽不到他的鼾聲時,便知道他又走了。他經常去紐約第五大道,衛理公會傳教使團在那裏的一座高樓中有一間辦公室。"代代"在那裏爲使團辦公室提供咨詢并整理使團在中國的歷史。他曾經帶我去過幾次,我很開心。有一次我們出城的時間晚了,便没有乘坐地鐵去趕火車回家,而是叫了一輛的士。誰知上車后剛走了幾分鐘,我們就被堵在了上東區。的士司機將雙手高舉過頭,重重地拍在方向盤上,煩躁地大叫道,"唉,又趕上比賽了!"

"洋基隊比賽嗎?""代代"問道。"他們現在領先嗎?"
司機没回頭,只是點點頭。

"洋基隊是什么?"我問道。

"代代"盯着我看了一秒鐘,然后對司機説,"我們就在這裏下車。"我便隨父親下了車。

"我們去哪裏啊?代代?要不要告訴媽媽一聲?""我們肯定要晚了。珍妮寶貝,媽媽會自己先吃飯。我們到那邊的餐廳裏去買點東西對付吃吧。"

我點了一份多層三明治和一瓶冰鎮可樂。我又渴又餓,而且平時也幾乎没有到飯館吃飯的機會。

我們在窗邊找了一個卡座坐下。我讀着一份海報,上面寫着可口可樂迄今爲止總共生産出了多少億加侖的可樂糖漿,這時"代代"突然捅了我胳膊一下,指着不遠處一個被燈光照得通體發光的巨型建築。"珍妮,看,這就是洋基體育場,棒球比賽的地方。"

我看呆了。那建築是個巨無霸型的龐然大物,看起來根本不像是地球上的東西。

"代代,棒球是什么啊?"我問出這話時,剛好趕上女服務生來給父親續咖啡。她向我們兩人分別看了一眼,露出友好而困惑的笑容,走開了。

"棒球是一項運動,有一個人用棒子去打另一個人抛出來的球。抛球的那個人叫投手。然后擊球的人就會朝第一壘跑去,如果他跑過了全部四個壘,他的隊就贏了一輪。""代代"拿起四根咖啡攪拌棒拼成球場的鑽石形狀,向我解釋了棒球運動的基本

## 春花：兩條江邊的故事

常識。

"聽起來很好玩。你在耶魯大學讀書時玩嗎？"

"那倒沒有，珍妮，我是徑賽選手。不過其實我本來也會喜歡上棒球的，不過那都是很久以前的事情了。""代代"笑了起來，食物送上來的時候他還在笑。

吃過幾口后，我抬起頭來望着他，"代代，你會帶我去看棒球比賽嗎？"

他點點頭，"會的，珍妮，我保證。"

此后幾個月裏，我仔細研究了這項激動人心的運動。家裏那臺收音機當時還沒有被賣掉，我就用它來收聽比賽實況，甚至還到圖書館裏去查閱資料。父親在餐廳向我介紹棒球運動是在1943年，那是我永生難忘的一個晚上。而此后洋基隊也大展神威，開創了其歷史上的一個高光賽季。他們第十四次贏得美國棒球聯盟冠軍，隨后又五場連敗聖路易斯紅雀隊，第十次奪得世界冠軍。而且這一年的比賽他們甚至連綽號"震撼"的喬•迪馬吉奧 (Joltin' Joe DiMaggio) 都沒有出場——他當時已經參軍奔赴戰場。

還有一件值得一提的事也發生在1943年夏天。我們乘坐普爾曼列車前往康涅狄格州哈特福德市去探望了敬愛的亨利伯伯。那也是我第一次見到奧爾嘉伯母。亨利伯伯來車站接我們，并開車載着我們一路來到他在佛利斯特大街55號的家。與他比鄰而居的竟然就是薩繆爾•克萊門 (Samuel Clemens) ——也就是筆名為馬克吐溫 (Mark Twain) 的那位知名作家。他與裴敬思一家也是多年至交。原來我在讀《哈克貝裏芬歷險記》的時候，"代代"所言并非說笑。

我一看到亨利伯伯和奧爾嘉伯母的大宅子就被迷住了——那完全就是童話裏才會出現的那種府邸。原來"代代"和亨利伯伯竟是在這樣的環境中長大的！這次行程的另一個收獲是我頭一次得知了"代代"早年的生活。亨利伯伯為我講述了父親成為一名傳教士并為中國人民福祉獻身之前的生活。

"代代"一度曾是個精神空虛的富家子弟，一個瀟灑時髦的公子哥。他對人生和未來全無打算，揮霍了自己的青春和財富,隨后又迷失消沉,甚至厭世尋死。大約是在1904年的一天晚上,"代代"在紐約州金斯頓的街道上游蕩,那地方在楊克斯上游,距楊克斯約一百英里 (譯者按:約160公里)。他當時剛剛幫一個朋友搬家到那裏,忙完后没有事情可做,一時心血來潮便决定去找個教堂跟牧師聊聊。然而恰巧趕上暴雨傾盆,教堂都關了門。只有一間他早先經過的教堂還開着門,他又嫌弃人家太過"世故"不願駐足。那家教堂的主持牧師與家人都住在教堂裏,因爲當夜風雨交加,便敞開大門爲人們遮風避雨。

父親當時還不滿三十歲,長得高大帥氣,却被澆成了落湯鷄。他站在教堂裏,衣服上雨水淋灕,很快就在他站立的地方匯成一灘積水。他正要退出去,那位牧師却伸過手來道,"歡迎你,陌生人,我們正要開始家庭祈禱會,請務必賞光跟我們一起來吧。"

父親猶豫着來到牧師全家聚集的地方。牧師先做了自我介紹,他叫做菲利普·沃特斯牧師 (Rev. Philip Watters),然后介紹了他的全家,包括他八歲大的女兒海拉·沃特斯 (Hyla Watters)。這裏順帶説一句題外話,海拉·沃特斯后來也成了一位傳教醫師,駐地就在九江下游的蕪湖總醫院,人們都稱她爲"海拉醫生"。她總是用漢語稱"代代"爲"大哥"。再過些年,我就要喊她"海拉姑姑"了。

那個雨夜之后,"代代"就成了沃特斯牧師家中的一員。一次,沃特斯牧師邀請父親去參加一個爲期十天的"重生儀式"(譯者按:重生儀式是基督教中爲堅定信衆信念并號召信衆爲罪過懺悔所舉行的系列宗教儀式)。父親同意參加,却又補了一句道,"若是我在這裏無法找到我所追尋的東西,我就會去死亡中找尋安寧。"沃特斯牧師認爲他這話有點言重了。

父親就是帶着這樣孤注一擲的態度參加了重生儀式。每一天活動結束的時候,沃特斯牧師都會問他是否産生了與以往不同的感受。然而父親却總是不無悲傷地告訴他,自己的所求仍然没有找到。最后一天的儀式結束后,父親的沮喪和抑鬱達到了極點。他朝哈德遜河沿岸的一處高崖走去,准備在那裏結束自己凄苦悲慘的生命。就在他前往高崖的路上,一張海報映入他的眼簾,上

## 春花：兩條江邊的故事

面寫着《啓示錄》第二十二章第十七段的話："聖靈和新婦都說來。聽見的人也該說來。口渴的人也當來。願意的都可以白白取生命的水喝。"這句話仿佛醍醐灌頂，令"代代"瞬間開悟。他立刻來了個一百八十度轉彎，一口氣跑回沃特斯牧師那裏。見到牧師后，他激動地問道，"那'願意的'中間也包括我嗎？"

沃特斯牧師給了父親一個肯定的答案，令父親喜極而泣。就在那一刻，他頓悟了此生應如何度過。他決定去學醫，然后到印度去做一名傳教醫師。后來他聽從了一位朋友的勸告，將目的地改爲中國。1910年他首次踏上中國的土地時，立刻便愛上了九江和那裏的人民。

此后不久，"代代"又邂逅了來自蘇格蘭愛丁堡的美麗姑娘喬治娜•M•菲利普（Georgina M. Phillip）并一見鐘情。那時菲利普小姐恰好在海拉姑姑的主日學校裏做教師。1916年6月15日，愛德華與喬治娜喜結連理，然后便雙雙踏上前往中國的航程，開始了他們的蜜月之旅。兩人在九江定居下來，設立了生命活水醫院。十五個春秋過后，我成了他們的養女。

在這次難忘的康涅狄格州之行中，在亨利伯伯家爲我們開門的是一位女傭。她總是身穿黑色制服，戴着漿過的白領套和白袖套，與我在書中讀到的那些富家小姐豪宅中的女傭一模一樣。書中的女傭永遠都不會開心，不過書畢竟只是書。我相信這裏的女傭一定都很滿意，因爲亨利伯伯和奧爾嘉伯母全家都那麼善良。這裏的情況就仿佛我們在九江時一樣，有阿媽，管家，也有厨師。

我們進了大宅，奧爾嘉伯母笑容可掬地迎上來，邀請我們與她一起吃午餐。她是個嬌小玲瓏的女人，講話有些難以覺察的丹麥口音——也許是我想象出來的。我知道她來自丹麥，原來是一位演員。亨利伯伯在她額頭上輕吻一下，便帶領我們到樓上洗去一路風塵。隨后我們與奧爾嘉伯母一起吃了午餐，而我那時就看出她身體欠佳。

亨利伯伯是個風趣的人，眼中總是閃着快樂的光芒。他是哈特福德市的三一學院中一位頗有聲望的物理學教授，還一度擔任校長一職。午餐中我得知自己有兩位美國堂親，小亨利　（Henry

## JEAN 春華 裴敬思 醫學博士

Jr.) 和伊芙琳（Evelyn），年齡都比我大得多。可惜當天兩人都不在家，多半是在大學裏。

由于我當時只有十二歲，大人們便讓我去自娛自樂，而他們則敘舊閒談。我便開始四處閒逛，探索這棟豪華的宅邸。我來到閱覽室，立刻就看到房間牆上挂滿了照片，桌上也擺滿了成排的照片。我便專注地看看這些照片，揣測着照片上那些人的身份。我在照片中認出了"代代"和亨利伯伯，也認出了奧爾嘉伯母。隨后我便聽到了敲門聲，奧爾嘉伯母走了進來。

"喜歡看我們這些家庭照片吧？"奧爾嘉伯母說着走到近前，"對，這就是我們的大兒子，哈利（Harry）。我們叫他哈利，而不是小亨利。他現在是個電氣工程師，住在斯克内克塔迪。你肯定會喜歡哈利的，他就像他爸爸，是個非常幽默的人。"

停了半响，奧爾嘉伯母又拿起另一個相框道，"這是伊芙琳一家。"

"她都成家了？"我驚訝地問道。

奧爾嘉伯母咯咯地笑了起來，答道，"是啊，你的堂兄堂姐可比你要大得多了。我來看看，這是她丈夫，埃米亞斯·埃姆斯，他在華盛頓特區上班，幫羅斯福總統制定戰争策略。這四個小可愛是我的孫子和孫女。奧克斯（Oakes）今年十二歲，跟你一般大。奈德（Ned）比你小三歲。這兩個小天使是奧利維亞（Olivia）和喬安妮（Joanie），是不是很可愛？伊芙（譯者按：伊芙Evvie是伊芙琳的昵稱，指作者的堂姐）把他們照顧的好極了。他們現在住在長島。將來如果有機會的話，我們可以帶你去看望他們。"

奧爾嘉伯母放下埃姆斯一家的全家福，"你自己隨便翻着看吧，喜歡看什么就看什么，"她說道，"不然也只是擺在這裏落灰而已。"然后她便慢慢向門口挪去，顯然身體非常脆弱。我剛剛在照片上見到了我在美國的全部親人，亨利伯伯年輕時的瀟灑風度和奧爾嘉伯母的美麗一時還令我難以適應。

我記得這次旅行中還見過一位名叫露西（Lucy）的漂亮姑娘。如果没記錯的話，我想我此次在亨利伯伯家做客期間所住的房間就是她的卧室。她告訴我說她正在瓦薩學院讀書，令我敬佩之心油然而生。我立刻就向母親發下宏願道，"將來有一天我也要到瓦薩學院讀書。"母親笑着告訴我說我的堂姐伊芙琳也畢業于瓦薩學院。伊芙琳•裴敬思•埃姆斯后來成爲一位知名的作家和詩人。

　　然而當時的我又如何能够料知，這第一次拜訪竟然也是我最后一次與他們相見。

# 17

1943年秋,我在第十六公立學校升入六年級,點名教室老師也換了一位新老師——萊安小姐(Miss Ryan)。在她的引導下,我開始喜歡上了學習。萊安小姐把一切知識都變得既令人興奮又容易理解。地理課上,她帶領我們用面團製作了一個南美地圖。玩食物雖然很有意思,不過后面我們還要從書本上學習這些南美國家的知識。我們學會了在没有人強迫的情況下主動記憶知識。當然,我經南美來到美國的航程對我的地理課也大有裨益。我發現自己更加適宜美國的學習方法。最主要的是,萊安小姐對我們每個人都關懷備至,而且她把學習變成了一件有趣的事。

當時我在六年級的班上有個女生燙了一個"永久性"的波浪髮型,我也想要。那時候正在流行一種"羽毛式"的削邊髮型,我認爲很漂亮也很自然。然而對母親説了之后,她只是平淡地說,"不行。"

"珍妮,"母親道,"你生來就是直髮,你的頭髮就應該一直是這個樣子。你平直的黑髮就已經很美麗了。"

有個周末母親和"代代"外出參加一次募捐活動,晚上會住在外面。我告訴他們我已經大了,用不着請保姆奥德莉(Audrey)看護。儘管我很喜歡她,而且她道晚安時還會吻我,但她才只比我大兩歲,讓她來看護我這件事顯得很傻。于是母親便問我們牧師的妻子丘吉爾夫人(Mrs. Churchill)是否同意讓我去與她同住。她同意了,這個周末也因而變得精彩起來。

第一天晚上,丘吉爾太太便問我道,"珍,你要不要我幫你卷頭髮?"

"哦,這可不行,丘吉爾太太。媽媽不允許的。"我答道。

"放心吧,不要緊的,珍。用我這種卷法啊,等你父母回來之后头发就会变直的。"于是我虽然心中隐隐有些内疚，却还是同意了。

我洗过了头发，丘吉尔太太便撕了些布条，然后将我的长发缠在上面，紧紧地贴住头皮。我望向镜子，却只能看见满头白色的疙瘩。这令我很不舒服，无论是心理上还是身体上。这是我头一次明知故犯地做一件父母禁止的事情。

第二天一早丘吉尔太太为我解开了头上那些布条。我的天啊，她的手艺真是名不虚传，我有生以来第一次感觉自己的头发漂亮了起来。打着大卷的长发搭在我的肩头，铺满我的后背，简直跟贝蒂的一模一样！然而我却被强烈的内疚折磨着，于是我便问丘吉尔太太是否可以马上将我的头发复原。

"可以，"丘吉尔太太给我吃了定心丸，"你只要把头发弄湿，然后把那些卷梳直就可以了。"她大笑起来，拍了拍我的肩膀便离开了。

第二天一早，我按照丘吉尔太太说的办法梳了头发，然而却仍然能看出许多波浪。礼拜日我见到吉尔和贝蒂时，她们都注意到我的发型有些细微不同，却又说不出哪里不一样。

那天晚上父母回家后我立即向他们坦白，卸下了心中的罪恶感。令我惊讶的是母亲并没有责备我，而是说，"你要是愿意卷发，我看也没什么不可以的，不过不要弄成永久性的，用发卷就好。"

于是我就照母亲的意思做了。我有生以来头一次用发卷给自己卷了头发，还专门去照相馆拍了照。我的手艺虽然比不上丘吉尔太太，却总算是开始了尝试做出改变！

新年过后没有几天，"代代"和母亲就扔下了一枚重磅炸弹。他们要将这老宅卖掉，然后我们则要举家搬到南杨克斯，到妈妈的一位老同学兼朋友家借宿。后来我才知道当时家里经济已经捉襟见肘，就算亨利伯伯和奥尔嘉伯母伸出援手都已经难以为继。听了这消息后，我整夜无眠。我在床上辗转反侧，试图想出一个从北杨克斯这漂亮老宅搬出去的好处，却发现完全无法想出任何理由——除了能远离邻家的大狗。搬离老宅还意味着我要离开第十六公立学校，离开莱安小姐。泪水从开始我的眼角滑落。

搬到南楊克斯后我們連教堂也要換了。"這許多家具,外公外婆的這些照片又存到哪裏去呢?"我心亂如麻。

在"代代"如雷的鼾聲中,我徹夜無眠,尋思着母親這些年來都是怎麼能睡着的。我不敢起床,怕驚醒母親——這老房子的地板會咯吱咯吱作響。腦海中的回憶紛至沓來,令我無法入睡。對于一個十三歲的孩子,兩年已經是非常漫長的一段時間了。我原本以爲我們至少能夠在這裏住到戰爭結束,然后就可以再回到中國。過去這兩年中我已經改變了許多。"我現在已經變成了一個徹頭徹尾的美國孩子。"我對自己說。"然而一旦搬到南楊克斯,我的生活就再也無法回到原樣了。"

第二天一早,我睡眼迷離、跌跌撞撞地來到書房中。書房是我們全家聚在一起聽收音機的地方。我喜歡收聽新聞,因爲可以得知戰況。我同樣盼望着故事節目。倘若母親允許,我還會聽棒球比賽實況。我對這項運動的了解令母親既驚訝又困惑,她無法理解我這些知識從何而來。我還喜歡平·克勞斯貝(Bing Crosby)、鮑勃·霍普(Bob Hope)以及弗蘭克·辛納特拉(Frank Sinatra)的音樂節目。我最喜歡的一首歌是《我夢想着一個白色聖誕節》。后來我父母也喜歡上了這些節目。在1943年的聖誕節,"代代"送給我兩張平·克勞斯貝的唱片,一張是《白色聖誕節》,另一張是《我將回家過聖誕》。我家有一臺留聲機,母親偶爾會拿出來,全家人便一起欣賞這優美的旋律。我總是會一遍遍地聽下去,永遠沒個夠。

就在父母宣布搬家消息的幾個月前,兩位浦樂阿姨來信説發小將會在《兒童聖經時間》這個節目中演唱。届時她將在大溪城演唱,而她的歌聲將傳播全國。母親、"代代"和我擠在收音機前,傾聽着發小那稚嫩却美妙無比的童聲高音。我們太爲她自豪了!母親滿懷期望地看着我,好像在説"但願有一天你也能像這樣在節目中獨唱一曲!"爲了培養我母親可謂是傾盡全力,無奈我却太過腼腆。我后來確實加入了教堂的唱詩班,却總是因爲緊張而傻笑,無法表演。

眼下這老宅既然要被賣掉,我想收音機大概也會隨之一并沽出。我在心中悄悄地向它道別,"再會,收音機。你給了我那麼多歡樂，我會想你的！"

我到厨房中去擁抱母親。"代代"每次吻我總是在吻額頭上，從來不會吻我的臉。他幾乎從未擁抱過我，可我知道他對我的愛絲毫不遜于對母親的愛。他只是不願意與女性做太多肢體接觸，我一直認爲這大概也是他將生命活水醫院設立爲一個男子專門醫院的原因。那時我還不知道，他真正的考慮是當時九江還没有面向男性的專科醫院。

我看父母似乎并不在意我，便獨自來到起居室，想要彈一會兒鋼琴。往后彈琴的機會就不多了，因爲我們肯定不會帶着鋼琴一起走。我坐上琴凳，却突然百感交集，想起我曾經多么地令母親失望。

我們在楊克斯住下后不久，我和瑪利亞便開始到麥克萊肯太太(Mrs. McCracken)家裏上鋼琴課。當時我根本没有意識到自己的行爲是多么粗魯無禮和不識好歹。麥克萊肯太太是位非常温柔甜美的女人，她會與我并肩坐在琴凳上，而我却受不了她身上的香水味，因此便請她坐遠些。她挪遠了些，但我還是不停抱怨。最后她不得不退到房間后面，大聲喊着指導我練琴。盡管我當時只有十一歲，但年齡也决不能成爲這種無禮行爲的藉口。

一年后瑪利亞因爲感覺課業太重而退掉了鋼琴課。我不想獨自去麥克萊肯太太家，况且她讓我們每天練習兩個小時，在我看來這要求完全是無法理喻。我便鼓起勇氣告訴母親道，"我認爲讓我學鋼琴是浪費錢，我又不像發小那樣有音樂天賦。"

母親聽我這樣説，吃了一驚。她痛心不已地對我説道，"寶貝，這話很讓我失望。因爲我原本希望將來有一天你能够把福音傳播給你的同胞。若是你會彈鋼琴或管風琴，對你從事這項事業會有很大幫助。我們爲正當的善舉事業花錢决不能算是浪費，而且這跟天賦完全没有一點關系。"而事到如今我又能説什么呢？我實在是太執拗了。直到今天，我還在爲自己放弃了鋼琴課而悔恨，爲對麥克萊肯太太無禮而自責。

我呆坐在鋼琴前，手指却僵在那裏無法移動。我决定試個自己能彈得來的——《家，甜蜜的家》。琴聲響起，母親和"代代"都跑進起居室，隨着琴聲唱了起來！他們的歌聲驅散了

## JEAN 春華 裴敬思 醫學博士

陰霾，我豁然醒悟，只要我們在一起，無論走到哪裏都是自己的家。

下周回到學校后，萊安小姐告訴我，"珍，我知道你要離開第十六學校不開心。我和校長談過了，她說你可以在這裏一直讀到畢業，就是你家搬到南楊克斯也沒關系。"

我聽了這話，簡直是喜出望外，但同時我又有些糊塗。"可是，我去了南楊克斯還怎么能在這裏上學呢？"我問道。

"我就住在南楊克斯，我可以每天早上去接你，然后下午再帶你回家啊。"

這是多么體貼的一位老師啊！我立刻想衝上前去緊緊地擁抱她，但我却從來没有擁抱過家人以外的任何人。我克制住了這衝動，因爲我也不知道一個學生去擁抱老師是否恰當。于是我便向萊安小姐展現了一個巨大的笑臉，"謝謝您，萊安小姐！"然后我便連蹦帶跳地去把這好消息告訴了吉爾和貝蒂。我們三人抱在一起，都樂開了花。

在亞瑟普雷斯六號老宅中的日子如白駒過隙，搬離的日子一天天近了，我們的心始終籠罩在離愁之中。萊安小姐每天都會接送我往返學校，這份恩情我將永志不忘。我在第十六公立學校的最后一天，萊安小姐還讓全班同學爲我准備了一個簽名册。六年級畢業了，我與班裏的同學也從相識到相知，最后成爲了相敬相愛的朋友。母親離開九江前將相機藏在了閣樓中没有帶來，好在吉爾的媽媽在畢業那天爲我們照了許多照片。畢業那天晚上，瑪利亞也來到了吉爾家參加畢業聚會，這樣的聚會貝蒂當然也不會錯過。她們三人送給我一張唱片作爲臨別禮物，那是弗蘭克•辛

我在楊克斯第十六公立學校的六年級畢業照，攝于約1944年

納特拉的《你永遠不會知道》。

　　后來的日子裏，我時常會拿起那本簽名册，一遍遍重讀那些帶着孩子氣的贈言。借助吉爾媽媽的照片，我那些親愛的同學的面孔始終都銘刻在我心中。然而在我此后人生的重大轉折中，這簽名册和照片却都不幸遺失淹没了。

# 18

1944年的夏天來得太快了些。那時我們已經借住在母親朋友家的房子裏了。我的房間在閣樓上，與我在北約克老宅中的房間相比簡直像個鴿子窩。父母的房間在二樓，正對着樓下的街道，雖然窗子不少，窗外却没有河景。我從小住慣了大房子，就算在九江房間也頗寬敞，而現在蝸居此處難免感到窒息。更糟的是我們還要與房東太太的同居男友共用二樓的衛生間。我當時不懂"同居男友"是什么意思，而母親也從未解釋。那男人倒還算是禮貌客氣，但即便如此，與陌生人共用衛生間也是極不方便的事情。

　　父母的卧室兼做我們的起居室和餐廳，我們會在那裏吃早午餐，而晚餐則到附近一家由一對姐妹經營的民宿解决。我很希望能够在家裏吃飯，而不是與陌生人一起用餐。幸好在那家民宿用餐的顧客大多是熟客，也都彬彬有禮，大家很快就熟絡起來，成了朋友。民宿提供的伙食非常可口，后來我發現有位在那裏用餐的女士居然是我在下一個學校的老師。

　　經營民宿這對姐妹中的姐姐是位盲人。她雖然無法得知我的長相，却相當喜歡我。我是個脾氣古怪的孩子，不喜歡别人吻我，對方若是嘴邊有口水就更令我嫌惡。而這位盲人女士却每每肆無忌憚地在我臉上吻個遍。爲了躲開這種汹涌的熱情，有一天我故意輕手輕脚地走進餐廳，緊挨着母親坐下。然而這位盲眼女士却明察秋毫。她没有聽到我的聲音，便問道，"今天晚上珍没有來嗎？"

　　母親捅了我一下，我只好硬着頭皮起身離座，走到她近前去接受那每日一度的愛意洗禮。她那邊吻得淋灕盡致心花怒放，我這裏却五臟翻騰胃口盡失。多年之后，男生吻我時我的反應也是一樣的——我一直都有親吻恐懼症。

## 春花：兩條江邊的故事

搬到南楊克斯之后，我們便失去了家庭生活，甚至無法徹底放松。我討厭爲外出用餐而穿衣打扮，更願意在家裏穿着睡衣。我與"代代"更是聚少離多，見到他的機會比以往少得多了。我甚至擔心他會錯過我的六年級畢業典禮，當然后來證明我是杞人憂天了——在我畢業典禮上他給了我此生唯一的一次擁抱。這段時間"代代"繼續奔忙于不同的醫院之間，比如斯塔滕島上的肺結核療養院海景醫院 (Seaview Hospital)，還有紐約研究生醫學院和醫院——現在叫做紐約大學醫學院。此外他每周還要到耶魯大學去上兩次公共健康課。母親告訴我"代代"還在上課時，我大笑道，"'代代'最不缺的就是學位了。他已經學了法律、宗教和醫學。"母親却只是微笑道，"這就是'代代'，永遠都在不停地學習新事物和新方法，尤其是醫學方面的，永不厭倦。他一提起學習就會興奮。寶貝，説實話這一點我們兩個都應該向他學習。"我聽懂了母親這話的用意，暗下决心迎接這個挑戰。

我時常會想念我在北楊克斯的那些朋友。時不時就會琢磨，"現在吉爾、貝蒂和瑪利亞都在做什么呢？"然而我却住得太遠了，因此一直無從得知。我家沒有汽車，所以我只好靠回憶我們在一起的那些美好時光以自娛自樂。我嘆息着合上了《大衛·科波菲爾》——我的暑假閱讀作業。我喜歡這本書，常常手不釋卷地一直讀到凌晨兩三點鐘。雖然書中有我不認識的生詞，但對于年僅十三歲的我來説，閱讀這樣一本巨著給我帶來了不小的成就感。然而這一天我却讀不下去了。

我透過閣樓房間的狹小凸窗向外望去，看天氣如何。由于父母將收音機和留聲機都賣掉了，我們既沒有音樂，也聽不到天氣預報或新聞。我心煩意亂，沿着狹窄的樓梯跑到二樓父母的卧室中去憑窗眺

全家福，攝于喬治湖銀灣，約1943年

望。如我所料,天色果然一片陰沉。"住在這種地方簡直無趣至極。"我心中暗自抱怨。

我來到一樓的起居室,擅自打開了房東太太的收音機。我聽着棒球比賽的實況,想起了與"代代"在洋基體育場對面那個餐廳中度過的美麗夜晚。這回憶令我的心情略微好了些。隨後我又將目光轉向了挂鐘,心想,"母親和'代代'到哪裏去了?難道他們不知道我正在挨餓嗎?"這時突然傳來他們進門的聲音。我關掉收音機,從椅子上一躍而起,飛也似地跑上二樓去等他們。他們一起上了樓,一副欣喜激動的樣子。我却還在噘着嘴生氣,"你們跑到哪裏去了,我都餓了。"

那一段時間,母親和"代代"一直在四處奔忙,爲衛理公會傳教使團和他們深愛的九江醫院募捐。

"寶貝,"母親道,"我們有個好消息。今年夏天'代代'要去銀灣(Silver Bay)做營地醫生,就像去年一樣。所以我們又可以去喬治湖(譯者按:Lake George,是紐約州一處風景勝地)啦!"我們在美國期間"代代"一直打零工補貼家用,銀灣這份工作便是其中之一。

"噢,天吶!"我喊了出來,臉上的不快立刻變成了燦爛的笑容。"我們什么時候出發?我簡直等不及要出城了!"我又問道,"這次我們可以順路去看望亨利伯伯和奧爾嘉伯母嗎?像去年一樣?"

"這次不行,珍妮,奧爾嘉伯母身體不太好。""代代"有些憂心忡忡地答道。這消息有些令人失望,我腦海中再次閃過奧爾嘉伯母那弱不禁風的樣子。然而十三歲畢竟是個少不經事的年齡,這一閃而過的憂慮并未衝淡銀灣之行帶來的激動。

我開始收拾行囊,希望今年能再次見到去年在銀灣結識的兩個朋友。一個朋友是個名叫珠珠(Juju)的中國女孩,比我小一歲。她也是我在美國結識的第一個中國人。珠珠有個三歲的弟弟,他們就喊他"弟弟"而不喊他的大名。這讓我感覺有些奇怪,我想大概"弟弟"多半就是他的小名了。

我和珠珠在一起時兩人都講英語,交流都很順暢。但她父母的話我却很難聽懂——他們講廣東話,也就是廣東省的方言。這

## 春花：兩條江邊的故事

對我來說完全是一門外語。中國的每個省份都有獨特的方言。有時候僅僅相隔二十英里（譯者按：約32公里），兩地的口音就完全不同，差異之大，就好像到了另一個國家。

珠珠個子很小，却一點也不羞怯。她喜歡打打鬧鬧推推搡搡，比我還更像一個假小子。我們都喜歡嬉水，却都没有正式學過游泳，于是我們便觀察那些泳姿標准的人游泳然后去模仿。不過我們大部分時間只是嬉戲而已。我們將卵石丢到泳池遠端的深水區，然后再潜水游過去將它們撈起來。跳水我一直没能學會，而且每次嘗試都會被水衝進鼻孔，令我痛苦萬分。我們還會用潜水板來打水仗，每次擊水都能掀起一大片浪花。

認識珠珠時我剛滿十二歲，能够感到自己身體正在發生變化。我們打鬧偶爾珠珠會推到我的胸部，我便感到一陣劇痛。我不明就裏，只能盡量地躲開她的攻擊。我以爲自己是感染了，但却不好意思去問父母。

我自己做了些研究，隨后驚恐地發現胸部起了兩個小腫塊，一碰就疼。隨着夏天一天天過去，這疼痛不減反增，而且這兩個奇怪的東西也在越長越大。盡管我知道母親有乳房，却從未想過它們有朝一日會長在自己身上。"這簡直太惡心了。"我暗想。然而我却不敢告訴任何人，而是獨自擔心自己生了病甚至會因此夭折。

我開始聳肩含胸，企圖把它們隱藏起來，還故意穿上前襟寬鬆的裙裝。我本來一直要一件貝蒂穿的那種保羅衫，然而當我終于有了一件胸前印着"銀灣"的保羅衫時，我却因爲擔心胸部顯露而不敢穿上。我無法抵抗嬉水的誘惑，因此還是穿着泳裝。所幸泳裝的布料是那種遍布褶皺的，外面看不出來。不過我還是被這突如其來的意外搞得很不開心。我本就希望自己能是個男孩，現在這願望就更爲強烈。母親似乎没有注意，就算她注意到了，她也没有説什么。于是我就越來越佝僂，盡量將胸部藏起來。

我在銀灣結識的另一位朋友名叫菲麗絲 (Phyllis)。人們總是樂此不疲地對我們兩人對比鮮明的發色發表評論。菲麗絲一頭金髮，而我却滿頭"渡鴉般的烏絲"——這是大人們的原話。我們

## JEAN 春華 裴敬思 醫學博士

兩人都有些害羞怕生，但又都熱衷表演。菲麗絲年長我一歲。雨天裏我們會在房間裏做戲，假裝我們是兩個演員，又同時愛上了同一位隱形的"鳥先生"。爲了聽起來煞有介事，我們故意裝着用英國口音說話，然后我們便一同捧腹大笑，真是不亦樂乎。我暗下決心，如果自己能夠積攢到足夠的勇氣，有朝一日一定要成爲一名演員。當時我還連一部電影都未曾看過，但我却已經有了自己心儀的童星，一個是伊麗莎白·泰勒 (Elizabeth Taylor)，另一位是掉了門牙的瑪格麗特·奧布萊恩 (Margaret O'Brien)。

"珍，是不是又在做白日夢了？行李收拾好沒有？出發准備好了嗎？你好安靜啊。"母親每次叫我的大名"珍"都不是個好兆頭。她告誡的語氣將我拉回了現實，我最近白日夢做得有些太頻繁了。這時母親已經走了進來，"我就知道，你還沒收拾完。我們明天一大早就要出發！請你立刻收拾好，這樣我們才能早點出發去民宿吃晚餐。今晚我們必須早點休息！"我知道她這話决不是開玩笑，連忙在幾分鐘内收拾好了行李箱。

次日一早，我們興高采烈地登上了開往奧爾巴尼市的普爾曼列車。飛轉的車輪在鐵軌上隆隆駛過，載着列車飛速奔向目的地，而我也越發地興奮起來。我盼望着到森林裏去遠足，去年在那裏我學會了辨認野藍莓、黑莓和草莓。而覆盆子我是早就認識的，因爲在九江的山上就有。在中國時我甚至還曾經把覆盆子與牛奶、黃油和糖混在一起做成一道甜品。我自己感覺還不錯，然而那黃油却總是格格不入。在銀灣周邊的森林中漫步的時候，我總喜歡摘下野薄荷和冬青葉子放在嘴裏，品咂它們的滋味。

除了盼望着見到老朋友之外，我對銀灣的手工藝學習班也充滿了期待。去年夏天我就自己做了一雙莫卡辛鞋。(譯者按：一種北美土著穿的無跟鞋) 我還假裝那雙鞋就是當時流行的懶漢鞋。

"奧爾巴尼！"列車員報站的喊聲打斷了我的思緒，却并未削減我再次拜訪銀灣的激動。我們一家三口下了火車，跳上一輛阿迪朗達克山區步道的專用巴士，徑直朝景區進發。

我們入住的竟然就是我們去年夏天住過的房間。我飛快地打開了行李，换上短褲，徑直朝珠珠一家去年住的小木屋跑去。果然，她一家人都在那裏。闊別重逢，真是人生一大快事！過

## 春花：兩條江邊的故事

與珠珠在喬治湖銀灣合影，
約1944年

去這一年中我們兩人都長高了些，不過我長得更多。弟弟現在已經不再是個小寶寶了，而珠珠也文靜了些，不再推搡打鬧了。不過我們仍然熱衷于嬉水、撈卵石和打水仗的游戲。然后我又跑到景區的汽車旅館去找菲麗絲，而她竟然也在。重逢之樂自不用多説，我們的"鳥先生"大戲終于又可以開始上演了。

每天清晨人們齊聚餐廳吃早餐之前，母親就會帶着我去采來野花布置在餐桌上。我喜歡那裏的早餐，因爲餐桌上總是有許多甜瓜可以大快朵頤。我喜歡聽服務生唱那首歌："我們是銀灣之王，我們熱愛這個地方，每當我們走出家門，人們的歡呼多麽高昂，'歡迎我們的銀灣之王。'嚓啦啦啦啦，我們是……"我真希望自己長大后也能像他們一樣，爲了爭取這樣的生活，我願意努力學習一直讀到大學。父母不允許我跳舞，但是我喜歡觀看那些"銀灣之王"在會所裏的歌舞表演。不過比起觀賞，我聽得要多得多，因爲他們總會表演到深夜，我躺在床上都能聽到。

銀灣之行的另一個高光時刻就是在禮堂看電影——母親和"代代"終于網開一面，同意我看電影了。當時禮堂放映的片子大多是家庭自拍——人們合家出游的旅行記録。不過也有幾部兒童電影，主演有查理•卓別林（Charlie Chaplin）和秀蘭•鄧波兒（Shirley Temple）。秀蘭鄧波兒對我來説并不陌生，我在九江時就已經有了不少以她爲原型的紙娃娃。我還看了一部父母肯定會禁止的片子：1942年的喜劇《摩洛哥之路》（Road to Morocco）。這部影片的主演是我最喜歡的歌手鮑勃•霍普（Bob Hope）和平•克勞斯貝（Bing Crosby）。當年九月份我到納撒尼爾•霍桑中學(Nathaniel Hawthorne Junior High) 去讀初中，作文課的作業恰恰就是讓我們寫暑假期間看過的電影。我當時看了《摩洛哥之路》，想來真是走運。

## JEAN 春華 裴敬思 醫學博士

假期結束前我取得了一項重大成就。相當一段時間以來我一直想做看護保姆，而母親在我們酒店附近爲我找到一個機會——有一家人要外出，晚上小寶寶需要有人看護。我當時只有十三歲，也沒有任何經驗，但母親把我送到那家人的房子裏就丢下我走了。寶寶的媽媽很年輕，她臨出門時對我説道，"錢就放在壁爐上面的架子上。要是我兩個小時不回來，你就拿五毛錢，若是三個小時，你就把那七毛五全部拿走。"我等到她回來，看了看表，剛好差一點不到兩個小時。可我却把那七毛五全部拿走了。

母親來接我回去時，問我道，"他們付了你多少錢？"我便把付費規則告訴了她。"那你一共拿了多少錢？"母親又問道。

"七毛五。"我答道。

母親立刻停下脚步，轉過身用不容置疑的口氣命令道，"你立刻回去，把那兩毛五還給人家。那錢不是你挣來的！"

我一聲没敢吱，一路小跑回到那家人的房子前敲響了房門。那位年輕的媽媽見我又跑回來了，一頭霧水的樣子。"我媽媽説讓我還給您兩毛五，"我解釋道，"因爲我没有做夠三個小時。"她似乎有些吃驚，安慰我道，"哦，没事的，寶貝。不過謝謝你這麽誠實。錢你留着吧。"我把錢放回到壁爐架上，道了謝，然后頭也不回地跑了出去。這是我第一份保姆工作，也是最后一次。

由于"代代"想要在離開前確保營地裏所有需要醫療服務的人員都得到了妥善照顧，因此每年我們總是最后離開銀灣的家庭。母親建議道，"回家前我們坐渡輪在喬治湖上轉一轉吧，可以最后再欣賞一下夏天的美景。可能還能看到那些提早染上秋色的五彩樹葉呢。"

"好主意，"我附議道，"謝謝您！到了湖上可能我就不會打那麽多噴嚏了。"我們在銀灣的最后幾天裏，我的花粉病越來越嚴重，而我在中國却從未犯過這毛病。

"大概是鼠尾草，"我們在渡輪上的時候"代代"推測，"我在中國從來没見過鼠尾草。"

"回到楊克斯但願我能好一些。"我說。

"但願如此，城裏野花會少一些。"母親道。

## 春花：兩條江邊的故事

"喬治湖好漂亮。真希望明年我們還能再來。"我嘆道。但母親和"代代"似乎都沒有聽見，我就再嘆一口氣，還是没人理我。我站在這歸航的渡船上，留戀地向那漸漸遠去的湖光山色投去最后一瞥。

終于，我們又坐上了普爾曼列車上，不過這次却是打道回府。令我們大吃一驚的是，就在我們乘坐的這節車厢中，竟然坐着美國第一夫人埃琳諾·羅斯福 (Eleanor Roosevelt)。

母親低聲對我耳語道，"珍，不要回頭去看，羅斯福夫人就坐在我們后面。"我便假裝活動頭頸作爲掩護，趁機扭過頭去向她瞥了一眼。羅斯福夫人正在聚精會神地讀着一本書，根本没有抬頭。這次邂逅令我對這位女士油然而生敬畏之情——貴爲美國第一夫人，又身處戰爭時期，竟然會在没有護衛的情況下獨自乘車旅行。我想她的目的地大概是海德公園（譯者按：海德公園是位于紐約州境内的一個小鎮，也是羅斯福總統私人宅邸所在地，與英國著名的海德公園同名）。然而在那次偶遇后還不到一年，戰爭還没結束，羅斯福總統便染病去世，其遺體便是由普爾曼列車運送返回其故鄉的。大約是命中注定，我總會與世界知名的領導人不期而遇；先是蔣介石，現在又是羅斯福夫人，我似乎總能在正確的時間出現在正確的地點。

# 19

入讀新的學校又要面對整整一個班的陌生人，爲此我非常緊張。但我見到新的點名教室老師伊頓夫人 (Mrs. Eaton) 之後，我的顧慮便如春冰般消解無踪了。伊頓夫人與萊安小姐是同一種人，她把她的"一窩"孩子當做一個整體來照顧，同時又不失對每個人的個體關懷。我們這些孩子來自不同的小學，從前整天都呆在同一個教室裏，由同一個老師講授不同的科目。而進入初中後，我們必然會因爲教學模式的差异而感到困惑。這一點伊頓夫人非常了解。

"首先，歡迎大家來到納撒尼爾·霍桑中學！"她的開場白全無半點猶疑。在她充滿母性的聲音中，我能感到空氣中的張力明顯鬆懈下來。"我們這裏與大家熟悉的小學不同，大家要到不同的教室裏去上不同老師的課，"伊頓夫人繼續解釋道，"大家都能看到，我在黑板上把我們的課程表都寫出來了，請大家把它抄在課桌上的卡片上。等大家抄完之后，我們就一起去學校裏轉一轉。"

班級中舉起一只手臂。"什么事？"伊頓夫人問道。

"沒課的時候我們到哪裏去？"

"這個問題問得好。沒課的時候，大家就回到這個教室來，215房間。這就是我們的點名教室。我平時都在這裏，大家有什么問題也可以隨時來找我。"随着大家臉上的憂慮漸漸被笑容取代，伊頓夫人請我們逐一自我介紹。我的班級像小學的班級一樣，除了我之外其他同學都是白人。伊頓夫人掃視了一眼班級，看到了我，便說道，"我們班裏有位同學是從外國來的——中國，對不對？"

我的臉一下子紅了，有些不好意思。不過我還是勉强點了點头。

　　班上一個名叫雅各（Jacob）的男生立刻站起來道，"我——我是從波蘭來的。"

　　緊跟着，又有一位女生站起來道，"我父母都來自捷克斯洛伐克。"這個女孩叫做桃樂絲（Doris C.），后來成了我最好的朋友。

　　伊頓夫人道，"好極了，孩子們；這就是美國的本質所在。我希望大家都能各盡所能，讓我們成為一個出色的班級，一個能讓我為之自豪的班級。"

　　納撒尼爾·霍桑中學是個大學校，除了我們之外還有許多七年級學生。學校裏還有不少別的七年級點名教室，八年級和九年級的也都如此。我立刻就喜歡上了納撒尼爾·霍桑中學，仿佛一下子打開了眼界，接觸到了更高層級的知識，看到了一個我聞所未聞的新世界。

　　科學課令我如醉如痴——我原來從未接觸過諸如"氫"和"氧"這類的專業術語。文學和作文課同樣引人入勝，令我更加想要成為一名作家。我在家政課上體驗到了烹飪的樂趣，只可惜我僅僅記住了法式吐司和花生醬甜脆餅的制作方法。

　　克勞茨小姐（Miss Krautz）是我們的數學老師，她也就是那位與我們在同一家民宿用餐的老師。她會深入淺出地講解數學難題，令數學變得簡單易懂。她很嚴格，做事一板一眼。不知為什么，她認定我在數學方面具有天賦，甚至還告訴了我的父母。每次班上有同學遇到難題解不出來，她便會說，"我相信珍就一定能解得出來！"每次她這樣說我都會緊張得發抖，低頭盯着桌面生怕與她目光接觸。我認為自己遠遠達不到她所認為的課業水平，因此被她這樣在大庭廣眾下點名令我心虛不安。事實上，我能夠解開家庭作業中的難題是因為回家后我有大量的時間，而且我喜歡那種找到正確答案后的滿足感。可是說起天賦，我就只好敬謝不敏了，我頂多算是刻苦用功。不過，我還是突然愛上了學習。

　　我對學校的體育活動從來不大感興趣。按說我這樣的假小子應該喜歡上體育課，但事實上我對在室內跑來跑去從來提不起興

## JEAN 春華 裴敬思 醫學博士

與桃樂絲和她的小妹妹在她們南楊克斯的家門前合影

趣，而且團隊項目也總是成績不佳。不過，我無論是走是跑都總是像腳底裝了彈簧一樣大步流星。

桃樂絲家離我家不遠，她每天清晨都會來找我，然后我們一同步行去學校。她曾經多次邀請我到她家做客，但母親却不允許我去拜訪任何她不認識的人家。這令我非常爲難，但桃樂絲却很大度，我們仍然相處融洽。隨着交往漸深，我得知她會自己在家做化學實驗，但她不喜歡閱讀和文學。有一天我向她建議道，"我們去圖書館吧。我告訴你我喜歡看的書有哪些，你或許也會喜歡呢。"她同意了，我便向她介紹了《小婦人》、《小紳士》和《湯姆叔叔的小屋》。

"我倒更願意讀那些關于馬和狗的書。"她翻了翻我推薦的書，説道。

"好啊，我們來找找看。"我説。

我們確實找到了。沒過多久，桃樂絲就喜歡上了閱讀，尤其是關于狗的書。閱讀拓寬了她的視野，不過她最后還是成爲了一位化學家。

桃樂絲比我要獨立得多。有一天她跟我説，"我們禮拜六一起坐地鐵去曼哈頓吧。"

## 春花：兩條江邊的故事

"你能回得來嗎？"我問道，心一下子提了起來。同時我心裏還在打鼓，不知道母親是否會給我准假。令我大爲驚愕的是母親居然同意了，但我還是在最后一秒鐘打了退堂鼓。我心裏沒底，不知道桃樂絲是否能找到回家的路。

說到底，住在南楊克斯的日子畢竟也不算太過糟糕，至少我們這裏離購物中心很近。滿十三歲后我每周可以拿到兩毛五的零花錢！我變得像個真正的美國少年一樣了。我一般會把錢花在連環漫畫書上，每本一毛錢。我最喜歡的漫畫系列是《兔八哥》、《唐老鴨》和《達格伍德》，不過我不喜歡那些充斥暴力的漫畫。那么母親和"代代"又怎么會允許我看漫畫書呢？這話就要説回到北楊克斯了。那時每個禮拜日去過教堂之后，我們就會拜訪沃兹沃斯 (Wadsworth) 一家。他家與母親的娘家算是世交，與父母也都是朋友。我們在禮拜日不會工作、學習或是讀平時讀的書，不過我可以讀主日學校報紙、《聖經》或是《小婦人》這類的閑書。

沃兹沃斯家總是放着禮拜日的報紙，就在咖啡桌上，一眼就可以看到。而報紙中彩色的漫畫版又格外搶眼！大人們的談話大多枯燥乏味，如果我沒有在飽食午餐后昏昏睡去，我的眼睛便會溜到那漫畫上。就算離得很遠，我也能看清部分圖片甚至是文字。有一次沃兹沃斯先生注意到了，便問，"珍，你喜歡看漫畫版？"

"對啊！"我衝口而出，眼睛一下子就亮了起來。隨后我又下意識地望向母親，看她是否允許。而母親當時的神情却頗難描述——其中既有驚訝和反對，也有失望和困惑。不過我決定把她的神情理解爲"沒問題，孩子"，隨后便壯着膽子拿過了報紙中的漫畫版，很快便沉浸在《兔八哥》中。從那次開始，我就總是盼望着在禮拜日去拜訪沃兹沃斯家。

住在南楊克斯時，我總喜歡到雜貨店閑逛。我會看那些裙裝，想象外婆在聖誕或我的生日即將來臨之際在這裏爲我選購禮物的情形。或許外婆還會把那些玩具也都一一瀏覽一番，看是否有我會喜歡的。我在店裏買過一些發卷，用它們卷了發，甚至還照了相。母親和我同樣喜歡結伴去逛伍爾沃斯，那裏面簡直是無

## JEAN 春華 裴敬思 醫學博士

所不有。這么看來美國的生活還是相當不錯的。

我的班級上有位女生每周總是穿着同一件裙裝。有一天她換了件新裙子，我們都爲她高興。誰知好景不長，幾周后她突然消失了。由于她家離我家不遠，伊頓夫人便請我和桃樂絲去她家走訪一次，看她是否一切安好。我們兩人一番尋找，好容易找到了她住的公寓房間，便上前敲門。我們敲了許久，最后終于有一位女士非常警惕地開了門。只見房間中極爲冷清，幾乎可以説是家徒四壁。我們想，那位開門的女士一定便是同學的媽媽了。

"老師讓我們來看看您女兒，看是不是一切都好。"我們上前説明來意，誰知這位媽媽竟然聽不懂英語，我們鷄同鴨講地説了半天却什么都没弄明白。于是我們便只好回去，向伊頓夫人一五一十地匯報了我們的見聞。多年后桃樂絲給我寫信告訴我，原來我們那位同學當時是離家出走了。這是我第一次在美國看到不幸的人——原來我一直以爲那些窮苦的人只有中國才有。

1944年12月的一個清晨，我從睡夢中醒來，發現自己竟然躺在血泊中。我嚇得魂不附體，根本不知道發生了什么。隨后我便想起自己大約九歲的時候曾無意中聽到年長些的女孩交談，其中一個女孩描述她發現自己流血時是多么害怕，給我留下了很深的印象。

這件事發生前不久母親剛剛爲我買了一盒高潔絲，但她當時并未做任何解釋，只是告訴我道，"珍，這東西將來你可能會用得到。"母親那一代的人對這類事情都諱莫如深。于是我便躲進衛生間反鎖了房門，用顫抖的手指撕開包裝，試圖搞清楚這東西到底如何使用。我腦袋裏有億萬個問題盤旋飛舞，然而我却一個都不敢去問。我這樣流血還要流多久？我還能不能上學？上學時血會不會浸濕我的褲子？這東西要多久換一次？這一片能不能支持一天？

我悄悄地洗净了自己的睡衣和床單，將它們搭在暖氣上烘干，然后心驚膽戰地去上學。我在學校中完全無法静下心來，更無法跟隨老師的思路。一天結束后，當我終于回到家中的那一刻，那種如釋重負的感覺簡直無法言喻。母親見到我洗過的衣物也猜出了大概。所以我們后來確實有一次對話，説出來之后我感覺好多了。我當時便暗中下定決心,若是我有孩子,我一定會在這種事情發生之前告訴他們,讓他們有所准備——那時候我對孩子如何出生還全無半點知識,自然也不知道男孩是否也要用高潔絲。

# 20

七年級的快樂遠遠超出了我的預期。隨着光陰流逝，我已經完全投入了新朋友的懷抱，也開始喜歡上了我們的新家。這一學年相當不錯，我開始相信自己確實天資聰穎，或者至少超過了人們對我的評價。我甚至開始夢想要成為一名作家。我對所有的科目都甘之如飴，而且我還特別期盼着八年級的戲劇課。一切都是那麼美好，然而就在一瞬間，我的美夢和希望全部化為泡影。

1945年4月29日是個我永生難忘的日子。意大利人向盟軍繳械投降，并且處決了墨索裏尼和他的納粹同黨。隨着蘇聯紅軍節節進逼，柏林四處燃起了熊熊大火。盟軍揭開了集中營内種種暴行的真相，希特勒全面投降似乎指日可待。

而在我自己的小世界中，我剛剛過了十四歲生日，七年級課程再有一個月就要結束了。我們在教堂做完禮拜後美美地吃了頓午餐，"代代"甚至還給我點了一份配有冰激凌的蛋糕。午餐后我正在桌邊用功學習，媽媽突然開了口，"戰爭馬上就結束了，"她說道，"我和'代代'決定要回到中國去。"

我被這突如其來的消息驚得目瞪口呆。既不知道自己能説些什麽，也不知道自己能做些什麽。就算有什麽可以做的，也已經為時過晚。當初從北楊克斯搬倒這裏就已經夠令人惱火了，但與現在的情形相比，全然是小巫見大巫。

"我們要響應號召，繼續我們在中國的事業，"母親繼續説道，"我們會在五月份左右啓程。這事情誰也不能告訴，就算是最好的朋友也不行。因為我們會乘坐美國海軍的戰列艦，這是絕密情報。"

當天夜裏我哭了一宿。"難道母親和'代代'根本就不在意我的感受嗎？難道他們不知道我已經變成一個美國少年了嗎？

## 春花：兩條江邊的故事

然而我隨即又感到內疚——作為一名中國人，我對自己同胞的愛竟然還比不上我的美國父母。他們可都是純粹的美國人，尚且能夠對中國和中國的人民懷有如此熱忱的感情。或許他們都是中國人轉世呢，我思緒如麻，開始胡思亂想——當時我剛剛在圖書館讀了些關於轉世投身的書。不過我心裏非常明白，若不是母親和"代代"的無疆大愛，我這條小命早就沒了。

母親説我們會取道印度，然後從印度乘飛機飛越喜馬拉雅山脉，從西部進入中國。我對這旅行計劃完全打不起半點精神，腦袋裏只剩下"印度"這個詞在一遍遍地回響。本來想到即將回到中國與兒時玩伴重逢，我心中還燃起了幾星快樂的火花，但這幾星火花轉瞬便被印度所帶來的恐懼所淹沒——叢林、毒蛇、巨象、猛虎和猿猴。"爲什麽偏偏是印度？"我不停地問着自己。

那時我認識中的印度完全是一片蠻荒，從來沒有想到過那裏也會有文明人。我甚至連到圖書館去了解一下的工夫都懶得花費。相反，在離別前那段可怕的日子裏，我只是憂心忡忡，鬱鬱寡歡。與桃樂絲同行的上學路變成了一種折磨，因爲我無法把這秘密告訴她。我心亂如麻，却還不得不竭盡全力做出一副快樂的樣子，然而我們的對話還是變得越來越短了。

這樣度日如年地過了九天之後，在1945年5月8日，我從納撒尼爾・霍桑中學毫無預兆地人間蒸發，來到了一艘巨大的美國海軍戰列艦上——我想應該是威斯康辛號，否則便是密蘇裏號——總之是以美國中西部的某個州命名的。我們再次穿越浩瀚的大西洋，唯一不同的是這次的目的地變成了印度。我們從艦載無綫電中得知納粹德國已經被徹底擊敗，全世界都在歡慶勝利。我站在艦艉處的甲板上，憑欄向紐約港和哈德遜河方向遙望，眼看着陸地逐漸消失，融入海天一色之間。而此刻的太陽也不解人意地沉入水中。我想到此刻，桃樂絲必定已經從母親的朋友兼房東太太那裏得知我們離去的消息。而不久後，吉爾、貝蒂和瑪利亞也將收到我在軍艦上寫給她們的信。那時她們該是多麽震驚！我臨行前竟然連見她們一面都無法實現。

當夜，我躺在雙層床鋪上輾轉反側，心中無限悲苦。母親有所察覺，便設法哄我開心。她給了我整整一美元做零花錢，讓我

## JEAN 春華 裴敬思 醫學博士

在艦上的軍人服務社給自己買東西，想買什麼都可以。于是我便買了整整一美元的好時巧克力，一塊接一塊地連吃了六塊！這可真是自作孽不可活——如今我不光是心裏悲苦，肚子更是翻江倒海。幾天后，我身體逐漸恢復了正常，便又開始像三年前一樣在船上四處亂逛。只是現在離開美國遠赴印度，與當年乘坐郵輪來美國的心境完全不可同日而語。

戰列艦是軍用船只，上面自然沒有泳池。船上的乘客中有在印度工作的傳教使團及其家屬，不過還是以美國外派的駐外部隊官兵爲主，也有些帶着孩子的軍人妻子隨船去探望他們在异鄉服役的丈夫。我在船上結識了一位帶着兩個可愛寶寶的年輕女士，男孩大約三歲，女孩只有兩歲。她要去土耳其看望她在當地陸軍營地駐扎的丈夫。

船行幾周后，這天母親突然激動地喊我，"珍，快上甲板來！"我連忙一溜烟跑上甲板，差一點就錯過了直布羅陀海峽。當時我們正在駛入阿爾沃蘭海——地中海最西端的一部分。在這艘軍艦上，我漸漸恢復了生命的活力。就在我爲失去了在美國生活的機會而暗自神傷時，不知不覺間我們已經駛過了北大西洋。而此刻，就在我們兩側，兩個大洲像三明治一樣將我們的戰艦夾在中間。左側是歐洲的西班牙，右側則是非洲的摩洛哥。此情此景自然再次令我回想起《摩洛哥之路》這部影片，而我也不禁莞爾。如此狹窄的一條水道竟然能够分隔兩個大洲！

在地中海徜徉幾日后，我們來到了蘇伊士運河。我們沿運河穿行，航程近半時停靠在伊斯梅利亞。我記得我們下了船在一個意大利戰俘營中住了下來，等候另一艘美國海軍軍艦接我們去印度。"代代"提議趁這個機會游覽埃及，于是我們便搭乘巴士去參觀了獅身人面像和金字塔。

經過數月的海上漂泊，如今已到了盛夏時節。身處埃及的我們更是感到暑熱難當，令我興致大減，對沙漠腹地那些古代的磚石堆砌物完全失去了興趣。母親見我無精打采，便試圖哄我開心，說道，"人生在世，多久才能有這樣一次見到遠古奇觀的機會呢？"于是我們便上了一列骯髒擁擠的列車，開始了這次冒險。當地人對車上的惡劣環境似乎早已習以爲常，然而普爾曼豪

## 春花：兩條江邊的故事

華列車的乘坐體驗却把我寵壞了。車上的硬座硌得我生疼，整個車廂裏簡直連一樣值得欣賞的東西都找不到。然而就在列車沿途停靠的一個小站上，我却突然聽到窗外傳來一個稚嫩的童聲哼唱的旋律——《帶手槍的女士》。一瞬間我恍惚起來，幾乎不知道身在何方。我無法相信在這種窮鄉僻壤的地方，一個當地頑童竟會唱出仍在美國流行的旋律——這可是連平·克勞斯貝都還在唱的歌！母親要是知道我也會唱這歌的話她一定會當場昏過去的——事實上我當時幾乎已經脫口而出了。我太懷念楊克斯了！孩子們根本不用費力就能學會那些流行歌曲，他們學歌詞就是快。剛到美國的時候，我聽到的第一首歌是流行組合"吹笛手"(The Pied Pipers)演唱的《梅爾兹·多茨》(Mairzy Doats)。想想看吧！世界看來并沒有多么大！

我們在開羅下了火車，又登上一輛蓋滿灰塵的巴士去參觀這偉大的世界奇迹。老天啊，我就知道自己不會想錯！可憐的獅身人面像破破爛爛，下巴居然還要用支架加固，不過倒確實是威風凜凜不可一世。而金字塔則真的是令人嘆爲觀止！我們本想爬上大金字塔的塔頂，却無路可通，于是只得作罷。

回到駐地后，我才發現伊斯梅利亞竟然比開羅還要熱。我實在忍受不了這酷暑，便與一群美國孩子跑到港口，跳到那疾病蔓延的髒水中去游泳。直到今天想起這經歷都令我后怕得全身發抖，不過既然我還活着，想來那水應該是沒有問題的。

接我們的軍艦終于來了。我們繼續沿運河而下，穿過在《聖經》上赫赫有名的紅海，駛入阿拉伯海。這是我們印度之行的最后一程。很快，我們便在孟買這座傳說中的城市靠了岸。令我大吃一驚的是這裏并沒有狼奔豕突的巨象，也沒有瘴氣彌漫的叢林，只有無數受了驚的牛在街上四處游蕩，阻塞交通，然而司機和行人似乎都不以爲意。走在人行道上，乞丐隨處可見。更令人揪心的是那些麻風病人，足有數百之衆，大多肢體殘缺。斷指失趾者已不足爲奇，甚者竟然連整個脚掌都齊根斷掉，只能倚墻而立。而尚未感染的孩童則在他們肢體殘缺的父母身上爬來爬去，甚至干脆在泥土中玩耍，真是不忍卒睹。雖然我在美國也曾目睹過一些貧困的情形，却全然不知道世上還存在着如中國一般貧窮的國家。回想我起初對印度的恐懼，真可謂無知且愚蠢，而現在我的心中却充滿同情。同時，中國的形象也漸漸回流到我的腦海中。

我們下榻于傳教使團在孟買的駐地。作爲一行人中唯一的未成年人，我得到了一項特權——駐地經理説那裏的冰激凌我可以隨便吃，吃到滿意爲止。于是這次印度之行成了我的天堂之旅！我們在那裏的伙食以西餐爲主，間或也會品嘗到印度風味，我也都很喜歡。

盡管我已經開始適應這裏的新環境，我還是急于知道我們何時才能從印度動身。母親説我們需要等待有合適的飛機，才能飛越喜馬拉雅山去往中國。然而突然有一天，兩位傳教使團理事會的先生來找"代代"，問他是否願意接替一位醫生的工作——這位醫生長期駐扎印度，已經很久未曾回家探親了。

這兩位先生又若無其事地加了一句，"反正中國的戰局還没平息，所以您恐怕無論如何也要在這裏繼續等下去。"

"代代"剛剛送兩位先生出了門，我便歇斯底裏地發作起來。"媽媽，既然中國還在打日本，我們爲什麽要這麽早巴巴地趕來？"

母親好像完全没有聽到我説話的樣子，于是我又提高了嗓音。"發小和兩位阿姨？他們也離開美國了嗎？"

母親的聲音很平静，"没有，寶貝。她們决定多呆些日子。"

"那憑什麽我就不能讀完七年級呢？"我咬着嘴唇，心中滿是怨氣。母親没有吭聲。

由于"代代"在首次前往中國之前原本就計劃要去印度傳教，因此這個在孟買的停留機會對他來説可謂是正中下懷。然而我却不然，倘若我事先知道要在印度困守一年，我一定會苦求他們呆在美國度過這一年——反正戰争結束還早得很。后來我才得知，蒂阿姨和貝希阿姨曾經在給母親的信中曾寫道，"親愛的喬吉，太平洋戰争結束爲期尚遠。我們聽説日本人對勸降無動于衷，堅决不肯放下武器。他們已經做足了准備，决定頑抗到底，要拼死守住最后一道戰壕，保衛他們的本土。因此盟軍進攻日本

## 春花：兩條江邊的故事

本土的戰鬥定局尚早，就算最終取得勝利，也勢必會付出大量的時間和力量，美國也必然要承受慘重的損失。所以我們現在對戰爭走勢毫無把握。"

她們在信中還告訴母親說她們希望發小能夠在美國讀完初中，不願讓她的學業一再被打斷。我多么希望母親和"代代"也能如此爲我着想啊！可現在，發小在密歇根快樂地上學，而我却要在印度讀書——四年以來這已經是我換的第三所學校了。從來沒人問過我的打算。于是我們只得在孟買住下來，這裏倒是可以欣賞到爲慶祝盟軍在歐洲戰場全面勝利舉辦的烟花表演。

在孟買的第三天夜裏，我頭痛欲裂。那是我有生以來經歷過的最嚴重的一次頭疼，腦袋簡直像要炸開一樣。母親和"代代"睡在我們僅有的床上，而我則躺在硬邦邦的地板上。睡地板我倒不在乎，然而頭疼又没有枕頭簡直太難熬了，我只能在痛苦中默默地輾轉反側。"想不到我竟然會死在這種鬼地方，"我暗想，"萬裏迢迢地從美國跑來這裏送死，難道我就不能再多撑一段時間，捱到我的祖國再死嗎？"我口唇干燥，當時真心地以爲自己命不久矣，于是便開始默默地祈禱，"求你了，上帝，我現在還不想死。"最后我實在撑不住了，便向母親求助，"我的腦袋疼得厲害，而且特别渴。"母親連忙起床。她用手摸了摸我的額頭——滚燙。

"愛德華，"母親叫道，"快起來！珍發高燒了。""代代"立刻起了床，摸了我的額頭后也同意了母親的判斷。母親在我腦袋下墊了個枕頭，讓我感覺稍微好些。我喝了很多水。"代代"又給我拿了一片藥，多半是阿司匹林，然而對瘧疾的恐懼已經占領了我的意識。大概就是那時，我决定先睡一覺，死不死暫時先放在一邊。我昏昏睡了過去，一覺足足睡了兩天。醒來后"代代"心中一塊石頭才算落地，他長出一口氣，說我多半是中暑或是不堪旅途勞累才會這樣。母親爲我買了頂白色遮陽帽。自那之后，我再也沒有這樣莫名其妙地頭疼發燒過。

一天我們正在孟買城裏閑逛，突然看到街上的人們朝一條巷子蜂擁跑去。我們不知所以，便隨着人流一路過去，于是便在巷子中見到一個骨瘦如柴的印度人。只見他雙手合十，盤腿趺坐在

## JEAN 春華 裴敬思 醫學博士

一個臺子上。"代代"立刻便認出了那人，告訴我道，"這位就是聖雄莫漢達斯·甘地 (Mahatma Gandhi)。他是個爲窮人權益而戰的鬥士。尤其是爲那些被稱作'不可接觸者'或'賤民'的低種姓人民。這裏的人會認爲食物一旦被那些人觸碰到，或僅僅是被他們身影接觸過，就會被污染而無法食用，必須丟掉。"這還是我頭一次聽到"不可接觸者"這個詞匯。當時我已經理解了貧窮，但種姓制度對我來說却完全不可理喻。

邂逅聖雄甘地的算得上是我人生中又一次與歷史人物產生交集。后來我們還曾撞見聖雄甘地與賈瓦哈拉爾·尼赫魯 (Jawaharlal Nehru) 面對公衆演講，號召印度從英國的統治下獨立出來。幾十年后，由本·金斯利 (Ben Kingsley) 主演的史詩傳記片《甘地》再次在我心中回響起了那種同樣的弦音，令我再次想起那難忘的一天。

1945年6月下旬，孟買的酷暑毫無減弱迹象。"代代"却已經接到了使團理事會指派的任務，讓他立刻動身，前往孟買以北300英里（譯者按：約480公里）外的納迪亞德。而我則被安排在印度伍德斯托克學校讀書。這是一所英國人經營的學校，創建于1854年，至今還在招生。學校位于北阿坎德邦一個名叫蘭度穆蘇裏的小鎮，從納迪亞德還要向北再走700英里（譯者按：約1,120公里），已經深入喜馬拉雅山脉地區。珠穆朗瑪峰就在學校西北方向大約900英里處（譯者按：約1,440公里）。我從未如此遠離父母，母親也爲我在學校住宿而感到不安。于是母親便聯系了另一個傳教士家庭，他們也曾在日本入侵前在中國布道。由

邂逅聖雄甘地，攝于約1945年

于他們的孩子也在同一所學校就讀，因此很高興讓我借住在他們家裏。這下我終于有所托付了，母親和我便高高興興地踏上了去往喜馬拉雅山的旅途。

# 21

在列車上顛簸了整整兩天后,我和媽媽終于坐上了一輛滿是泥濘的巴士。雖然我們在列車上坐的是臥鋪車廂,但我依然感覺筋疲力盡——臥鋪床板非常硬,而且整夜顛簸令人無法入睡。及至坐上巴士,才知道天外有天,巔外有巔。隨着車輛沿着崎嶇的小路蜿蜒向喜馬拉雅山上爬去,我開始暈車。幸而在列車上吃得還算簡單,基本只是吐司面包。相比之下,母親的情況倒要好得多。她認爲我的眩暈多半是海拔造成的。到達蘭度穆蘇裏時,我們已經身處海平面上七千英尺的高度（譯者按：約2,134米）。壯麗的山景奪人心魄,掩映其中的校園更是秀美脱俗,唯一美中不足的便是空氣過于稀薄。印度伍德斯托克學校僅在夏秋兩季開放,冬季則停課以避過山中的苦寒。因此學校在冬天放假,讓師生可以到相對溫暖的平原地區過冬。

我和母親終于找到了我的寄宿家庭。豪爾太太 (Mrs. Hall) 將我們迎入家門,又帶我去看了我的房間,還將我介紹給她的孩子們。她指着一個男孩道,"這是我二兒子喬,今年十三歲。"

"珍剛滿十四。"媽媽插嘴道。

豪爾太太笑道,"孩子們長得可真快。連我那個小寶寶女兒都已經九歲了。她叫菲麗絲 (Phyllis)。"

初次見面時菲麗絲只是和我簡單打了個招呼,誰知后來我們竟成了好朋友。喬和我相處得也不錯。只是這兄妹倆見我不熟悉喜馬拉雅山一帶的生活,尤其是不了解野生動物,便總喜歡捉弄我。他們告訴我這一帶經常有熊出没,我的心立刻因恐懼而抽緊了。

"你不用怕,珍,"喬說道,"要是你看見熊過來抓你,你就拼命跑,朝下坡方向跑,因爲它們后腿太長,下坡跑不快。它

春花：兩條江邊的故事

們爬山特別快，所以上坡路上你別想能跑過它們。"

幸運的是在喜馬拉雅山脈寄宿的那半年中，我與棕熊始終緣慳一面。只有一次，我在黄昏時分似乎看到灌木叢中有一對閃閃發光的眼睛。不過我立刻就跑進房間中躲了起來。

在豪爾太太家住了幾天后，母親便啓程返回納迪亞德。我有生以來頭一次遠離父母獨自客居他鄉。而且我還要再次適應一所新的學校，而這次的感覺與我以往在中國和美國的經歷都全然不同。説實話我并不喜歡。首先最令我忿忿不平的是他們將我分在了第六"標准"——這是年級的英式説法。這意味着我要重修六年級。更有甚者，我們所有的科目都是在同一個教室裏由同一個老師教授——除了印地語——印度的獨立運動后所有外國學校都必須教授的一門功課。然而這裏却没有科學課，數學課也告闕如。事實上我在這裏學到的唯一一項有用的技能就是如何為寫論文而查閱資料。我便學以致用，寫了一篇關於弗洛倫斯•南丁格爾(Florence Nightingale)的論文。

不過對我來説最難忘的記憶還是那些家政課。我學會了使用縫紉機，而且還為自己做了兩條當時急需的短裙。我們從美國出發時走得太過匆忙，母親根本没有想到要為我准備大一號的衣服。畢竟我是她的第一個孩子，因此她一時没有想到我還會不停

在印度穆蘇裏伍德斯托克學校與朋友合影，攝于約1945年

地長個子。因此我那段時間幾乎没有什麽像樣的衣服可穿。得知"代代"要在印度工作一段時間之後，我和母親便走遍了孟買，四處找尋適合我年齡的女孩衣服，却徒勞無功。班上有些同學得知我來自美國，都奇怪我為什麽没有像這裏其他的美國孩子一樣穿着時尚。而我唯一能拿得出手的衣服便是一件運動夾克，當時還算流行。

### JEAN 春華 裴敬思 醫學博士

這讓我想起了我在納撒尼爾·霍桑中學的家政老師對我的告誡，"你一定要學會縫紉，珍，總有一天你會用得到的。"當時我還感覺奇怪，心想我將來打算成爲一名作家，又不會靠縫衣謀生。而此刻的遭遇恰恰給我上了一節人生反諷之課。

我再次成爲班上唯一的中國人，不過倒不是唯一的非白人學生，因爲同學中還有些印度人。我跟這些同學相處不算熟稔，現在還依稀能記起幾個名字。我也確實努力想要交些朋友，但這裏却不像在楊克斯那樣容易。我驚訝地發現這裏的學生大多都是美國人，來自英國的只有寥寥幾個。或許是因爲我沒有在學校住宿，我與其他同學接觸不多。不過這對我倒并不算個大問題，因爲我與喬和菲麗絲玩得很開心。我甚至還用布條幫菲麗絲做了卷發，就像丘吉爾太太幫我卷發一樣。

住在喜馬拉雅山區那段時間，我時常能見到穿着土著裝束的當地人。我見這些人與印度人不同，便去請教喬和菲麗絲。他們告訴我說這些人是西藏人，而我當時對西藏的地理位置還很模糊。

在伍德斯托克學校的半年借讀終于接近尾聲。盡管我喜歡豪爾一家人，與喬和菲麗絲也相處甚歡，我對這裏還是毫不留戀。我知道將來自己一定會想念這裏的壯美山川——睜眼便能看到雲霧籠罩的巍峨高山，俯首便是一望無際的蒼翠高原，這如畫的美景絕非紐約州北部可比。這時我已經習慣了這裏的高海拔氣壓，陽光燦爛的户外，還有那房子與房子之間，無數階上上下下的樓梯。

住在這裏的這段時間我幾乎每天都和母親通信。下面是我從伍德斯托克學校給她寫的最后一封信。

親愛的媽媽，

學校再有一周就要停課了，我馬上就要回家啦。南希 (Nancy) 和她弟弟帕特裏克 (Patrick) 會與我結伴同行。他們兩人你都認識，他們的爸爸就是"代代"接替的那位傳教醫生。他們幾周前認出了我，把他們的身份告訴了我。所以他們讓我轉告您，請您不必麻

春花：兩條江邊的故事

煩跑來這裏接我，因為他們反正也要去納迪亞德。他們說這條路他們很熟。

我迫不及待地想見到您和"代代"，也急切地想見到我們在納迪亞德的新住處。獻給您們倆無數的愛和吻！

珍

在巴士車站別過喬和菲麗絲，我便與帕特裏克和南希一同踏上了前往納迪亞德的旅途。我內心充滿自豪，因為這還是我頭一次在沒有父母陪同的情況下長途旅行。

"這小房子好可愛啊！"我第一次踏進我們在納迪亞德的新家便發出了這樣的感嘆。這些平頂的房子與中國常見的尖頂房屋不同，就像我在圖片上見到的那些耶路撒冷的房屋一樣。廚師是個印度人，名字我已經記不得了，不過印象中他就像田師傅一樣總是樂呵呵的令人愉快，只是個子高了許多。他的英語不錯，足以弄明白我們對伙食的要求。他一見到我臉上便現出燦爛的笑容表示歡迎。我故意打趣道，"你一定就是那個害怕眼鏡蛇的家伙吧？"他便咧開嘴傻傻地笑。

印度人相信轉世輪回，因此他們不肯殺生。無論面對多麼危險的動物都不肯加以傷害，因為這動物可能是自己祖先轉生而來。然而對于白人來說，殺死危險的動物或者為了食肉而獵殺鹿這類沒有攻擊性的動物，都是天經地義的事情。在母親寄往喜馬拉雅山的一封信中，她向我描述了"代代"如何勇敢地獨力殺死了一條眼鏡蛇。而那個廚師，雖然皮膚黝黑，見到"代代"與毒蛇搏鬥却嚇得臉色煞白。我當時讀到這裏時還想，"得了吧媽媽，您以為我是三歲小孩嗎？"我認為"代代"頂多也就是

與母親在納迪亞德合影，攝于約1946年

## JEAN 春華 裴敬思 醫學博士

殺過魚而已，而且就算他真的殺過魚，也一定是他在小時候殺的。

不管是神話還是真相，這棟房子只有兩個房間。小的那部分就算作是起居室，也就是進門的那個房間。大的那間便是卧室了。卧室中擺了兩張床，小的一張是我的。有一個浴室與卧室相連，裏面有個抽水馬桶——這是我們在中國時所没有的。淋浴是冷水，地板上有個洞，可以把下水直接排到外面的陰溝裏。浴室裏的地板只是簡單用水泥抹平，天花板上安着一只昏暗的白熾燈泡。后來我每次淋浴總是會搶在天黑之前，而且我的眼睛也會一直盯着那個排水孔，時刻准備着在眼鏡蛇或隨便是别的什么蛇出現的一刻尖叫逃跑。幸運的是我住在這裏的五個月中，它們并未造訪。

南希和帕特裏克就住在附近。我們有時會在傍晚一起騎車穿行納迪亞德的窄巷。我車技不佳，尤其是騎上南希爸爸的成人單車時更是左支右絀。神奇的是盡管路面顛簸崎嶇，我却完全不曾摔倒或撞到别人。現在回想起來，當時自己竟然能够在那么高的車子上保持平衡，真是不可思議。我想一定是年輕和冒險精神起了作用。

不過有一件事確實把我嚇得够嗆。那是一個印度平原常見的日子，陽光熾烈如火，南希邀請我到城郊去野餐。我們擠進南希的車子裏，駛上土路。我坐在車裏心中不斷打鼓，我關心的倒不是野餐的食物，而是野餐的地點。那裏會不會有野獸？萬一遭遇老虎或獅子怎么辦？種種可怕的場面在我腦海中浮現出來。當南希終于停下車時，我向窗外望去，映入眼簾的是一顆巨大的榕樹，而樹上爬滿了猴子！

我硬着頭皮下了車。别的孩子們却對猴子不以爲意，放

一次野餐，攝于約1946年

### 春花：兩條江邊的故事

松地嬉笑着，我却渾身上下都緊張得像一根鋼絲。我小心翼翼地坐在他們帶來的毯子上，擔心下面會躥出一條毒蛇。隨后我又朝樹上望去，希望所有的猴子都能老老實實地在樹上呆着。大家傳遞盛着三明治的盤子時，帕特裏克開起了玩笑，"小心啊，別讓猴子把你的三明治搶走。它們要是來搶就給它們，不要跟它們争搶！"他雖然無意嚇唬我，但我却被嚇得不輕。我飛快地吃光了分到我手中的所有食物，免得手邊留下的食物會吸引這些動物。雖然最終我們與猴子相安無事，帕特裏克和南希決定回家時我還是如釋重負。

猴子在印度就像松鼠和鴿子在美國一樣，是人們早已司空見慣的動物。只要不去挑逗它們，它們也不會來招惹人。它們對人的警惕就好像人們對它們警惕一樣。有個孩子告訴我説有人會把猴子的頭蓋骨揭開，在猴子活蹦亂跳的時候取食它們的大腦。我不知道這事是真是假，但還是起了一身寒戰。

聖誕節已經臨近，納迪亞德却連一星雪花都找不到。更糟糕的是這地方竟然連冷杉都找不到，我們只好用灌木勉强裝飾成了一顆聖誕樹。這完全就不是一回事，看上去就感覺不對路。幸好即使早在那時，我也已經明白聖誕節的真正意義并不在樹，而在于慶祝耶穌出生的日子。所以我們便將那株瘦長的灌木悉心妝點了一番，并且按照我們在中國的做法，請厨師的全家與我們一同做家庭早禱。

母親和"代代"將一些實用的物品贈送給厨師一家作爲聖誕禮物，還送給他們一些禮金。他們除了帶來一些當地美食作爲回禮外，還特意送給我兩件沙麗，并且當場就爲我披在身上。我至今還留有一張我穿着沙麗的照片——而且照片上我看起來挺像

我們在納迪亞德將就用的聖誕樹

## JEAN 春華 裴敬思 醫學博士

穿着我的聖誕禮物沙麗與印度朋友們共度聖誕

印度人。不過我們一家三口——母親、"代代"和我之間却沒有太多可以互贈的禮物。我在學校爲母親和"代代"分別制作了手帕，他們則承諾到中國后會爲我買輛自行車。

"代代"爲期一年的合同終于到期了。果然又是五月份——

## 春花：兩條江邊的故事

我人生中的重大轉變似乎命中注定總會發生在這個月份。幾個月前已經有傳言稱中國的戰事已經正式結束，而日軍也確實已經向包括中國部隊在內的盟軍投降。當我還遠在喜馬拉雅山腹地的時候便已聽到老師們私下談論，說有某種超越自然力量的炸彈落在日本，炸死了數十萬乃至數百萬人。這樣說來，我們又到了啓程的時間了。這次或許我們真的能夠回到中國。

1946年5月，剛剛過完十五歲生日，我就匆匆告別了我們在納迪亞德的新朋友，其中既有印度人，也有當地的傳教使團成員。旅居印度將近一年之后，我已經喜歡上了印度人民。如今離別在即，我情不自禁地留戀起這個地方，一如我當初不願來時一樣。印度人民不僅文明有禮，而且友好可親，只可惜像中國人一樣，大多還都在貧困中挣扎。

從納迪亞德到孟買間旅途慢慢，令人心神俱疲。好容易抵達孟買，我們却也不及休息便要馬不停蹄地趕往加爾各答。列車緩緩爬過遼闊的平原，視野內滿是干坼的土地。樹上滿是玩耍跳躍的猴子，一刻不停地爬上跳下。平原上時常會出現野生的孔雀。這些大鳥見到列車駛過，偶爾還會展開那扇形的尾羽，仿佛是故意要令我們乘坐的這列年久失修的斑駁列車自慚形穢。大地上各種各樣的野生動物不勝枚舉，然而我却從來不曾見到巨象或猛虎，實在是一大憾事。

與我們同住在一個卧鋪包廂中的是一對印度夫妻。他們會說些英語，我們便與他們搭話交談，向他們了解他們的獨特習俗。印度人不使用筷子或刀叉，而是用一只手取食進餐，而另一只手則專門用來在如厠后清潔身體。他們不會用那只手接觸他人，而且他們會帶着一罐水專門用來盥洗。他們喜歡嚼食檳榔，這種果子令他們的口唇顏色發紅——后來我才得知檳榔會引起口腔癌症。滾滾塵沙中，這列隆隆作響的列車載着我們橫跨了幾乎整個印度次大陸，終于來到了加爾各答。

加爾各答與孟買大同小異，街道上同樣牛群遍布，而乞丐的人數比起孟買甚至還要更多。從我們在加爾各答下榻的地方向外望去，便會看到一面中國國旗隨着微風輕輕飄揚。一瞬間我的心底似乎有什麽東西蕩漾起來。是我對故國的鄉愁？還是爲她終于擺脱侵略洗去外侮所發出的感慨？我不得而知。但無論那是什麽，其中總帶着一種愛國情懷的刺痛。我突然渴望回到我在中國的學校，渴望見到那些我久違的朋友。也是在那時，我第一次爲自己是個中國人而感到自豪，爲我們脚下的歸途而由衷地高興。

經過漫長的等待，我們終于得到許可，到一條叫做胡格利河的恒河支流，并搭乘一艘停泊在那裏的美國軍艦前往中國。這樣的安排實在是始料未及，因爲按照母親告訴我的計劃，我們本應乘飛機飛越喜馬拉雅山并由西部進入中國。我也一直在盼望着自己的首次飛行，如今看來只能是盼望而已了。上船之后，才發現船上滿是美國大兵，據説他們是派駐香港的。我雙手懸在欄杆外面，從甲板上遠望着加爾各答漸漸消失在海平面下，這時一個中國姑娘來到我的身旁。

"你好！"她招呼道，略微帶着些英國口音。"嗨！"我問道，"你叫什么名字？"

"格蕾絲 (Grace)。"姑娘答道。于是我們便攀談起來。漸漸熟絡起來后格蕾絲告訴我道，"我是去廣州探親的。然后就去英國繼續學業。"

"我叫珍。"我自我介紹道。我不知道廣州的具體位置，便用驚奇的語氣問道，"爲什么要去英國？"

"英國和美國相比，我更喜歡英國。"她答道。

我不相信有人竟然會喜歡英國多過美國，盡管當時我對英國一無所知。我只是曾經接觸過一個英國的傳教士，我喊她伊迪絲阿姨 (Aunt Edith)。她是我家的朋友，説話帶着英國腔。我有一種先入爲主的觀念，認爲英國人更加嚴肅拘謹，而且領會笑話很慢。或許是因爲伊迪絲阿姨就是這樣的一個人。

"那裏肯定特別没意思。"我説道，一副實事求是的口吻。

"你怎么會這么想？"格蕾絲露出驚訝的笑容。

"英國人缺乏幽默感。我認識一個英國傳教士，"于是我便長篇大論地胡扯起來，"這位英國女士經常來我家。每次有人講好笑的事，我和我的發小一下子就笑得直不起腰來，可是她却面無表情。于是我們笑得就更厲害了。"

"我倒更欣賞這種嚴肅，"格蕾絲一句話便把我噎得再也説不下去了。于是我們的對話便戛然而止。從那之后，我時不時便會想起格蕾絲，不知她在英國過得怎麼樣。

第二天我到甲板上去的時候，一個英俊帥氣的美國大兵走過來跟我搭話。他金發藍眼，依稀記得他的名字好像是本杰明(Benjamin)。

"我家在依阿華州，我是派駐到上海的。"他說道，"回家前我准備買架相機，然后把中國轉個遍。"他滔滔不絕地說了很多，但我却只記住了這兩句話。我的心跳得越來越快，臉上又紅又燙。我的身體緊張起來，渾身僵硬，思緒也漂移不定。望着這個大兵漂亮的金色卷發下那對明亮的藍眼睛，我的手指和嘴唇都禁不住抖動起來。我被他迷住了，不禁想到"代代"年輕時是否也如此高大帥氣。

我勉强收攝心神，這時夕陽正在緩緩落入海面。我們已經到了孟加拉灣的開放海域，正駛向安達曼海和馬六甲海峽。如果一切順利的話，明天晚上我們或許就能抵達上海了。

# 卷三

痛苦別離：我覺醒的時刻

## 22

　　船行水上,一路無話。不過"代代"決定要教給我一門新的語言。他讓我在德語、俄語和拉丁語中間選一門。聽到"代代"自告奮勇地要教我俄語,母親咯咯地笑了起來——"代代"的俄語是他在一列去往西伯利亞的列車上學來的。我最終選擇了拉丁語。這門古老的語言學起來很有意思,但却很難記住。

　　我們再次駛過馬六甲海峽,不同的是這次我們是沿馬來亞海岸綫行駛。軍艦到達新加坡港后我們稍作停留,數百大兵在那裏下了船,同時軍艦也要補充燃料和補給。我們有幾個小時的下船活動時間,于是我和母親便在港口一側逛了逛,還設法一窺新加坡的模樣——一個貧富嚴重分化而又充滿刺激的殖民地。"看來新加坡與中國也沒有太多不同,或許還比不上中國。"我暗想。

　　上船后不久我們便抵達了香港并再次短暫停靠,于是又有一批大兵下了船。然后軍艦便全速駛向上海碼頭。我們在香港停靠的時候是不准下船的,幸而不久上海便出現在我們的視野之中。

　　與我們四年前離開時相比,上海外灘幾乎看不出有什么不同,除了當時飄揚的日本國旗已經換成了中華民國的青天白日旗。既然蔣介石和中國武裝力量與擊敗了日軍的西方力量是同盟,這旗幟也就應當是中國重獲自由的象徵了,然而真的是這樣嗎?

　　貧困仍然籠罩着這裏的一切。乞丐們在大街上四處游蕩,情況甚至比以往更爲糟糕。這樣的情景給我們重歸故土的喜悦打了折扣,令我再度想起我去往美國前曾經立下的宏願——幫助中國擺脫貧困。我現在已經見識過了美國,心中也有了一張藍圖——我要用帶有綠色百葉窗的小白樓取代那些泥坯棚屋。這就是一個十五歲的孩子消除貧窮的計劃。

## 春花：兩條江邊的故事

在上海時，我們借住在黑石公寓父母朋友的家中。"代代"要安排一些事務，以便將三名寄養在上海孤兒院的孩子接到九江，他們都是"代代"在被迫離華時臨時安置在那裏的。這些孤兒中間有兩個小妹妹，一個名叫婕茜 (Jessie)，另一個叫伊麗莎白 (Elizabeth)。我父母當時原本計劃要收養她們，却由于年齡太小無法帶着同行。還有一個名叫露絲 (Ruth) 的小寶寶，小到連孤兒院都無法照看，因此在戰爭時期只能托付給一位在九江城外的奶媽照顧。

我一直盼望着能有三個小妹妹。這樣我可以教她們說英語，我們姐妹四人在一起也肯定會有很多好玩的事情可以一起做。誰知婕茜的生母現在又跑回來認養她，而且她看到現在已經九歲的婕茜在孤兒院生活一段時間后營養不良，大爲光火。同時伊麗莎白又被來自另一個家庭領養，帶到別的城市去了。最后，當露絲的奶媽將她抱來時，她又哭得一塌糊塗，舍不得將她交還給我們。母親理解她的感受，便同意由奶媽領養了小露絲。就這樣，我擁有三個小妹妹的美夢成了泡影。不過現在想來，她們在各自的新家或許倒更好些，因爲中國的局勢很快便會發生一場翻天覆地的變化。

"代代"并沒有忘記他的承諾。我們在上海期間他帶我去了一家自行車商行，讓我挑選一輛喜歡的車。我激動萬分，一時間簡直不知道該選哪輛才好。突然間，我的視綫掃過一輛藍灰色的女車，立刻一見傾心。我終于成了一名驕傲的自行車車主，迫不及待地想要騎上它出去撒歡。可惜這願望一時還無法實現，因爲車子還要裝箱運往九江。

在上海逗留一周后，我們終于登上了一艘蒸汽輪船，再度行駛在揚子江上。我憑欄望着浩浩湯湯的江面，早年在九江的往事在腦海中一一浮現。那些兒時的朋友是否還記得我？見面時我又是否能認出他們？濃濃的鄉愁瞬間將我籠罩。陽光在水面灑下片片碎金，令人迷醉。我則徜徉在深遠的思緒中難以自拔。

蒸汽輪船駛過江心，艦舷分開水面，在船舷兩側激起層層浪花。這情景將我的思緒帶回了南楊克斯，一瞬間我仿佛又回到了老宅卧室中，憑窗遙望着哈德遜河。望着脚下滾滾東逝的一江

## JEAN 春華 裴敬思 醫學博士

春水，我不禁想起了那句膾炙人口的中國詩句，"問君能有幾多愁，恰似一江春水向東流。"

我們要在江輪上過一夜。當我去查看艙房時，一位年輕女士喊出了我的中文名字"春花"。我詫異地望着她，却認不出來，只好向她禮貌地笑了一下算是答復。她便走過來，開始用九江方言和我攀談起來。然而盡管我搜腸刮肚想要答話，説出口的却只有英語，令我既洩氣又難堪。我只好把她領到我父母所在的特等艙，而母親的表現更令我無地自容——她的漢語竟然比我的還要流利。我此刻方才明白母親在美國時對我講漢語的一片苦心。她擔心我忘記自己的母語。而如今她所擔心的竟然成了事實，我真的忘了怎麽説漢語！倘若人們不是刻意放慢語速，我甚至連聽幾乎都聽不懂了。而且我也無法用純粹的漢語表達自己的意思，只能英漢混搭着與人交流。

我們于翌日抵達九江。這還是我有生以來頭一次從江上這個完美的角度遠望九江。首先映入眼簾的是鎖江塔樓，然後便是這個城市引以爲傲的地標——古老的九江塔。不久，我就看見了很大一群前來迎接我們的人，他們在碼頭上點燃了成百上千響的鞭炮。人群中有生命活水醫院的老員工，孺勵女子中學的師生，但福德女子醫院的員工、早一步歸來的傳教士和數不清的教堂信衆。如此多的人齊聚碼頭，甚至連陌生的面孔也混雜其間——多半是被這熱鬧場面吸引前來湊趣的路人。

我眯着眼睛在人叢中一陣找尋，終于看到了王嫂！她顯然也看到了我，開始揮着手沿河岸跑起來，而我們的輪船此刻還在調整靠岸位置。這真是個激動人心的時刻。下船後人們立刻圍上來問寒問暖，而我能做出的回應却只有點頭傻笑，間或發出一些"哦"、"啊"之類的聲音。嘴裏甚至還不時冒出英語的"是"來，表示我聽見了或是明白了他們的問題。"醜媳婦早晚要見公婆，"我暗想，"這真是丢人到家了！我竟然突然間無法與自己本鄉本土的同胞正常溝通，居然連漢語都不會講了！"

我們停留的第一站是但福德女子醫院。"代代"的員工讓我們先在那裏住一個月，同時修繕我們的大宅。由于我們離開太久，大宅已經嚴重失修。建築工人們要重新粉刷墙壁，還要給木

## 春花：兩條江邊的故事

質結構塗漆。在我們離開這段時間，住在這房子裏的人在房子中鋪設了電力綫路。拋開這人的身份暫且不論，我們倒是都很承情，因爲我們無需再靠蠟燭或是煤油燈照明了。美中不足的是這人并沒有爲我們安裝上抽水馬桶。更重要的是如今生命活水醫院和但福德女子醫院也都有了電力供應，"代代"聽說后簡直喜出望外，因爲他終于可以安裝他急需的X光透視設備了。

我們剛剛進入但福德女子醫院大院，我的另一位童年好友茉莉（Mollie）便跑來看我。她現在個子比我要高出很多，激動地將我連拉帶拽地拖到她家裏。茉莉的母親在但福德醫院做産科醫生，一向不太看得起我，尤其是我在三年級的時候。不過她此刻看到我，也走上前來與我擁抱。聽到我一口流利的英語后對我更是刮目相看。然而當她和茉莉聽到我想要講漢語却張口結舌辭不達意時，兩人笑得眼淚都流了出來。這母女二人故意不停地向我發問，專門引誘我用漢英混雜的話來作答，搞得我窘態畢現。我當時就下定決心，一定要恢復我完全沒有美國口音的流利漢語。我可不想在自己的祖國被人當做外國人。

然而事實證明重拾漢語是個極爲艱巨的任務。一方面長久以來我已經忘記了太多漢語詞匯，另一方面我的發音也極其糟糕，更何況在我離開中國之前我的用詞中就已經存在很多訛誤之處。如果算上我在龍山小學的那一學期，我的學習經歷中有整整五年是在英語的教學環境中度過的，占去了我生命的三分之一。因此我講漢語的時候仍然是笑話不斷。回到九江幾周后的一天，我去一位同學家吃飯。由於已經與正宗的中國美食暌違四年之久，我大快朵頤。到了實在吃不動的時候，我說道"我飽得快要撑死啦！"我的同學立刻提醒我，"珍，不要說'死'字，尤其是一年中的這個時候。會帶來霉運的！"

由此可見，我忘掉的不僅是語言，連文化也丟得差不多了。

我重返故裏令王嫂激動萬分。房屋粉刷修繕一新之后，她又將大宅由內而外仔細地打掃了一遍，一塵不染地迎接我們的到來。大概是回到九江的第六周，我們終于又能睡在久違的大宅中了。不過我們還會去但福德醫院員工的家中吃飯，其中緣故我至今沒有搞清楚。

## JEAN 春華 裴敬思 醫學博士

　　重回大宅后,母親做的第一件事就是尋找她的相機。1942年我們離開時,日本人不允許任何人帶相機離境,因此她便將相機藏在屋頂下的一條椽子后面。正因爲此,我們乘坐綠伯爵號從上海經東南亞至洛倫佐侯爵這漫長的一路航程都未能留下一張照片,乘格利普霍姆號從裏約熱內盧到哈德遜河這段航程也是如此。令人喜出望外的是,相機竟然還好端端地藏在椽子后面!不過由于在閣樓中經歷了四個夏天的暑熱蒸騰,這相機后來成像便不如以往銳利了。

　　就在我們全家都在修葺一新的大宅中逐漸安頓下來時,我發現我的手臂和腿上來勢洶洶地泛起了一層疹子,并且很快蔓延到臉上。我渾身上下都在鑽心地癢。每當母親説起此事,"代代"便會聳聳肩,説我多半是對新塗的油漆過敏。緊跟着我便害了一場痢疾,殘忍地向我發出警告——這裏是中國的鄉下而不是楊克斯。大家起初不以爲意,認爲我只是暫時瀉肚子而已,然而我的病情却每況愈下,不久便虛弱到無法起床用餐的地步。母親爲照料我只得辛苦奔忙,每天頂着如火的驕陽步行到其他傳教士的家中去爲我取來午餐,送到我床邊時每每汗水淋灕,幾乎連裙邊都會濕透。然而她却從無半句怨言,她對我的愛就是如此偉大。

　　這樣過了三周之后,母親染上了傷寒。這病她從前就曾經得過,但這次却格外凶險,病魔却幾乎奪去了她的生命。"代代"將她送到了但福德女子醫院,我和"代代"也住回了醫院宿舍以便全力照顧她。現在我只能孤軍奮戰對抗痢疾。有一天我實在太過虛弱無力,在衛生間裏昏厥過去。幸而王嫂聽到了動静,跑來查看。她在外面呼喊我的名字,我却毫無反應。她便瘋狂地敲門,巨大的敲門聲終于將我從昏迷中喚醒。我發現自己躺在地板上,手裏還抓着摔成兩半的陶瓷馬桶蓋。我竭盡全力爬起身來,挣扎着將那沉重的馬桶蓋又蓋了回去,然后跌跌撞撞地走出衛生間,正好跌倒在正在門外急切等待的王嫂懷中。這一系列的喧鬧驚動了但福德女子醫院的一位傳教士護士,克拉拉阿姨(Aunt Clara)。

　　克拉拉阿姨聽説我沉疴痢疾已經有一月之久,便建議"代代"讓我服用一種叫做磺胺胍的磺胺類新型抗生素。天吶,吃了

## 春花：兩條江邊的故事

這藥之後，我的痢疾竟然在幾天之内便霍然而愈，我又重新站起來了。我不知道"代代"爲什麼没有早點給我用這種藥，猜想或許是因爲他正忙於整飭他的醫院，急着修繕院舍而無暇他顧。事實上，直到母親生病他才知道我的病情。多年之後我才得知事情原委，原來當時抗生素十分稀缺也格外寶貴，醫院中許多病人都需要抗生素，而"代代"在考慮這些事情時又一向是先人後己。幸運的是，這次他没有像我患百日咳那次堅持讓我靠自己硬撑，最後還是做了讓步。如今我雖然已經痊愈，母親却被傷寒折磨得奄奄一息。母親若不是每天往返奔波照顧病榻上的我，或許也不會積勞成疾。一念及此，我心中内疚無比。然而由於傷寒傳染性極强，醫生又不准我到她身邊陪護。

早在這次生病之前，我曾經和茉莉透過傳染病房的窗子向裏面張望。那次我們看到一位因爲接觸患者而染上傷寒，已經生命垂危的中國護士。護士的母親日夜守在她床邊。我們見那護士用盡全身力氣抬起手臂，向她母親揮手讓她離開。然而盡管女兒如此堅持，那位泪流滿面的母親也堅決不肯挪動脚步，直到這場苦難以那位護士的長眠結束。那場面令人恐懼。而現在母親是否也要經歷這一切？我想到這裏，眼泪已經止不住地流了下來。

中國民間一向有種説法，説是一個人過世三天之後，其魂魄就會在生前熟悉的地方游蕩。作爲基督教徒，我并不迷信這種説法，然而可能出現這種情况的想法却在我腦海中陰魂不散，揮之不去。因此就在那位護士去世後的第三天夜裏，我剛剛關上燈准備睡覺便突然感覺房間中有人或是别的什麽東西。那東西看起來正像是那位去世不久的護士，她向我躬下身來，慢慢地壓在我的胸口上，令我無法呼吸。我驚恐地大聲尖叫，却發現自己無法發出任何聲音。慌亂中我摸到了電燈開關，連忙開了燈。然而房間中却没有任何异狀。這之後我一夜没敢關燈，而且此後很長時間都惴惴不安。

而現在如果母親真的就此撒手人寰，我却連最後見她一面都無法做到，更不用説當面告訴她我有多麽愛她，或是向她表達歉悔之情——若不是因爲我生病，她也不會如此辛苦照顧我以致纍得病倒。我不知道"代代"是否會因此而記恨我，因爲母親生病

## JEAN 春華 裴敬思 醫學博士

期間他表現得仿佛我根本不存在一樣。然后我們就迎來了生死攸關的那一晚,一切醫藥均告無效的一晚。他們已經給母親用了相當多極其寶貴的盤尼西林,還一直保持着葡萄糖和生理鹽水的静脈滴注,爲她補充體液防止脱水——這在當時已經是最尖端的醫治方案了。窮盡一切醫學手段之后,現在她只能靠自己了。"她能挺過來嗎?還是會就此離去?"每個人心裏都盤旋着同樣的問題。"代代"寸步不離地守在母親的床邊,雙膝跪地,虔誠地爲她祈禱了整整一夜。而我則守在門外,不是在偷偷流淚就是在默默祈禱——與其説是祈禱,更像是祈求上帝不要帶走母親。我向萬能的主承諾,只要母親能够平安度過這一劫,我將奉獻我的余生,一切聽從主的吩咐。

　　破曉時分,母親的身體有了動静。盡管她的生命體征仍然極其微弱,却并未消失。我們祈求奇迹出現,而現在看來上帝回應我們的祈求。每個人臉上都流下了喜悦的泪水,守候在病房門口的人們互相擁抱着。當"代代"走出病房,親吻我的額頭時,我一直背負在心頭的内疚瞬間冰釋。我想要衝進病房去擁抱母親,但醫生不允許——此刻的她畢竟還太過虚弱。我們决不能冒險讓她的病情再有反復。

　　雖然過程緩慢,但母親的身體確是逐漸康復了。然而她的右腿的象皮病却仍然陰魂不散,使得她的右腿足有左腿的兩倍粗。雖然她還無法行走如常,但看到她終于闖過了鬼門關已經足以令我欣慰感恩。就在她日漸康復之際,"代代"决定讓我陪母親到我們在牯嶺山的别墅中度過殘夏。更令我高興的是王嫂也會隨行,與她在一起總有很多樂子。

　　山間清涼的新鮮空氣對母親的療養果然大有裨益。她的健康狀况迅速改善,一日好似一日,令我喜出望外。我陪她四處散步,自然也少不了再次拜訪"摇籃石"——堆積成摇籃形狀的那堆礫石。我們坐在摇籃石畔,一起欣賞美麗的夕陽晚景。驀然回首間突然醒悟,方才意識到初次坐在這裏共賞落日距離現在已經過去了整整十個年頭。那還是在1937年的秋天,我原本計劃入讀牯嶺山美國小學,却因爲戰争爆發而未能如願。盡管空置十年一直無人打理,我們在牯嶺山的小别墅却一切如常,真是令人驚

## 春花：兩條江邊的故事

訝。過去這十年間我們的鄰居阿德萊德阿姨已經過世，而我們的新鄰居瑪麗（Mary T.）和她母親都來自南京。瑪麗邀請我同她們一道做三日山間遠足，翻越到山的對側去參觀一座著名廟宇和一座名爲白鹿書院的古代學堂。她們有一位男性友人會充當向導并負責一路照顧我們。取得母親的准許后，我們便上了路。

我們白天趕路，傍晚便在沿途廟宇中投宿。天黑後，我們和衣在山泉中洗浴，然後再到古廟中換上干衣睡覺。住在這些神秘的古廟中多少有些嚇人，相比之下我倒更願意睡在路邊小村裏的竹床上，不過村裏蚊蟲太凶，簡直能把我們囫圇吞掉。這次遠足算得上是一次真正的冒險，不過謝天謝地，我和瑪麗總算都高高興興地平安回到了家中。

1946年的夏天漸趨尾聲，我學習漢語的願望越發地迫切起來。我逐漸意識到，自己如果想要在祖國生存，就必須要學好與人交流和寫作的技能。我明白精通這門復雜的語言并不容易，知道自己多半要付出畢生的努力。這決心剛剛樹立起來，我便想起我去往美國前的情形。學習漢語實在是一項令人望而生畏的苦役，最可怕的部分就是要記住數以千計的漢字，背誦古文和其他經典就更不必說了。死記硬背的學習方法對我一向效果不佳，然而傳統的中國方法却偏偏就是這樣。

"珍，"母親道，"我認爲我們該回九江去了。我現在已經好得多了。再説你也該開學了，寶貝。"

"您的氣色確實比原來好多了，媽媽。"我緊緊地擁抱着她，由衷地贊道，心中不禁想到如此親愛的母親差一點就要離我而去。果真那樣的話我一定會徹底失去自我，完全無法自處。然而想到即將回到九江，我又不禁心生畏懼，因爲這意味着我又要上學了。然而我又怎麽能用漢語學習呢？課本上的字我還甚至還有很多不認識的。我討厭中國的學校。一聲嘆息後，我只得開始幫母親收拾行李。

"代代"見到我們回家非常高興，母親的健康氣色尤其令他喜出望外。一切似乎都回到了正軌，我們也逐漸安頓下來。然而"代代"對我的態度開始變得奇怪起來。我感覺他還在因爲母親生病并幾乎送命的事情對我耿耿于懷。然而我却一直未能得

JEAN 春華 裴敬思 醫學博士

知究竟。我還疑心"代代"的聽覺開始衰退，因爲他常常聽不清我和母親在餐桌上的對話。現在回想起來，還有一種更糟糕的可能——那就是"代代"正在被深深的自責所折磨，認爲他不該如此決絕地強迫我們離開美國返回中國。當他做出這樣的決定時，完全沒有預料到戰後的中國已經物是人非，很多事情也都起了變化。他和母親都在逐漸老去，況且在美國生活三年之後，我們的免疫系統都已經退化，無法像過去那樣在中國的嚴酷環境中保護我們的健康。這些事實都是"代代"所始料未及的。

無論是出於何種原因，"代代"不久就開始莫名其妙地對我橫加指責。而在這以前他從未管教過我，甚至連批評的話都沒說過——除了我從醫院大門縫裏偷看日本兵列隊入城那次。而這一天我本來正在和田師傅在廚房閑聊，"代代"卻突然怒氣衝衝地闖了進來，對我劈頭蓋臉就是一通怒吼，"你明明知道你媽不吃薑，還讓田師傅在南瓜派裏放薑！"

我被這突如其來的指責搞蒙了頭，連忙分辯道，"沒有啊，'代代'，我沒有！我對做飯根本就是一竅不通，哪樣菜裏放什麼調料我就更不懂了。"然而"代代"卻根本不聽我辯解，轉身大步出了廚房，就像他闖進來時一樣突然。我一頭霧水，向田師傅尷尬地吐了吐舌頭，表示我現在麻煩大了。

我們本來已經將這事情丟到腦後，然而三天之後又起了波瀾。那天早餐時，我見瓶子中的草莓醬所剩無多，便問母親是否還需要——我們兩人都喜歡草莓醬。

"我不要了，寶貝，你吃吧。"母親道。

聽了母親這話，我便拿過瓶子，將其中所剩的最后一點草莓醬盡數抹在自己的吐司面包片上，一股腦吃掉了。令我始料未及的是，這一切都被一旁冷眼旁觀的"代代"看在眼裏。吃過早餐，我剛剛回到自己房間，門外便傳來敲門聲。"代代"站在紗門外，兩眼盯在我的臉上。這情況很不尋常，因爲我自從有了自己的房間以來，他只有在母親在場的情況下才會進我房間。他隔著紗門對我說，"我看見你把草莓醬全都吃掉了，一點也沒給你媽留！"

"哦，'代代'，我真的已經問過媽媽了，是她讓我全部吃掉的。"我解釋道。一陣沉默之后，"代代"一言不發地轉身離去。我從來都不是個自私的孩子。況且家裏的吃穿用度從來也不曾緊張，我也没有必要去爭搶。然而"代代"的態度却令我傷心。"這到底是怎么一回事？"我低聲啜泣起來，當我想到那天他因爲南瓜餅裏的姜而指責我時，啜泣變成了痛哭。隨后我又想起了身上的疹子——那場痢疾轉移了我對疹子的注意力，但過了許多月那些疹子確實一直都在，至今尚未消退。而所有這些，"代代"幾乎全都不以爲意。即使母親對他説起，他也無動于衷，只是袖手旁觀。

"他不再愛我了。到底發生了什么情况？我那個親愛的'代代'跑到哪裏去了？那個坐在紐約餐廳裏給我講棒球規則的英俊男人跑到哪裏去了？"想到這些，我無法自控地大聲抽泣起來，我很少會哭得如此難以自已。但話説回來，我也從來不曾被人指責過品行不端。我傷心欲絶。

我的哭聲驚動了母親，她連忙來到我房間中詢問緣由。我這才知道，原來這一切"代代"對母親只字未提，因此她也全然是一頭霧水。我一邊哭泣，一邊向母親訴説了事情的來龍去脉。母親聽明白之后，立刻就去找到"代代"把事情一五一十説了個清楚——"代代"一定是没有聽見母親在餐桌上對我説的話。

"代代"讓我去書房找他，但我不肯去。那時我已經哭了三個小時，而"代代"却只是執拗，而且余怒未消。不過他畢竟是大人，最終還是在母親的陪同下來到我的房間，爲錯怪我而向我道歉，還就南瓜派事件承認了錯誤。他甚至還讓母親明天到醫院去取些薄荷霜來治療我的皮膚。

事情雖然平息了，然而對我來説，原諒父親并且淡忘此事絶非易事，尤其是我本來就没有任何過錯。這種情况后來再也没有發生過，而且"代代"也確實努力地表現出他對我的關愛。于是我們一家三口的又回歸了風平浪静的和睦生活。響鼓不用重錘，我從來都不需要別人對我講重話。如果我真的言行失當，母親一個反對的眼神已經足够令我改正了。

如今時過境遷，再次回想其來，我認爲母親險死還生的經歷給"代代"留下了重大的情感創傷。那時的"代代"已經不再是當年那個百折不撓，無所畏懼的年輕小伙子了。爲了讓生命活水醫院恢復正常運轉，巨大的壓力已經令他心力交瘁。此外，我相信他當時也在背負着沉重的內疚，并且像我一樣時常捫心自問，"我們究竟爲什么要回到中國來？"

# 23

我們重返九江的消息終于傳到了我生父母的耳中。我和母親從牯嶺山回來不久,他們便來看望我們了。

他們按照一向的習慣先去了厨房。田師傅見到他們,便開始喊我道,"春花,你鄉下父母來看你了。"我連忙跑到厨房,一下子便認出了他們,便笑了一笑。沒有擁抱,更沒有親吻,中國人沒有這樣的習俗。而且正如我前面所講過的,說老實話我自己本就對親吻不太感冒——除了母親、"代代"和兩位阿姨。

媽媽現在的身高只到我的肩膀,看我便需要仰視了。她看我的眼神中似乎既帶着一種敬畏,同時又有幾分母性的驕傲。我的個子并不算高,只有五英尺二英寸(譯者按:約157.5厘米),但與她站在一起時却好像巨無霸一般。在我記憶中一向沉默寡言的老胡這次也對我點了點頭。他的身高與我相差無幾。

"春花——"經過一段長時間的尷尬沉默後,媽媽終于開了口,"你在美國,有沒有見到你哥哥闊祥呐?"

"沒有啊,"我答道,心中奇怪她爲什麽會問出這樣一個莫名其妙的問題。說實話我當時幾乎已經忘記了闊祥是誰,又何以能得知他去了美國。"你爲什麽會問我這個?"

我一開口,媽媽和老胡都是一臉驚惶,仿佛是他們進錯了門,認錯了人家一樣。當時我的漢語仍然是磕磕巴巴,還帶了濃重的外國口音。媽媽停了一下才從驚訝中恢復過來,又繼續說道,"你剛剛去了美國沒多久,我們就收到了這個。"

媽媽說着,老胡同時將一份文件遞了過來。我粗略掃了一眼,發現上面的字我大多都不認得,而且是用舊體的漢字寫成的。與此同時,媽媽還在繼續解釋着,"上面說,你哥哥闊祥出飛行任務的時候失踪了。他部隊裏的長官就讓人把他的衣服啊行

## JEAN 春華 裴敬思 醫學博士

李這些都捎了回來給我們。可是我們不相信他會死。我們想啊，他一定是去美國找你去了。我們今天把這文書帶來，你給我們念念，看上面說的是不是真的。"

除了一張照片之外，我對闊祥這位胡家的長子幾乎全無印象。盡管我確實從我的美國養父母口中聽到過關于闊祥的只言片語，但依然對他所知甚少，甚至不知道他比我年長幾歲。后來我在母親寫給外婆的信中讀到，在那場可怕的水災過后闊祥曾一度在醫院就職。母親和"代代"見他聰明伶俐，便出資安排他去讀書。他也確實了不起，在江西省的小學畢業考試中獨占鰲頭得了狀元。"代代"隨后又安排他去江西省首府南昌市的一家基督教中學讀書。"代代"和母親本來希望闊祥能夠學醫，然而他却進了中華民國空軍學校，在二戰中成爲一名戰鬥機飛行員，軍銜一等中尉。

"實在非常抱歉，"我說道，"但我在美國確實沒有見到過他。美國是個特別大的國家。若是沒有地址的話，要找到一個人簡直是大海撈針。"我將那份文書遞還給我的生父老胡，繼續說道，"這文書我也看不懂。我不認得舊體字。"

這個沉默寡言的男人終於開了口，話裏却滿是對我的失望，"若是闊祥還在的話，他一定是能夠給我們讀的。你真是沒用！"他說道。爲了強調他這觀點，他又搖着頭加了一句，"你現在怎麼竟連中國話都不會說了？原來還會。"這大概是他對我說過的最長的句子了。說罷，兩人便一同離去了。他們只想找到闊祥，看望我只是順帶。

這謎團直到今日也未能解開，我不知道闊祥是否真的成爲了一名飛行員，是否真的飛越了太平洋來到美國。我常常暗自希望他真的在舊金山成家立業安頓下來。盡管爲抗日事業英勇捐軀也算是一種榮耀，但聰明睿智如他，理應過上更好的日子才對。

不久我的命運再次迎來一次轉折。我選擇到孺勵女子中學就學，而不是母親建議的上海美國學校。出于語言問題的考慮，"代代"幾乎是堅決要求我入讀上海美國學校。但我却有兩個理由——首先，我不想再離開家了；第二，我希望能夠事奉上帝，爲我的祖國和同胞服務。我相信這也是上帝將我從洪水中拯救出

## 春花：兩條江邊的故事

來的原因。如果我連漢語都不會講，這些又如何實現呢？盡管我在英語環境中學習會容易得多，母親和"代代"也只得同意我的理由。然而當時我若是能够料知未來，我或許就會同意入讀上海美國學校了。此后我常常想，如果我當時真的選擇了上海美國學校，我的人生道路將會是怎樣的。世事難料，尤其是在那個時代的中國。

決定在九江入讀孺勵女子中學之后，我的入學年級定爲九年級。然而九年級在中國恰好又是初中畢業的年級，因此學生必須要參加考試方可入讀。孺勵女子中學的校長吳小姐(Miss Wu)知道，以我小學三年級的漢語水平，我絶無通過這場考試的希望。但鑒于這是戰爭結束后的第一個學年，有些事情可以便宜從權而無需墨守教條，于是吳校長便按照轉學程序將我收録到九年級，從而免過了考試。

這下我總算不再是班裏的唯一中國人了。然而前面的路途仍然艱辛——我必須將漢語提高到足以跟上課程進度的水平。生父對我"没用"的評價或許自有其道理。用漢語表達我還勉强可以應付，但是聽懂漢語對我來説却是很難的事，即便是我正在學習的内容，想要聽懂也很困難。我必須用英語先預習一遍才能理解課程内容，然而我又没有這樣多的時間。于是我便開始不求甚解地死記硬背。在中國歷史的期中考試中，我碰到一道題目無法讀懂。但我并没有放棄這道題不答，而是把我背誦下來的一個章節寫在那裏，完全不知道這章節與題目是否有任何關係。我想寫上字至少看起來會好過在試卷上開天窗。天呐，我真是大錯特錯！完全没料到我的行爲會引發一場災難。

就在我歷史考試的丢人事迹廣爲流傳時，我的作文又爲我雪上加霜。點名教室老師尤小姐(Miss You)找到我，問我是否知道我作文中那位女孩的中文名字有何含義。這名字是我專門在漢英詞典中查詢過的，因此我頗爲自信地點頭道，"我知道，尤小姐，這名字的意思是野花，或者是漂亮的花朵。"

"不對，珍，"尤小姐用漢語解釋道，"這個詞隱含有妓女的意義。"

"妓女是什么？"我問道。

## JEAN 春華 裴敬思 醫學博士

尤小姐又重復了一遍剛才的話，只是這次用英文"prostitute"替換了"妓女"這個詞。

看到我仍舊一頭霧水，尤小姐一臉難以置信的表情，無奈地搖着頭道，"虧你還在美國生活了這麼久，竟然什麼都不知道。"

"我該知道嗎？"我如墜五裏霧中。"野花這個詞爲什麼要和妓女聯系在一起呢？野花那麼漂亮！"

多年以後，當我走過一座小山脚下花草繁盛的田野時，我贊嘆道，"我好喜歡這些野花啊。"那些與我同行的人立刻捧腹大笑。大概是看到了我困惑的表情，他們才明白我是真的一無所知。于是他們便給我補上了這一課，講解了野花在漢語中的引申含義。

我想我始終都沒能搞明白。既然我的中文名字"春花"，既春天的花朵，可以用來命名一個女孩，尤其是鄉下女孩，那麼按照我的理解，春天開放的花朵中自然也包含野花，何以用"野花"爲女孩命名就會貽笑大方呢？這其中必定有些我難以分辨的細微差別。

就在一次次的令人難堪的笑話中，我埋頭苦讀，艱難地惡補基礎漢語。在1947年的春天，我終于勉力完成了九年級的學業。我甚至還在班上做了一次關于印度的小型演講。我記得自己當時站在臺上緊張得全身顫抖，面紅耳赤嗓音嘶啞，仿佛隨時要哭出來一樣，不過我還是以當時已經被定爲國語標准發音的北京官話完成了演講。盡管我發音還是略微帶些美國腔，全班同學還是對我的演講報以了熱烈的掌聲，令我驚訝而感動。

尤小姐站起身來向全班同學致辭道，"我們大家都還記得這個學期剛開學時春花糟糕的漢語水平，但現在她不但能流利地講九江話，還能用國語完成這樣一篇演講。"盡管我知道尤小姐的話中有不少善意的溢美之詞，盡管還是有些窘迫，但站在聚光燈下被人誇獎的那種感覺還是令我甘之如飴。

第二天我們得到了吳校長的通知，"請大家全體出發到男校大門口，等候迎接全體師生返校！他們是乘船從重慶來的，今天下午就會抵達學校。"我們便遵照校長指示，沿墻站成一排等待

### 春花：兩條江邊的故事

在孺勵女子中學長大成人，攝于約1947年

迎接同學。這時我突然想起了一個人來，那就是1937年我在幼兒園畢業時母親拍攝的合影中站在我身邊的小男孩，當時我們都還只有六歲。我記得他的名字叫做"明明"，因爲我在童年中每天晚禱時都會加上一句，"願上帝保佑明明。"這習慣我一直保持到十一歲左右，我去了美國後他才漸漸地從我的禱辭中消失，因爲那時我對他的記憶已經很模糊了。

如今許多年已經過去，我不禁開始想象他現在會是什么樣子，卻只能記起照片中他那張標准的娃娃臉。當返校的大批師生如涓涓細流般涌入時，我問站在身邊的尤小姐，"明明是哪一個？"尤小姐便指向一個男孩。我抬眼望去，只見那男孩正如一匹驚馬般狂奔過來，一路跑，嘴裏還不停發着牢騷道，"太熱了，這地方太熱了！"

明明這樣子令尤小姐忍俊不禁，她笑着告訴他，"你這傻孩子，快把毛背心脫下來！"明明這才醒悟，衝着尤小姐咧嘴傻笑。看他滿頭大汗地脫掉毛背心，別的女孩也都一起笑出聲來。我打量着他，不由暗自發笑——他現在還是不如我高。像當初迎接我們回到九江時一樣，人們放起了鞭炮。重歸故裏的師生在鞭炮聲中紛紛走進學校大院，各自朝自己戰争前所住的校舍走去，我們也都各自散去。我除了好奇我的幼兒園朋友如今是什么樣子，對明明并沒有任何其他心思——那時我對男孩還絲毫没有興趣。

我剛剛回到家裏，母親便激動地向我喊道，"寶貝，特大好消息！你兩個阿姨要帶着發小回中國，已經出發了！"

"啊，不知道發小還會不會講漢語，我簡直等不及要看她是什么反應了。"

## JEAN 春華 裴敬思 醫學博士

母親笑了起來，對自己先見之明的得意神情從眼神中流露出來——她在楊克斯的時候一直堅持讓我講漢語。

幾天之后，我和茉莉便站在了江輪的等待行列中。這次碼頭上的人比上次迎接我們的那群人還要多，因爲戰爭結束后人們都紛紛從中國西部回到了九江，這裏的人越來越多了。終于，江輪出現在視野中，隨后便看到站在甲板上的人，不過是誰還看不真切。隨着一聲響亮的汽笛，輪船在碼頭邊泊定，噼噼啪啪的鞭炮聲立刻響徹了整個碼頭。透過逐漸消散的硝烟，發小的倩影浮現在甲板上，像一根豆苗般亭亭玉立。她燙了發，波浪般的秀發披在肩頭，簡直像電影明星一樣。貝希阿姨和蒂阿姨也都穿搭有型，一看便是剛從美國來的！

發小在人群中看見了我和茉莉，便激動地揮起手來，嘴裏發出"噢"和"啊"之類的聲調。我和茉莉忍不住大笑起來。我不禁回想起一年前我剛剛下船時的百般窘態。好在經過一年中在中學裏的錘煉，我口中的這些美式表達已經少了很多。我和茉莉心照不宣地對視一眼，都等不及要聽發小說話了。

發小與兩位阿姨下了船，自然免不了要同迎接的人群一番噓寒問暖。擁抱、親吻和握手也是應有之儀，加之歡迎者衆，這場面仿佛永遠没個終了。再說發小，果然不出我們所料，一個中國字也說不出來。由于她在美國比我還多呆了兩年，母語已經丟了個干干净净。好容易等到歡迎的人群散去，我們終于將她們接回大宅，各自重新回到舊時的房間安頓下來。一時間竟有恍如隔世之感，又仿佛我們從未離開這大宅一般。凱蒂阿姨和外婆當年所住的房間還空着，如今當做客房使用。門房的水爺爺、厨

與發小和新弟弟妹妹們合影

## 春花：兩條江邊的故事

師田師傅和王嫂還都在，只是換了一位更年輕的新管家。羅媽已經上了年紀，干不動活了，不過她還是不辭勞苦，專程跑來一趟看望我們。最令人悲傷的是常媽已經過世，而當時我正在美國。就這樣，我們迎來了1947年的夏天。

我和發小闊別五年，彼此都有一肚子的話要說。我們很快便發現彼此間的差異比以往更爲明顯。發小已經變成了一個純粹的美國少女。她的愛好是收集雜誌上的汽車模型，把它們釘在牆上。她對各種汽車引擎和燃油如數家珍，因爲她的浦樂舅舅們——兩位阿姨的四位兄弟，個個都是汽車方面的行家裏手。他們中有三位在密歇根大溪城做機械師，剩下的一位則是福特汽車公司在迪爾伯恩的銷售員。當發小如數家珍地爲我描述各種引擎和氣缸時，我却完全不知道她在講些什么。她還訂閱了《美國小姐》，而我却連這雜誌的名字都沒有聽說過。

發小穿搭入時，自己也頗有時尚意識，而且品位很好。這大概得益于露易絲阿姨的熏陶。露易絲阿姨是貝希阿姨和蒂阿姨的妹妹，當時大概三十出頭，總是將發小打扮得頗爲時尚。不過在我看來，發小無論穿成什么樣子都非常漂亮。

有件事最能說明發小的時尚意識——她向我介紹了胸罩。事實上，當時她還不是必須要穿胸罩，但她還是穿了。而我當時所有從美國帶來的連衣裙都已經小了，因此只好穿中式旗袍。中式旗袍的胸部幾乎沒有任何富裕的空間！我胸前的那兩個腫塊被緊緊地箍在中式旗袍裏，反倒顯得非常實在，令我既惱怒又難堪。我甚至專門找了一塊布條，將自己的胸部結結實實地纏了起來。

當時我并不知道胸罩有不同的尺寸，於是我便問發小借來她的胸罩，好讓母親拿去請裁縫依樣幫我縫制幾件。然而裁縫的作品取回來之後，却無一合適——對我來說太小了。不過我還是勉強穿上了，穿上總好過什么都不穿，比起我自己發明的纏胸布條就更是不可同日而語了。最重要的是對我的心理健康有所幫助。不過爲了隱蔽這兩個腫塊，我還是習慣于像老婆婆一樣地含胸駝背。我羨慕發小那種能够挺胸抬頭，優雅地昂然而立的本事。無論我們走到哪裏，男孩們的目光都會盯在她身上。相比之下，我却相貌平庸，齙牙駝背，總是躲避着旁人的目光。

## JEAN 春華 裴敬思 醫學博士

有一天，發小告訴我說我太過幼稚，也太聽話了。"你媽媽說什么你都聽，爲什么呢？你難道就沒有不同意她的時候嗎？我要是不同意外婆和阿姨的話，我就直接告訴她們。我跟露易絲阿姨就這樣說過，我自己能做主！"

發小的話令我開始思考，"是我太幼稚了嗎？總是被保護在溫室裏？"所以有一次我就試着與母親唱對臺戲。然而看到她臉上那種驚訝而又痛心的表情，我却感到深深的羞愧。我爲自己竟然真的作出了這樣的嘗試而汗顏，此后再也沒有這樣做過。

在我面前，發小逐漸變得無話不談。盡管她在大部分時間裏都是一副嚴肅凜然的神情，她却經常會擁抱我。她的决心和毅力一直令我非常敬佩。一旦她給自己定下一個目標，就一定會不辭辛苦地努力實現這個目標。她一定要在同儕中獨占鰲頭才能滿意，而我却只要求自己能够盡己所能。比方說，發小得知她無法和我一同入讀十年級后就非常生氣。孺勵女子中學的吳校長向兩位阿姨和發小解釋，說1947年以來學校的政策變得越發嚴格起來，而發小絶無可能用中文通過九年級的水平測試。于是發小便憋足了一口氣，開始像復仇般地向漢語發起衝擊。

她很快就迎頭趕了上來。没用不久，她甚至后來居上，在漢語文學上拔了頭籌。她閱讀了經典名著小説《紅樓夢》，而這部鴻篇巨著我只是翻了幾頁便放弃了。我的中文經典閱讀仍然很慢，那些書中的字裏行間滿是我不解其意的生字生詞。另外中文經典中人物繁多，我發現自己很難記住這些人物間的複雜關系。相比之下，我更喜歡那種可以一口氣讀完的作品。我從小就是一個接受知識很快但又不求甚解的學生，總是學過就忘，還經常犯粗心馬虎的錯誤。而發小則恰恰相反。她做每件事都一絲不苟，目的明確。同時她又非常冷静，喜怒不形于色。我一直希望自己也能像她一樣優雅而内斂。不過我們盡管性情迥异，自她回來后却一直相處甚歡。長達五年之久的闊别加深了我們對彼此的懷念與珍惜，而如今重逢之際，自然像親姐妹一樣親密無間。

1947年夏天，我和發小的童年玩伴露易絲·舒伯特和瑪麗·舒伯特 (Lois and Mary Shubert) 向我們發出邀請，請我們到她們在牯嶺山中的家裏做客。母親和兩位阿姨與舒伯特一家都非常相熟，因此便欣然首肯。于是我們没用大人陪同，兩人結伴前往牯嶺山。我們在舒伯特家見到了露易絲和瑪麗三歲的小妹妹珍妮(Jenny)。小家伙很聰明，只是在大家衆星捧月般的溺愛下略微有些驕縱。

我們這幾個大孩子玩得都很盡興，尤其是在一個叫做"三女神"的景點。那是一處瀑布，由三段小瀑布首尾相接而成，中文名稱爲"三叠泉瀑布"。那裏有一塊巨石，上面被落水衝出了溝槽，形成了一個天造地設的水滑梯。

我們雖然已經十幾歲了，却還像十歲的小孩一樣貪玩。我們順着石槽下滑，衝進前面的一個石洞中，再被水流從石洞的另一端衝出來，然后再繼續下滑，一直到這滑梯的盡頭。我們樂此不疲地一遍遍地玩着這游戲，泳衣磨穿了也在所不惜！還用毛巾包裹了屁股一味地滑。最后舒伯特先生和太太終于發了話，"該回家了，孩子們！"我們這才戀戀不舍地打道回府。

這次牯嶺山之行玩得非常開心，而學習漢語的任務却被我們抛在腦后。然而眼看開學在即，我們也該回家爲返校做准備了。謝過舒伯特一家后，我和發小告辭上路，還决定步行下山。我們雖然只走了一個小時就到了山下，然而我倆的腿却已經抖得像秋風中的樹葉。這次牯嶺山之行之后，我和發小更加黏在一起了。

1947年秋天，我終于如願上了十年級，比發小高一年級。開學后的一切都很平淡，不過我和發小騎車上學這事却在當地引起了一時轟動。我倆還約好要以英語對話，以免顧此失彼，又像遺忘漢語一樣丢掉了英語。每天一到放學時間，我們便吹着口哨招呼對方同行回家，這也引得同學們説笑議論，説我們這行爲就像外國人一樣。漸漸地有些同學受到我們的影響，也開始依樣畫葫蘆，甚至還有女生穿着裙子就騎車來上學。老實説我和發小絲毫没有炫耀之意，這些不過是美國同齡少女的正常生活而已。

我和發小雙雙加入了教堂唱詩班，這是平淡生活中唯一令我們有些興奮的事情。唱詩班的指揮是一位美國傳教士，名叫梅貝爾·伍德拉夫小姐(Miss Maybell Woodruff)，我們都喊她梅貝爾阿姨。她總是穿着中式旗袍，與她纖細修長的身材相得益彰。我感覺她更加偏愛唱詩班的男生，因爲女生們總喜歡哄笑，時常

## JEAN 春華 裴敬思 醫學博士

因爲一點雞毛蒜皮的小事便笑個不停，比如有人唱走了調、唱錯了拍或者中途打了噴嚏。我所在的中音部尤其喜歡笑，簡直到了令人發指的程度。而且我們一旦笑起來，整首歌便徹底唱不下去了。

由于我常常帶頭發笑，梅貝爾阿姨便會投給我一個無奈而沮喪的眼神。我感覺她也偏愛發小所在的高音部，因爲發小從不會像我一樣亂笑一氣。她對歌唱抱着一種嚴肅的態度，當她獨唱時就更是如此，而她也確實有着得天獨厚的美妙嗓音。當時的我還不知道，參加唱詩班的排練竟然還會引起一段羅曼史。

轉眼間到了1948年的夏天。南昌的基督教青年會在牯嶺山舉辦了一次基督教青年會議。發小、茉莉、我，還有一個唱詩班的男孩一同參加了這次會議。梅貝爾阿姨非常喜歡那男孩，她甚至還爲他起了個英文名字叫做薩繆爾 (Samuel)。

我很小的時候曾經暗自發願說將來一定會靠自己的力量登上牯嶺山，這次正是還願的良機。于是我們幾個孩子便一同登山。雖然山路艱難，但也總還算是力所能及。到了山上，我們可以在

夏季静修，攝于約1948年

## 春花：兩條江邊的故事

牯嶺山美國中學的宿舍和自家的消夏別墅之間任選一處住宿。由于牯嶺山美國中學是我1937年本來計劃要入讀却未能如願的學校，因此心中一直引爲一樁憾事。所以雖然這次母親也陪我們一同來到山上，我和發小還是決定與茉莉一同住在學校宿舍，認爲這樣既能展現獨立精神，又有許多樂子。我們來到宿舍，將被褥胡亂丟在上鋪，然后便到校園裏四處閑逛。

令我們始料未及的是，入住的第一夜就是一場灾難——宿舍裏竟然有臭蟲！茉莉坐在床上一夜未眠，哭了一個通宵。我雖然勉强入眠，却被咬得遍體鱗傷。由于學校停課已經有些時日，這些臭蟲都已經被餓得饑腸轆轆，整晚都在瘋狂享用我們這道送上門的大餐。由于先前已經誇下海口説要住在學校宿舍，我們只好硬着頭皮熬過了整個會議期間，只是不願意讓人感覺我們嬌生慣養不能吃苦。等到我們終于回到家時，母親命令道，"孩子們，把你們的被褥都扔在門外門廊上！我讓王嫂用開水燙一下！"直到那天晚上，我們才終于可以馳然而卧，高枕無憂地享受美夢。

我們同住一起時，茉莉與我們談起童年的時光。我便説起1940年父母不在身邊，去楊克斯接外婆那段時間。我指着門外小徑邊的那棵樹問道，"你還記得我那時在那顆樹的樹枝上綁了繩子，我們一起蕩秋千嗎？"

"記得啊，"茉莉道，"那根繩子突然斷了，然后我跳了下來，你還抓着繩子不肯松手，結果把手都磨破了。"我們便一起大笑起來。

"對啊，"茉莉的話喚起了我的回憶，"我手心、手指上都掉了一層皮，疼死了！可是我還不敢告訴兩個阿姨，因爲那天我們本來打扮好了要去什么地方做客。"

發小突然問道，"你還記得嗎？那時候我們游泳，阿姨讓我們呆在淺水區，然后你偏偏帶我們去深水區。"

"天呐，可把她們氣壞了！"我回憶道。

茉莉捧腹大笑。"這真是過去的好時光。説起來，我們兩個居然没有淹死也算個奇迹了。"

"我們都穿了救生衣，"我説道，"再説還有我保護你呢，而且我這護花使者做得還相當不錯。"

于是我們三人又是一陣瘋狂大笑。

我看着發小，問道，"你還記得唐納德(Donald)嗎？"

"那當然，"她答道，"他把螞蟻和肉蟲子放到嘴裏。"

茉莉又補充道，"你們說的是那個想偷蜂蜜結果被蟄傷了的家伙嗎？"

"沒錯，就是他，"我答道，"他那臉腫得啊，連眼睛都找不着了。"

"那時候真的好快樂啊，"我感嘆道，"什么煩心的事情都沒有。現在呢，我們都老了啊。"那時我們才十七歲，竟然會有這樣可怕的想法！

茉莉上床之后，發小拿出一封信給我看。信是梅貝爾小姐最得意的唱詩班男生薩繆爾寫給她的。薩繆爾給她畫了一頭很漂亮的老虎。

我告訴發小，"我也想要只老虎。你能讓他也給我畫一只嗎？"幾天后，我真的收到了一副薩繆爾畫的老虎，不過却沒有信。我有些摸不着頭腦。當時我還沒有想到薩繆爾可能會對發小動了感情。

我們離開牯嶺山幾周前，"代代"和兩位阿姨來山上爲患者出診，同時"代代"也應邀在這裏的教堂布道。母親告訴我說這請求是中國總統親自發出的，鑒于"代代"在九江的卓越工作和他對中國人民的無私奉獻，政府曾對他多次嘉獎。天呐，母親領着我和發小進入觀衆席，坐在我們前面的便是蔣介石總統和他那聞名世界的夫人宋美齡。而宋美齡的姐姐就是國父孫中山的妻子。

我們就座前，母親向宋美齡夫人點頭致意。宋美齡滿面春風地起身回禮。"天啊，她好漂亮啊，"我暗想。大概"優雅"是最准確的描述。

蔣總統身着便裝。只見他摘下黑色禮帽，伸手向他身后的一整排女士致意——這其中自然也包括我和發小這兩位中國少女。他似乎很疲憊的樣子，至少比我記憶中的樣子要顯得更爲蒼老。

看到總統夫婦像普通人一樣來教堂做禮拜令我大爲震撼，就像看到埃琳諾•羅斯福獨自乘坐普爾曼列車旅行一樣。我又一次邂逅了歷史人物。不幸的是，我和發小看到宋美齡女士的濃妝時都禁不住竊竊發笑，甚至惹得她蹙眉回頭。然而我們當時畢竟只有十六七歲，少不經事的少女與國家元首和他的夫人如此近距離接觸，緊張在所難免。我們只是想，天生麗質如她，如此濃妝艷抹實在是畫蛇添足。

這是我們與父母在牯嶺山上度過的最后一個夏天，而這次禮拜也將是我們最后一次走進這個教堂。地平綫上已經升起了烏雲。然而在教堂中的那個時刻，我們對這一切都渾然無知。

# 24

1948年秋本來是我即將入讀孺勵女子中學的時候，可母親和"代代"在家中的行爲却變得奇怪起來。我們聽不懂他們之間的談話，就好像他們在用暗語或另一種語言交談。終于這一天晚餐時，母親對我和發小説道，"姑娘們，你們現在也已經不算是孩子了。可能你們已經聽説了，共産黨就要來了。""什么是共産黨？"我問道。

"無神論者，""代代"答道，"那些不信上帝的人。"

"因爲目前這個局勢，我們一直在商議，"母親繼續説道，"你們兩個現在這年紀還很脆弱，容易受到外界影響。我們都不願意讓你們發生任何情况，所以准備盡快把你們送到香港去。"

我和發小面面相覷。

"可是我才剛剛回來一年！"發小嘆道。

"我倒是回來兩年了，可還是適應不了這裏的文化，"我説道，"我可不想再來一次連根拔了，又要從頭開始。"我沮喪地説道。然而轉念一想，我的態度又來了個一百八十度大轉彎。我對發小説，"不過這下我們終于可以去香港了。"

發小一聽也動了心。"也許會很好玩呢，珍。可是，如果我們總是要三五不時地被人趕出中國，還怎麽爲國效力呢？"她是認真的，我被她的愛國熱忱深深打動了。

母親對我們的反應有些驚訝。"珍妮寶貝，我本來以爲你一直害怕回到中國呢。如果去了香港，你將來就肯定能够回到美國。"

説實話説我并不反對去香港或者回美國。我只是想讓父母理解我不停更換學校的難處，更不用説還要適應陌生的語言和文

## 春花：兩條江邊的故事

化。我真希望自己在離開楊克斯之前能够把心裏這些話說出來。

當時我和發小對局勢的嚴重性還全無概念。然而再度搬遷和遠離父母的想法令我感到恐懼。無論在什麼地方，我只想永遠守在父母身邊。

蒂阿姨做事雷厲風行，向我們解釋了情況的緊迫性。"這都是爲了你們好，姑娘們。形勢很嚴峻，我們已經做好了安排。你們的飛機會在兩周内出發。中國内地會(CIM)有個丹麥醫生現在在我們醫院裏幫忙，他會陪送你們去香港。你們到了之后，我們在伯特利教會有個朋友叫做王女士(Ms. Wong)，她會替我們照顧你們，直到我們過去。你們在那邊的寄宿學校也都安排好了。所以，現在就去收拾行李吧，把需要的都帶上。"

"此一時彼一時，"貝希阿姨補充道，"有時候時局變化很快。搞不好我們最后還是要回美國去。"

蒂阿姨和母親都提到了那個寄宿學校的名字，但我却不記得了。我當時想，"那就這樣吧，有什麼不可以的呢？爲什麼非要跟局勢對着干呢？那學校多半很不錯。母親可能說得没錯。倘若我們最后真的回到楊克斯，我還能見到我那些朋友呢。"這場餐桌上的談話就這樣結束了，后面的幾周中我們繼續着按部就班的日常生活，等待着那架接我們去香港的飛機在九江機場降落。

日子一天天過去了，關于共産黨的傳言越來越多。大部分傳言都是在描述共産黨是如何可怕。我們聽說共産黨會殺死所有的有錢人，没收他們的土地，搶走他們的妻兒。一部分有錢人已經開始逃離九江。然后又有傳聞，說凡是與中華民國執政黨國民黨有染的人，都會被當做戰犯處决。于是國民黨政府中的官員也都開始携家帶口地逃跑。這場大逃亡席卷全國，其中大部分人都逃往當時被稱爲福爾摩薩的臺灣島。有些本來就住在青島或上海等沿海城市的便逃得更遠，有不少去了美國。那些家境殷實且勢力龐大的逃亡者給其他意欲逃離祖國的人帶來不少麻煩。幾乎全部火車、輪船和飛機都告滿員，一票難求。

1948年12月11日，我和發小帶着赴港的行李來到機場附近，等候飛機降落。然而那架飛機并未如約到來。到1949年春天，中國共産黨已經控制了全國大部分地區。而蔣總統和他率領的部隊

## JEAN 春華 裴敬思 醫學博士

雖然擁有美國支持，也已經無法守住長江防綫。共軍隨后占領了位于我們東北方向的長江流域城市南京——中華民國的首都，不久又攻占了位于我們西北方向的漢口，就在我們上游。

共產黨的部隊分東西兩路并進，成犄角之勢夾擊九江。就像十一年前日軍進城時那樣，我們再次躲進了生命活水醫院的掩體，以防共軍會宣示武力立威。轉眼間這座江畔古城萬籟俱寂，完全被一種詭異的寂靜籠罩，仿佛已經不在人間。從中華民國政府抛弃了其治下民衆獨自逃生，到共產黨最終全面接管，這段時間中全體九江百姓都在恐懼中偷生，我們也不例外。雖然這段交戰雙方均未控制小城的所謂"真空時期"僅持續了不到一周，却已足夠各路盗匪作惡。一時間燒殺擄掠不斷，我們都嚇得心驚膽戰，千家萬戶都緊鎖大門。

恐懼的那一天終于到來了。1949年5月17日，共軍部隊未費一槍一彈便開進了毫無抵抗的九江城——城中這些被抛弃的百姓本就手無寸鐵，自然也無可抵擋。翌日，我們走出"代代"的醫院大院。然而眼前的場面却令所有人都大吃一驚——共軍戰士友好可親，甚至可以說是彬彬有禮。戰士們都很年輕，有些并比我年長多少。我們本來以爲他們會肆意擄掠一番，誰知却看到了一支令行禁止紀律嚴明的部隊。他們在街上行進時行列整齊，動作劃一；夜晚則在街頭巷尾，道邊旁就地休息。他們對百姓秋毫無犯，决不進入個人家園私産，甚至整個九江城内都不曾發生一起滋擾百姓的事情。若不是我們走出了醫院大院，甚至都不會知道大軍已經進了城。我們了解到，這支部隊叫做中國人民解放軍。

共產黨武裝部隊的軍容風紀令"代代"和母親嘆爲觀止，他們對醫院事務從不干涉。看到他們這樣的作風，我們不禁聯想到上次春節龍燈會期間遭遇的那些爛醉的國民黨士兵，他們粗暴地對我們推推搡搡，還把花生殼塞進我們領口。

我們很快便得知，中國共產黨的領袖毛澤東將嚴格的軍紀寫成了簡單上口的歌詞，并要求全體官兵背誦下來。后來甚至平民也要背誦。"革命軍人個個要牢記，三大紀律八項注意——"

隨后，這首歌便逐條列舉了這些紀律和注意事項，"第一一切行動聽指揮；第二不拿群衆一針一綫；第三一切繳獲要歸公。"然后便是八項注意：第一説話態度要和好；第二買賣價錢要公平；第三借人東西用過了當面歸還切莫遺失掉；第四若把東西損壞了，照價賠償不差半分毫；第五不許打人和罵人；第六愛護群衆的莊稼；第七不許調戲婦女們；第八不許虐待俘虜兵。

這首歌時常令我疑心毛主席的這些思想來源于《十誡》。毛澤東一向以博覽群書所著稱，因此我敢肯定他一定是讀過《聖經》的。

共產黨部隊接管了九江城之后，因爲局勢尚不明朗，父母將我和發小送到學校寄宿。父母聽了許多關于共產黨的傳言，擔心我們走在街上會被共產黨擄走做老婆或小妾。不過這種事從未發生，因此沒過多久我們就高高興興地回家了。

幾周后學校重新復課，不過校園中已經物是人非。校園裏到處都是干部，也就是政府派來的工作人員。他們都穿着藍灰色的長褲和長袖外套，美其名曰"列寧裝"。我和發小感覺很奇怪，心中暗想，女干部們會不會將自己的内衣稱爲"斯大林胸罩"？

不久，共產黨政府就全面禁止了傳統中式長衫和旗袍，説是這些服裝代表了權貴和資本主義。而列寧裝則成爲風靡全國的時裝。校園中的連衣裙和短裙一下子都消失了，整個國家變成了一片灰、黑、藍色的海洋，而共產黨的紅旗成了這單調中的唯一亮眼顏色。穿着上的變化倒還不算煩人，但人們彼此間的稱謂却實在別扭。我們丟掉了過去的"小姐"、"夫人"、"先生"或"老師"等頭銜稱呼，而是全部以"同志"彼此相稱。

至于夫妻之間，則必須彼此以"愛人"相稱，然而"愛人"的字面意思與"情人"無异。就算是那些久已習慣以"我老公"和"我老婆"相稱的老夫老妻也概莫能外。在"代代"的醫院裏，那些年輕夫妻被彼此稱爲"愛人"時總會禁不住臉紅起來。一段時間之后，夫妻們都改成了彼此以姓名相稱。

盡管這些變化中不乏合乎情理者，却也有不少難以理喻。政府的目的在于摒弃并譴責舊有制度，同時建立一個全新的、嚴格控制下的統一社會。這些變化由干部們監督實行。他們發現知識分子和受過教育的人士思想較爲獨立，不像工農大衆那樣容易説服。因此每次干部們來到我們教室視察，所有人都會噤若寒蟬。

## JEAN 春華 裴敬思 醫學博士

我們明顯能看出老師們的不安。而我也盡量避免與這些干部打交道。

有一次，課間的時候我正趴在陽臺欄杆上遠望草坪上的孩子，余光看到一位干部朝我走來。我被嚇得心跳加速，假裝沒有看見她。不過我估計她識破了我的緊張。她走上前來問我道，"你叫什么名字？"

我無處可逃，只好老實作答。

"你多大了？"她又問道，堅決要讓我開口。

"十八。"我答道。

"我看你在課堂上不是很喜歡發言。"她盯着我說道。我默默地站着，對她的判斷不置可否。

"我跟她有什么可說的呢？"我暗想。"這孩子頂多比我年長不到一歲。這個年紀本來應該在大學裏讀書學習，而不是在高中校園裏巡查管制。她有什么權力在光天化日之下來質問我呢？"

她還想再加碼施壓，而我則盤算着如何脫身。這緊張而又難堪的場面持續了不過幾秒鐘的時間，我却感覺仿佛永無窮盡一般。最后她終于發了話，"好吧，春花，稍息。看來你是不願意跟我說話。"女干部走了。我長出一口氣，暗自慶幸我告訴她的是中文名而不是"珍"。

到1949年的秋天，九江的情況基本算是恢復了正常。除了生活中一些細微却顯而易見的改變外，我對這樣的生活總體還算滿意——能和父母生活在一起對我來說就算是萬事大吉。我和發小仍然騎車上學，不過我倆決定最好還是只在家裏說英語。

一天清晨集合的時候，一位干部隆重宣布："我們敬愛的偉大領袖毛主席即將在1949年10月1日向全世界宣布，中國共產黨已經將全國人民從腐朽的國民黨反動政府壓迫下解放出來；中國人民從此站起來了，不再受到任何内部和外部的壓迫；新中國就要誕生了，她的名字就叫中華人民共和國。"

隨后這位領導干部又把這段話重復了一遍，然后便攥緊右拳在空中揮動一下，仿佛是要將這些話敲進每個人的心中。隨后她又說道，"全國各地都要舉行慶祝活動，我們要求所有群衆，無

## 春花：兩條江邊的故事

論男女老幼，每人都要學會一支民族舞。到慶祝的時候我們所有人都要到街上去，載歌載舞表達喜悅之情，同時向偉大領袖毛主席致以崇高的敬意。我們還會從學生中選拔一些人學習腰鼓，邊跳舞邊敲鼓。選中的同學一定要堅持不懈地好好練習。"

那段時間正值我努力惡補漢語之際，我注意到這語言本身也在發生變化，變得充滿了口號——而且很多是缺乏實在意義的空洞口號。避免反胃的唯一辦法就是不去理會，然而這些爲統一思想而發出的口號往往來自于震耳欲聾的巨大高音喇叭，刺耳的聲音令我作嘔。我知道過度宣傳對于所有政府都在所難免，但這個政權對刺耳的口號却是格外地情有獨鐘。

孺勵學校的低年級學生對于跳舞的號召反響熱烈，但我們這些十二年級的學生却反應冷淡。下課後，全校學生都在草坪上集合學習跳舞。我站在一旁觀望，看着衆人滑稽的樣子不禁發笑。這時一位干部來到我面前，質問道，"你爲什麼沒有去練習？"

我答道，"你們沒有選我，再説我也不喜歡跳舞。"我本來也可以告訴她說母親不允許我跳舞，這會給她一個措手不及。然而我當時却走神了，思緒飄到十年級的時候——那時有位同學教我跳狐步舞。雖然很好玩，但過后我却要向母親坦白。母親當時說道，"我很高興你知道自己犯了錯誤，不過你將來犯的錯誤可能會比跳舞嚴重得多。"

就算母親允許我爲共產黨的"獨立日"跳舞，我自己也寧願不參加這種活動。這不僅僅是因爲我天性腼腆，更是由于這種舞蹈看起來極其幼稚，簡直像幼兒園小朋友跳的舞。我甚至還笑了吳校長，她當時正帶着幾位老師像孩子一樣傻乎乎地練習。那情形簡直滑稽透頂。

不過我隨即就爲嘲笑吳校長而感到一陣内疚。自從我這次回到九江后，她一直對我很好。那時她剛剛在美國學習一年歸來。而此后再過一年，她就含恨自殺了。與她一同赴美進修的還有兩位同文中學的老師，他們后來也身陷囹圄并最終在獄中含冤去世。當然這些都是后話，我又扯得遠了，其實這些老師的故事若是單獨寫出來就又是一部書了。

回到那時，一位男性干部大步走到我面前，厲聲命令道，"

## JEAN 春華 裴敬思 醫學博士

你最好跳起來——馬上！"

盡管心中抵觸，我還是跟在他身后加入了瘋狂的人群。新政權要求的是統一。發小被選入了腰鼓隊，我感覺她的樣子比我被迫加入的那群烏合之衆要更有尊嚴，不過她必須與隊友苦練才能掌握他們的表演技巧。

聊足欣慰的是，干部不在的時候，我們還享有一些"言論自由"。記得我們當時討論起達爾文的物種起源理論，我便與同學們就人類起源展開激辯。這些人枉自以基督徒自稱，却在試圖說服我人是由猿猴演化而來，令我大爲驚愕。不過通過這些激辯，我了解了達爾文主義和所謂的社會達爾文主義。我堅定地恪守我的信仰，即上帝創造了包括人類在内的世間萬物，且所有人自創生起都彼此平等。

幾個月后的寒假期間，我開始修讀一門關于進化的課程《從猿到人》。諷刺的是這門課的授課地點竟然就在我們曾經唱詩的教堂。那時教堂裏已經斷了供暖，寒冷徹骨。課程中没有學到什么東西，手脚上倒是生了不少凍瘡。那種鑽心的奇癢令我完全無法專心聽課，達爾文主義從一只耳朵進去，直接又鑽出了另一只耳朵。我在滾燙的熱水中泡了許多干辣椒，然后將手脚浸在其中才治好了凍瘡。于是進化論就此畫了句號，不過至少我可以說我已經修過了這課，他們多半不會再找我麻煩了。

# 25

這是一段政治和社會都令人無比困惑的日子。在這樣一個特殊時期，引人注意是我最不願發生的事情。然而怕什麼來什麼，就在1949年年底的某一天，我在學校裏收到了一封私信。一位同學將這封信轉交到我手中，隨后她便咋呼起來，"春花有男朋友嘍！"

我立刻滿臉通紅，質問道，"你憑什麼這樣講？"

"不承認，那你把信打開啊！"全班同學都開始異口同聲地起哄。

我把信裝進口袋。我才不會把我自己的私信公布在大庭廣衆之下，萬一他們碰巧説對了呢。不過當時我確實沒有男朋友，而且我也根本沒打算要找男朋友，因爲我太腼腆。我不像發小，我只是一個其貌不揚而且缺乏自信的孩子。

回到家后，我迫不及待地拆開來信。信是用中文寫的。

裴小姐，

我已經注意你很長時間了。一次你們女校排球比賽，我從男校窗口看見你丟了個球，結果你們學校輸了。那一幕特別好笑，你當時也非常尷尬。我當時一直在爲你加油，不過你當然是聽不見的。我們可以做朋友嗎？請告訴我。

保羅 (Paul)

我的臉又紅了。當時我雖然還不確定保羅所謂的"朋友"究竟是什麼含義，我也知道這事一定要請示母親，而且我也不知道她會作何反應。我鼓足勇氣，把信拿去給她讀了。

## JEAN 春華 裴敬思 醫學博士

"我可以和他做朋友嗎?"我問道。

"你知道這個歲數的男生都很衝動,然后就會搞出事情來。"

"事情?"我問道。

母親并未解釋,只是説,"記住,你現在最重要的任務就是學習。你一定要上大學。"

"那如果我好好學習的話,能和他做朋友嗎,媽媽?"我問道,自以爲已經猜到了母親所説的那些"事情"是什麼意思。

"他要是想見你的話,讓他來我們家吧。"母親的態度明確而平淡。

對母親和"代代"來説,保羅并非陌生人。他是同文中學校長熊祥熙(Russell Hsiung)的第五個孩子,男孩中排行第二。他母親伊芙(Eve)就在我們學校教書。然而就算他家世清白,母親還是不願放松警惕,但她又不肯細説緣由,更不會用小鳥或蜜蜂等隱喻爲我做性知識的啓蒙。因此我雖然曾經在美國住過一段時間,在這方面還是像林中幼鹿般懵懂無知。這話説出來,世上大概只有保羅一人會相信。

這位保羅•熊(Paul Hsiung)原來就是我原來一直稱作"明明"的那個可愛的娃娃臉男孩,在幼兒園畢業照中與我并將而站。他也就是那位在盛夏的酷暑中一面不停喊熱,一面穿着毛背心四處亂跑的男孩。而如今他已經出落成一個身高足有六英尺(譯者按:約1.89米) 的瘦高少年,我只能到他肩膀。我后來給他寫了回信。"我媽媽説我們可以做朋友,但是你必須到我家來才能見我。"

他很快就回了信。

> 裴小姐,
> 我害怕去外國人家裏。我英語説得不好,而且我也不喜歡用刀叉吃飯。
> 保羅

我回復道,"我父母又不會把你吃了!而且不要叫我裴小姐！我叫珍•裴敬思。你就叫我珍好了。"

一個禮拜六的下午，他終於鼓足勇氣來到我家。我們一起站在屋外平臺上聊着天，頭頂上是一株幼樹的樹冠。這還是我們首次交談。保羅看起來比我還要緊張，大概是因爲我在自己家的緣故。我雖然腼腆，却還是主動打開了話頭。

"你知道嗎？"我說道，"自從幼兒園那時，我爲全家做完祈禱之后就會再加上一句'願上帝保佑明明'。我都不知道我爲什麼會叫你明明。大概是我想不出更好的辦法來記住你的名字。"

保羅看起來頗有些吃驚，又有幾分不好意思，不過他馬上便問道，"那你現在還爲我祈禱嗎？"

"這個嘛，"我笑了起來，"大概是十一歲的時候，那時我在美國，我就把你從我的名單上拿掉了。你從重慶回來之后長得好高啊。"我繼續說着，只是爲了避免冷場。"你那時候還沒我高呢。"

"我這次看見你，感覺你挺像個大人的樣子了。"保羅道。

"你怎麼會知道哪個是我？"我好奇地問道。

"你和發小一看就和別的女生不同。你倆像外國人。"他解釋道，"那你是怎麼認出我來的？"

"尤小姐告訴我的，說那個四處跑着喊熱的小男孩就是你。當時我們班同學都在笑你。"

我們說着話，我不知不覺地將手扶在身邊的幼樹上，而保羅也扶上了樹干。隨后，他的手就慢慢地向下滑，想要去摸我的手。我猛然想起母親的警告，嚇得連忙縮回了手，不過却全不知道如果真的被保羅摸到了手會怎樣。保羅當然不知道母親對我說了什麼，我更不會去告訴他。他甚至都不知道我是故意把手縮了回去。他腼腆地笑道，"現在我比你高這麼多，跟你說話都要彎腰才行了。"

此后我們便沒再見面，因爲保羅不久便去南京讀大學了。不過我們確實有過幾次書信往來。

到了1950年年初，局勢就更趨安定。一天晚餐時，"代代"說道，"看來我們還算相安無事，這個共產黨的新政府還允許我們繼續開辦醫院。"他的話裏充滿了希望。

"比我們第一次來到這裏的時候，他們現在算好得多了。"母親道。

"這地方原來就有過共產黨？"我驚訝地問道。"對啊，寶貝。1927年，那時候你和發小都還没出生，整個共產運動就是在長江中游的山坳裏發展起來的。他們的根據地就是在我們的后院，江西省！然后他們就開始和蔣總統的國民黨軍隊打仗，也和當地的軍閥互相攻擊。各方的傷員都送到我們醫院裏來，然后"代代"就幫他們做手術取彈片，不管是哪一方的人都一視同仁。"

"到后來，這些衝突日趨激烈，逐漸演變成了一場內戰。我們只好關掉醫院，逃到朝鮮去。"蒂阿姨補充道。

"可不是，想想看吧！ 1928年蔣總統重新統一全國之前，我們在首爾呆了足足半年。"母親道，"我們學習朝鮮語，'代代'在當地一家傳教士醫院裏工作，那可真算是一段經歷。"

"這么説來，這次這個新政權上臺，估計我們也能活下去。"我説道。母親對中國歷史的了解令我深感佩服，那本來更應該是我的歷史。

然而我高興得太早了。這次餐桌上的談話僅僅過了幾周，"代代"就收到政府命令，要他下臺，還讓他指定一名中國醫生來接替他擔任生命活水醫院的院長。"代代"對此并無意見，因爲他對那些中國醫生很有信心，尤其是他言傳身教親自培養的那些當地醫生。另外他也自知年事漸高，將接力棒傳給中國醫生不過是早晚的事情。

"代代"始終都知道自己創建的這家醫院最終總歸會移交給中國人民。即使在當年蔣總統領導的中華民國政府治下，也曾在1927年至1928年間强制要求一切大學和高中必須由中國人擔任校長，而創建這些機構的外國人必須將領導權移交給中國公民。九江所有的高中都經歷過這樣的變化。保羅的父親，羅塞爾·熊 (Russell Hsiung)，便是在這樣的背景下成爲同文中學的第一任中國校長。

正因爲如此，這次權力移交并未引起"代代"和母親的警覺，更沒有令他們打消繼續留在中國爲他們深愛的中國人民服務的念頭。既然父母會呆在這裏，我也可以專心學業直至畢業。還有什麼能比這更好呢？1950年春，我在孺勵女子中學開始了高中畢業前的最后一個學期。點名教室老師兼畢業顧問導師尤小姐讓我們開始爲大學做打算。她問起我將來想要做什麼。

"記者。"我不假思索地告訴她，"我想成爲一名作家。"

尤小姐笑了出來。"珍，你連報紙都不看。而且你既不知道現在的時事，也不了解過去的歷史。而且你的漢語水平也還有待打磨。你確定要做一名記者嗎？"

"這我倒是從來都沒想到過，"我承認。"可是我從小就一直想成爲一名作家。現在我的漢語英語都不夠好。您有什麼建議呢？"

尤小姐向我分享了她的想法。"你性情溫和，本性善良，只是有些腼腆。不過我感覺你將來成熟后就會勇敢起來。你想過要做一名醫生嗎？"

"這倒是真有意思，"回家路上我一直在琢磨，"我自從出生以來，圍繞在我身邊一直都是醫護專業人士，然而我却從未想過要成爲一名醫生。"

或許是被《小婦人》中的主人公喬(Jo)所深深打動，以至于我先入爲主地一心想要成爲一名作家。也或許我是了解了太多醫療工作的陰暗面，由此產生了排斥的情緒。"代代"是個醫術高超而又勤奮努力的醫生，但作爲父親他却常常缺位，令我難得一見。即便是在美國，他大部分時間也會在外面奔忙。然而如今我也意識到自己不得不面對的這個不幸事實——我的漢語不夠好，因此無法以自己的母語從事寫作生涯。既然如此，爲什麼不去做個醫生呢？

我向父母透露了這個想法。他們兩人知道后都喜出望外，盡管母親一直希望我能成爲一名福音傳教士。我請她放心，說自己完全可以像"代代"一樣兩邊兼顧。阿姨們也來湊趣，說道，"姑娘們，萬一你們要是因爲什麼原因無法上完大學，一定要考慮到但福德女子醫院來接受實地醫護培訓。這世界總是離不開護士的。"我和發小同意了，說我們會聽候召喚，如果需要的話我們

## JEAN 春華 裴敬思 醫學博士

就去做護士。然而當時我們兩人還根本不明白自由意志的可貴，尤其是在面臨人生抉擇的時候。

幾天后，尤小姐向我們宣布道，"金陵女子大學的入學考試將于明天進行。"

金陵女子大學坐落于南京城內，后來改稱爲金陵學院，是一所歷史悠久的高等學府，最初由傳教使團成員于1913年創建。作爲馬薩諸塞州北安普頓史密斯學院的姐妹學校，金陵女子大學爲中國培養了很多最早一批女性大學畢業生。這所大學的校友中包括于1928年成爲中國首個大學女校長的吳貽芳博士。在一貫輕視、壓迫乃至殘虐女性的文化歷史背景中，在二十世紀初的蒙昧中國，基督教使團能够扶助一位中國女性攻讀大學并取得學歷，真可謂是功莫大焉。

由于金陵女子大學屬于基督教私立學院，其學費要高過政府公辦學校，因此參加入學考試的僅有我們寥寥數人。况且金陵女子大學是全英文環境，除漢語言經典外的全部課都采用英語授課，這也令大部分同學敬而遠之。這次入學考試，我感覺自己各科表現都還不錯。然而漢語言經典及文學却不理想，便一直擔心自己的總體分數會受到拖累。

拿到錄取通知書的那一刻，我激動得欣喜若狂，幾乎要飛起來。母親和"代代"看到他們十九年前收養的女嬰如今即將邁入高校大門，其歡喜和自豪自然也不言而喻。母親尤爲欣慰，提前將我的學費早早地匯給了學校。如今政策多變，母親擔心學校會因爲我的美國父母和宗教背景而撤回錄取。此后我才發現母親爲我注册的是珍·裴敬思這個名字，因此大學的各級官員對我是何許人也自然都心知肚明，因爲他們大多與父母相熟。事實上早在數月之前，母親便與大學的校長吳貽芳博士取得了聯系并且溝通了我的申請問題。

這樣看來，我入學考試的成績或許并沒有那麼好，尤其是漢語相關的科目。最后取得錄取大概還是靠了父母的幫助。不過我的情緒却并未因這種想法而消沉，我仍然爲自己在中國最好的一家女子大學的學習機會而興高采烈，更何况這還是一所全英文的大學。

## 春花：兩條江邊的故事

高中畢業的那一天終于到來了！然而令我大爲震驚和失望的是，吳校長通知母親和"代代"說政府不准他們參加畢業典禮。共產黨的新政府禁止所有美國傳教使團成員參加典禮，甚至連我們學校中的傳教士老師也被禁足在家。因此對于我和美國父母來說，這畢業只能算是一個喜憂交加，苦樂參半的體驗。發小自然也同樣深感失望，她深愛的兩位阿姨同樣無法見證她的畢業典禮。最爲諷刺的是我們爲這個本該是快樂的場合選了一首悲傷的歌曲，后來才發現歌詞竟然不幸言中了后面的事情。不過在那時我們當然沒有這樣的先見之明。歌詞大約是這樣的：

"再見，朋友們，再見，朋友們；分手的時刻已經到來；
我們的金色年華已經逝去，哦，何時我們再次聚首？"

聽着這樣的歌聲，我不禁泪流滿面，心中回想起我從幼兒園畢業的情景，又想到在楊克斯讀完六年級的畢業典禮。母親和"代代"那自豪的目光依然歷歷在目。

這個場面還蘊含着一個更大的諷刺——我們畢業的這學校最初就是傳教使團興建起來的。近一個世紀以來，這些傳教使團的成員們舍生忘死，披肝瀝膽，爲中國人民的福祉付出了全部身心。那時的我們做夢也不會想到，歌詞的最后一節竟然會一語成讖："哦，何時我們再次聚首？"

這個憂傷的春天飛逝而過，我迎來了自己在九江度過的最后一個夏天——1950年的夏天。保羅大學放假回到了九江。他剛剛在金陵男子大學——又是一所由傳教士創建的大學[1]，完成了大學一年級學業。保羅經常來看望我，我也注意到了他的變化。他現在已經不再像從前一樣緊張腼腆，事實上，他似乎相當自信，甚至大膽到近乎傲慢的程度。

---

1　The Private University of Nanking 與南京大學并非同一所學校。The Private University of Nanking 中文名稱爲金陵男子大學，早年曾一度名爲南京匯文書院或"匯文書院"，由美國傳教士付羅（C. H. Fowler）于1888年創建。

## JEAN 春華 裴敬思 醫學博士

　　一天，我們兩人正走在街上，保羅突然伸手抓住了我的手。他不顧我的挣扎，反而將我的手攥得更緊，有些忸怩地解釋道，"你應該看看大學裏都是什麼樣子。那些戀人們都是出雙入對的，走在外面也都不是手牽着手就是攬着腰的，就像這個樣子……"他想要給我示範，却被我推開了。然而他還不放弃，繼續説道，"我還看見他們在樹後面的陰影裏接吻呢。"

　　"我們可不會做這種事，"我説道，"我甚至都不想讓你碰我的手！"母親説男生容易衝動的話又回響在我腦海中。

　　話雖這么説，我們四人——保羅、發小、薩繆爾和我在這個夏天還是會結伴騎車出游。我仍舊格外鐘愛"代代"送給我的那輛藍灰色的自行車。保羅總是説我的車技還有待提高，但我却不以爲意。對于我來説，只要能順利上車下車并且保持平衡就足够了。我們甚至還騎車跑到牯嶺山脚下野餐了一次——那時已經不允許我們上山了。我家在那裏的别墅也被没收充公，供那些共産黨高官在夏天消暑度假或是開會使用。只要我們不惹麻煩，母親和兩位阿姨都不反對我們一起出游。我們幾人的行爲確實在當地引起些許關注和議論，這個保守小城不比南京上海等大城市，人們的思想還遠遠算不得開化。于是自然免不了會有些流言蜚語，好在我和發小倒也不甚在意，因爲我們自小就與别的孩子不同，用保羅的話説，就是有些"洋氣"。

　　這個夏天是在我記憶中最爲短暫的一個，或許是因爲我心裏明白自己很快就要背起行囊前往大學校園。我對母親、"代代"和兩位阿姨依依不舍，同樣也記挂着王嫂和發小。再度開學時，發小會在孺勵女子中學入讀十二年級。我當然也會懷念這裏伴隨我走過童年人生的一草一木，更不會忘記我在那株鷄爪槭下的秋千上度過的美好時光。同時，關于另一條大河的記憶片段也紛至沓來，在我腦海中不斷閃現——吉爾、貝蒂、瑪利亞和桃樂絲。而那些回憶却如此遥遠，恍如隔世。

　　雖然我早就知道離開家鄉到异地求學不會是件容易事，但我畢竟已經有了多次適應了新環境的經驗。况且南京也算不得遥遠，沿江而下只不過是一天路程。我知道自己早晚有一天會走出家門去追求自己的人生，但只要我隨時可以回來探望母親和"代

## 春花：兩條江邊的故事

左一：伊迪絲・米爾納博士；右一：海拉醫生

代"，那就一切都好。我不停地寬慰着自己，然而無論我把這些寬心話在心中重復多少遍，却始終有個疙瘩無法化解。

空氣中總是漂浮着一種不安的氣氛。"代代"很少和我講話，事實上幾乎是完全地緘口不言，只是一頭扎進醫院的工作裏。盡管他把情緒隱藏得很深，我却能够感到他與日俱增的不快。當我把孺勵女子中學的畢業文憑拿給他看時，他努力擠出一個笑容，在我額頭上重重地吻了一下，告訴我說我選擇學醫這條道路是多麽棒。他的情緒大多來自于對未來的不確定。他不知道中國的未來將會是怎樣，不知道自己一手創建的醫院在新的領導帶領下將會走向何方。母親同樣在餐桌上也三緘其口。盡管醫院中與他們共事的當地員工仍然很敬重他們，也能够繼續專心照料患者，但可以感覺到他們同樣對未來毫無把握。

誠然，我的老師言之有理。我何以能够想要成爲一名記者呢？我連報紙都不看，對世界大事也僅限于一個模糊概念而已。不過我却聽說一場戰爭正在全面爆發。這場戰爭就發生在中國的大門口，一塊距九江有數千英里之遥的土地上。像所有戰爭一樣，這場戰爭將會充滿了可怕的場面。交戰的雙方中，一方認爲這是一場"解放與統一"的行動，而另一方則將對方的行爲視爲"侵略和進犯"。而說到底，這還是一場兩種意識形態之間的争鬥，而争奪的戰利品則是在世界舞臺上的權威與合法地位。然而這争鬥的代價却是無數個與我年齡相仿的孩子的寶貴生命，和無數因戰火誤傷而陪葬的平民性命。

我不明白爲何會有人能够爲這樣的行爲辯護——如此多的國家聚集在黄海旁邊的一塊彈丸之地上相互屠殺。他們既不住在那裏，也不講當地的語言。這一番戰火干戈，無數血肉生靈，竟全然是爲了解决一場兩個無情的獨裁者之間的内戰。一方是金家，另一方是李家，雙方都在濫殺無辜。李承晚曾在美國讀書，但在幾十年后的南朝鮮的一場民主運動中被迫交出權杖，隨后流亡美國，在耻辱中度過殘生。這就是西方勢力想要扶持的人物。

在二戰后期，朝鮮曾一度淪爲已經戰敗的日本的殖民地。此后朝鮮被一分爲二，却從未有人征求當地百姓的意見，這簡直是一種耻辱。朝鮮衝突本是南北間的内戰。試想美國内戰期間，倘若其他國家蜂擁而至，在其中上下其手并參與廢奴擁奴之争，林肯將做何感受？我認爲既然問題出在朝鮮，何不將其留給朝鮮人民自己解决？朝鮮衝突本來與東西方勢力全無瓜葛，却偏偏成了兩方較量的擂臺。

那時我已經學過些歷史，也明白了權力之争從來不是非黑即白。然而三年戰争造成兩百余萬朝鮮平民的傷亡，還不算那兩百萬陣亡的士兵，這代價是否值得？作爲一個十九歲的年輕人，我還無法完全理解這場戰争的巨大規模及其深遠影響，但我却知道這并不合理，而且爲此感到恐懼。交戰雙方的士兵用于獻出生命尚可解釋爲爲執行命令的軍人天職，但却無法説明無辜死傷的平民爲何要承受這樣的附帶損傷。對我來説，這場新的戰争與前面那一場别無二致，甚至還不如前者。這不僅是因爲數百萬的無辜軍民將在其中毫無意義地喪生，更因爲這場戰争的雙方是中國和美間。

我深深地希望這些一再上演的暴行能够就此打住，但當時我的當務之急是長大成人，完成高中學業并進入大學。在這樣緊張的心境下，我幾乎没有注意到母親和"代代"正在迅速變老。

"我走了之后他們怎麽辦？"我暗想。"母親已經習慣了有我在身邊陪伴。我們一家三口無論走到哪裏，從來没有分開過，

## 春花：兩條江邊的故事

就連在印度都沒有分開……而現在他們却只能彼此爲伴了。"

我走進花園，坐在我最喜歡的那顆鷄爪槭樹下，呆呆地望着我那秋千，任泪水簌簌流下。暮夏的微風吹動我的長發，令我不禁想到，"媽媽打算什麼時候給我剪頭發呢？不如就現在，趁我還沒出發去學校報到。"

我多麼希望后面的四年能够一閃而過，這樣我就可以回到九江，與母親和"代代"一起在生命活水醫院工作。我想要循着他們的脚步，爲中國人民的福祉奉獻余生，讓我的父母爲我自豪。

"珍妮寶貝，"母親的叫聲打斷了我的思緒，"'代代'今天回來得早，我們一起吃飯吧。"

"好啊。"我大聲答道，伸手抹去眼角的泪水，生怕被母親看到。

"今天我們就在門廊上吃。再過幾天我們就要去九江碼頭送你上學了。我們的小姑娘要去上大學嘍！"母親自豪地説着，眼睛裏流露出光彩。

我配合着母親，也盡量哄自己開心。"可不是嗎，"我答道，"多棒啊。今天又能在門廊上一起吃飯了，都好久没有這樣了。今天晚禱我來做好嗎，媽媽？"

"那你'代代'肯定會以你爲傲的！"

透過厨房的窗子，我瞥見王嫂正笑容滿面地望着我，然而她的笑容中却帶着幾分關心和憂慮。她一直看護着我。我關上門廊的房門，向身后的美麗花園再看一眼。這是我成長的地方，我在這裏得到了重新來過的機會，如今才能在這人世間生活。在我漫長人生中的無數經歷中，我最爲珍視的莫過于這次重新回到這裏，再次與王嫂和所有那些有着美麗心靈的人們相聚共處。

# 26

"這校園好漂亮啊！"隨着我的驚嘆，我們六位孺勵女子中學的同學一起踏入了金陵女子大學的鐵門，環顧着這座史密斯學院著名的姐妹學校。這是1950年的秋季，我那時十九歲。

"這草坪簡直就像地毯一樣。"菲比(Phoebe)嘖嘖稱奇。

"看那邊的樓，中西合璧的風格。"現在已經成為我最好的朋友的茉莉說道。果然，那樓房尖頂的四角向上挑起，正如中國廟宇房頂的飛檐，不同的是這些樓房都是鋼筋水泥建成，并非中式建築的木質結構。

"這校園裏的樹竟然比孺勵中學校園裏還要多。"小蔡(Tsai)說道。

"等天氣熱起來的時候，我們可以到樹蔭下去學習。"我想出了主意。

"倒不如你去和保羅一起坐在樹下，然后用你那美國口音迷住他。"小陳(Chen)故意打趣道。

"看我怎么整你！"我飛紅了臉怒道。別的女孩看見我的反應都捧腹大笑。

小蔡還在火上澆油，附和道，"我覺着小陳言之有理，珍，你那口音確實挺迷人。"

一路說說笑笑，我們幾人很快便坐到了集合大廳內，聆聽吳校長（吳貽芳博士）的歡迎致辭。我現在雖然已經記不清她當時講話的具體內容，但她的演講一向鼓舞人心。吳博士出生于湖北省，算是我的同鄉。她在美國安娜堡的密歇根大學獲得了生物學博士學位，后來還曾抽空親自給我們上生物課。吳貽芳博士是二十世紀初中國首屈一指的杰出女性——我再一次見到了歷史上的知名人物。

## 春花：兩條江邊的故事

吳博士致辭后，下一步便由三年級的學長給我們分發宿舍鑰匙，然后我們每人都要抽簽選定一位三年級學長來做自己的"大姐"。"還搞什么'大姐'，"我暗想，"搞得像幼兒園小朋友一樣。"最后我抽到的大姐是一位來自上海的女生，長得嬌小玲瓏，非常漂亮，名字叫做愛麗絲（Alice）。她的主修專業是家政學——這在共產黨的"解放"之前是女生中最熱門的專業，也是吳貽芳博士引進到金陵女子大學的一門專業。直至五十年代初，學生們還都可以選擇攻讀家政專業學位的。

盡管愛麗絲的上海方言我幾乎一個字都聽不懂，她對我却十分甜蜜貼心。這我就已經非常知足了。

得知我與小陳和小尹（Yen）兩位高中同學分配在了同一個寢室，我樂得跳了起來。寢室房間中家具只有寥寥數件。我們三人每人有一張彈簧床，一張書桌和一把椅子。地板也不同于我所習慣的家中那種溫暖的木板地，而是冰冷的水泥地板。房間裏既沒有櫃子，也沒有梳妝臺，因此我們只能將衣物放在行李箱中隨取隨用。我有兩只行李箱，它們都曾隨我周游世界。每次我要換衣服或者取錢，我都必須從床底下把我的舊皮箱拖出來。取出東西之后再將它們放在粗糙的水泥地面上推進床底。

我在皮箱裏裝了一大叠錢，那是母親給我用來買書筆文具以及零食零用的。當時共產黨雖然執政已經一年有余，但他們還沒有更換國民黨政府發行的貨幣。然而由于此前的連年內戰，舊通貨已經極度貶值。"壹佰元"那時已經變成了最小的貨幣單位。于是我便自作聰明地想，與其費心費力地找

南京金陵女子大學大學一年級時光，
攝于約1950年秋

## JEAN 春華 裴敬思 醫學博士

地方保存這一大叠鈔票，還不如索性將它們花掉干净。而且我當時并不能隨意開立個人支票賬户——那時中國的銀行系統簡直就是一團亂麻。或許這就是我們的領袖們的考慮——與其努力支持岌岌可危的金融系統，不如索性放弃外交手段，再發動一場戰争來消耗掉資源。

我的兩位室友經濟上不像我這樣寬裕。因此我每次買來零食——主要是南京著名的烤花生，我都會分給她們兩人每人一袋。學校大門外便有個小店，因此我花起錢來格外方便。這是母親頭一次把如此多的一筆巨款托付給我，可我却對錢的價值全無概念。于是不知不覺間這一大叠百元大鈔就消失不見了。我寫信向母親要錢時，母親讓我准備一個賬本將每筆開支都記録下來。我按照母親的話做了。當我看到自己花錢是多么大手大脚時，我大為震驚，當即就决定要好好理財，改變自己的生活方式。

我每天都要换一身衣服，而我的室友却認爲我這種行爲很奇怪。她們同一身衣服起碼要穿一個禮拜。我每天上床前要换上睡衣，她們同樣認爲這是一種奇怪的外國習慣。她們只是脱了衣服，穿着内衣褲便鑽進了被窩，我也認爲她們這樣很奇怪。我發現造成這些差异的并不僅僅是風俗文化，不同的經濟條件也起了一定作用。

同樣，我還堅持每個禮拜都要换新床單，并且自豪地將舊床單親手浣洗干净。然而冬天到來后，晾曬在外面的床單不等干透便會凍硬，我的手也同樣被凍得不亦樂乎。于是我便放弃了每個禮拜换洗床單的苦行，而是從俗與舍友同進退。她們只有在極其偶然的心血來潮時才會换洗一次寢具，甚至從來不换。衛生方面放松之后，我的脚開始癢了起來，那種鑽心的奇癢甚至搞得我無法專心讀書。我向陳尹二位室友訴苦，她們立刻大笑起來。"你染上香港脚啦，就是脚氣。"

"脚氣是什么東西？"我大惑不解。

"你是不是穿了浴室裏的木屐？"小尹問道。

"對啊，你怎么知道？"我好奇起來。

"這就是你染上脚氣的原因。虧你還是醫生家庭出身，連這個都不知道？"小陳點破迷津。

"從來沒人告訴過我。"我答道。"那我該怎麼辦？"
"去藥房買些腳氣水吧。"小尹出了主意。

我找到了那種藥水，但是用了之後却不見效。我便給"代代"寫信求助，却沒有收到他的回復。我倒是自己購置了一雙新木屐自用。幾周後，我靈機一動，突然想起貝希阿姨曾經用龍膽紫治療皮膚病患兒。我猜這種藥水一定是通過將患處分泌物脱水，才治愈了那位患兒。於是我就在自己身上試了一下，果然奇效如神。不過就算這樣，前后也花了數月時間，而且把我所有的襪子都染上了顏色。從那之後，我再也沒穿過浴室裏的公用木屐，也沒有打過赤脚。

在大學中上課令我回想起當年在楊克斯的納撒尼爾·霍桑中學的情形，每節課都要在不同的教室上。然而兩者間却有個最大的反差——我在楊克斯讀書時，老師所有的話我都能聽懂，在這裏却不然。在我入學的1950年，大部分課程已經由英語授課改爲漢語授課。令我爲難的是這些教授們都來自不同地區，因此各有各的口音，南腔北調，五花八門。雖然學校要求講師授課時一律講國家標准的普通話，但教授們普通話未必過關，加之課堂又缺乏監督，因此最終還是各行其是。這却害苦了我，很多課聽得不知所云，再次身在故鄉爲異客了。

我的生物老師便是一個例子。這位老師只會講寧波話，這是一種上海南部浙江省的一種方言，極其艱澀難懂。説老實話，他若是講希臘語，對我而言也沒有什麼分別。

這位老師不僅方言抑揚頓挫，覆蓋了整個八度音階，而且授課時一味自言自語，與我們全無目光交流。他似乎對天花板情有獨鐘，因爲整節課五十分鐘裏，他始終目不轉睛地盯着天花板上的某處。若是換花樣，也無非是換個地方繼續死盯。我每每會不由自主地順着他的目光望去，疑心他在那裏貼了張字條。在所有的課上，我都無法快速准確地做筆記，因此只能課后花費大量時間抄室友小陳同學的筆記。

開學還不到一個月，我就在漢語作文這門核心課程上挨了批。那位老師在課堂上公開抱怨："我們這樣一間赫赫有名的大學招進來的學生，寫出的文章竟然連讀都讀不通！簡直難以置

## JEAN 春華 裴敬思 醫學博士

信！"我臉上立刻發起燒來，認爲他一定是在説我。"來，我給大家讀一下啊，奇文共賞。"老師便開始對着全班同學念起來。不錯，正是我的作品。我臉紅得像關公，拼命地向座位下縮，心中祈禱地面能裂開一條縫把我吞進去。太丢人了，我簡直想要挖穿地球逃到美國去。

就在我羞愧難當時，教室后排突然響起了一個聲音，"教授，我認爲您應該在批評前做些調查。您知道這位同學的背景嗎？她在國外生活了很多年，而且是在講英語的家庭中長大的。"我不知道這位女生的姓名，但從她的口音可以聽出她是上海人。興頭上的教授被如此搶白了一番，顏面上下不來。他匆匆給我們布置了作業，没等鈴響便提前離開了教室。我同樣不想見人，下課鈴聲一響便搶先逃了出去，誰知那位幫我仗義執言的女生却追了出來。

"你就是那個有個美國名字的女生吧？"她問道。

我轉過身，尷尬地笑了笑。

"我知道你報名用的是珍·裴敬思這個名字。我一開始在班裏找美國同學，可是没看到美國人。然后我就想到一定是你。你跟别人有些不同——其實是特别不同。而且你説話時有種口音，能聽得出來。"那女孩咯咯笑着説道。

"謝謝你幫我救場，没讓我繼續尷尬下去。"我道。

女生向我做了自我介紹。她説她姓壽 (Shou)，果然是來自上海，而且還是個一年級的醫學預科生。我們很快就成了非常要好的朋友。自從那天相識以后，她就總是會護着我。我對她有種很奇怪的感覺，感覺她就像是楊克斯的吉爾一樣。后來，我又了解到小壽也是一位基督徒。

象牙塔中的生活使我產生了一種自由的錯覺。首先，大學裏的作業不像高中那樣多。我不明白同屋們爲什么總是在埋頭苦讀，而我則將大把的時間花在采購零食上——我一緊張便會吃個不停。常常邊吃邊給父母寫信，或是寫給在美國的同學和朋友。我一直在努力與吉爾、貝蒂、瑪利亞和桃樂絲保持聯系。她們這時也都在大學念書。

自從我來到南京之后，保羅就一直頻頻探訪。他現在已經

## 春花：兩條江邊的故事

讀到大學二年級，而他所在的金陵男子大學就在我校園旁邊，可謂雞犬相聞。由于我功課和語言都很吃力，他的頻繁造訪令我分心。我感覺自己應該把更多的時間花在學習上，而不是與他厮混。校園附近有個教堂。我便想出一個主意來利用他造訪的時間。我讓他在禮拜日來看望我，這樣我們就可以一同去教堂禮拜。保羅同樣出生于一個虔誠的基督徒家庭，對主日禮拜并不陌生，許多經典贊美詩也都耳熟能詳。因此我這個絶頂聰明的主意一經提出，問題便迎刃而解。我想母親得知我們用這種方法相會，一定也會贊同。

我們學校每個禮拜都會有一位布道牧師來傳播福音，不過只有基督徒才可以參加。我説服了小陳和小尹和我一同去參加團契會議，此后不久兩人都接受了耶穌基督爲她們的救主。從那時起，我們三人每晚上床前都要讀《聖經》并輪流祈禱。我對此頗爲自豪，心中暗想，"我終于也能像母親和'代代'那樣傳播福音了。"

這個學期的課程還没有結束，一直高懸在我們頭頂的達摩克利斯之劍就突然落了下來。事情發生是如此之突然，我在驚愕之余根本無法理解。1950年10月，麥克阿瑟將軍率領美軍部隊及聯合國聯合部隊風暴般登陸朝鮮半島，以雷霆萬鈞之勢迅速扭轉了南朝鮮一方的敗局。此后更是一路向北，攻城掠地衝過三八綫，將北朝鮮勢力壓制在鴨緑江南岸。由于鴨緑江是中朝兩國的天然國界，中國由此卷入衝突。中國政府不顧聯合國一再譴責，派遣装備不足且缺乏訓練的中國人民志願軍越過鴨緑江進入朝鮮戰場。于是中美兩國正式成了交戰的雙方。南京城内，大街小

孺勵女子中學校友與海倫·菲麗絲教授 (Helen Ferris) 合影

## JEAN 春華 裴敬思 醫學博士

巷上都吶喊着"抗美援朝"的口號，四處都張貼着反美的標語橫幅。

這種迅雷不及掩耳的劇變擊碎了我自童年以來所認識并理解的世界。我明白，這些碎片已經無法拼湊回那個曾經的世界。傷疤一旦留下便是永遠的印記。我慢慢走回校園，盼望着學校中多少會清靜理性一些。然而這清靜并未持續多久。中國有句話叫做"說者無心，聽者有意"。

海倫·菲麗絲是南京碩果僅存的最后一位美國傳教士，也是留在金陵女子大學的最后一位美國教授。她給我留下了許多美好的回憶。她年輕時同樣住在九江。事實上，我從兩歲起就已經認識她，喊她海倫阿姨 (Aunt Helen)。我和發小五六歲時，她還給我們上過鋼琴課。

"你就是個搗蛋鬼。"我在孺勵女子中學時有一天她對我說。我只能傻笑。"每次你和發小上鋼琴課，你就躲到鋼琴后面對發小做鬼臉，搞得她也没法專心學習。我剛把你拽出來，一轉眼你又跑到鋼琴后面了。"我們兩人都大笑起來。"没錯，"她又強調道，"你倆中間就數你最調皮。"

海倫阿姨是前一年到金陵女子大學任教的，她在這裏教授哲學課。見到我們這些孺勵女子中學的女生令她特別高興，她經常邀請我們到她和其他教授居住的地方做客。那地方在一座稱爲"南山"的小丘上，就在我們宿舍后面。以這小丘的大小，遠遠不夠稱之爲"山"，却還是得了這個名字。在那個決定命運的上午，海倫阿姨講授哲學課時不知怎麽就談到了臺灣。1949年共產黨控制中國大陸全境時，蔣總統和中華民國政府殘部都逃往了臺灣。包括我的美國養父母在內，很多外國人都稱臺灣爲"福爾摩薩"(Formosa)，這名稱來自葡萄牙語，據說是"美麗的小島"之意。由于日本人同樣稱臺灣爲福爾摩薩，共產黨對這名字格外深惡痛絕。

海倫阿姨在課堂上將臺灣稱爲福爾摩薩引發了一起波及全校的騷亂。校園中口號此起彼伏，"打倒菲麗絲！"和"打倒美帝國主義！"這樣的行爲我聞所未聞，更不用說親眼目睹了。我感到恐懼而困惑。日子一天天過去，我眼看着越來越多的學生從

## 春花：兩條江邊的故事

其他學校趕來，高喊着反美口號衝進我們的校園。學校裏已經停了課，而金陵女子大學的校園完全變成了這些被稱爲"金陵女英雄"的學生們譴責美國的戰場。反美的聲音在我高中畢業時已經時有耳聞，而到了1950年底，這種情緒已經匯聚成爲一股巨大的浪潮。我透過宿舍的窗子望去，不禁回想起母親説過的話——"戰爭是個可怕的東西——對所有人都是這樣。"我突然驚覺："現在母親和'代代'怎麼樣？兩位阿姨怎麼樣？"

與此同時，海倫阿姨已經被校方軟禁在住處。我當然没有參與到這場反美熱潮中，九江的其他同學也没有。在我看來，爲一個島嶼的名字搞出如此軒然大波實屬小題大做。那個葡萄牙語詞匯"福爾摩薩"與日本的侵略和占領也是完全風馬牛不相及。

由于海倫阿姨的住處在夜晚似乎并没有人把守，入夜后我們會溜到小丘上去看望她。海倫阿姨很堅強，看來還挺得住。她更擔心的是我們的安危，而不是她自己的。如果被守衛抓到，我們肯定會面臨嚴厲處分甚至被開除。在這個節骨眼上，美國人已經成了全民公敵，與其接觸甚至有叛國之嫌。他們完全可以將我們當間諜來審訊。然而當時我們還過于幼稚，或許也有些感情用事。

在海倫阿姨被驅逐出境的頭一天，我們最后看望了她一次。她把自己的所有珍藏的食物都拿出來分給我們，大多是罐頭食品。我們本來想要謝絶，但她堅持要我們拿走。"給你們吃掉總好過被那些陌生人吃掉，珍！"她咯咯地笑了出來。她還將自己的大衣和毛衣交給我，讓我分給孺勵女子中學的校友們。然后又偷偷地跟我説，"珍，老實説，你的錢够花嗎？"

"不太——哦，不太够花。"我吞吞吐吐地承認了。

我感覺非常難爲情，便很快又補了一句，"我已經寫信向媽媽要了。"

"要依我看啊，"海倫阿姨道，"我估計他們也不會給你太多。我看他們的日子現在也很不容易。這些你先拿去用，等以后到了美國我再讓你媽媽還我，好不好？"

我拼命點着頭説道，"多謝您了，海倫阿姨。您一定要多多保重。"

## JEAN 春華 裴敬思 醫學博士

　　翌日，校園裏四處貼滿了大字報："打進內部的美國敵人菲麗絲已經被我們金陵女英雄們驅逐出境！"

　　與此同時，我們這些來自九江孺勵女子中學的同學們，則用海倫阿姨留下的食物開了一個小宴會，慶祝她回到美國重獲自由。比起學校食堂的清淡伙食來，我們這下可算是開了葷！我長久以來對美國食物的渴望也終于得到了滿足。"現在這個時候居然還在吃美國食物，"我宣布，"這簡直太不愛國了！"于是大家一邊捧腹大笑，一邊繼續大快朵頤。

# 27

儘管這場鬧劇就在眼前一幕幕地不斷上演，我却依然對即將發生的情況毫無准備。覆巢之下焉有完卵，這場聲勢浩大的反美運動很快便波及到我的個人生活。幾個月來，我一直盼望着在1951年2月初寒假——也是中國的舊歷新年兔年到來之際回到家中與父母團聚。離家在外獨自生活近一個學期後，我對母親和"代代"的思念日益強烈，也時常地會想起發小和兩位阿姨。如今美國和中國成了交戰的雙方，我的焦慮一天比一天嚴重，而母親的信也明顯越來越少了。

　　1950年12月，就在聖誕節和公歷新年的前一周，我收到了一封母親的來信。我迫不及待地拆開信封，期待着看到那張返回九江過寒假的船票——那是母親曾答應要寄給我的。然而我却吃驚而失望地發現信封中并沒有船票，取而代之的是一封非常簡短的信。母親在信中説讓我呆在學校裏專心讀書，不要管他們那邊發生什么情況。母親表示他們現在非常擔心我的安全，希望我不要做傻事。他們不清楚我是否可以在不向校方申請的情況下離開校園，認爲擅自離校將會招致嚴厲處分甚至開除學籍。

　　我拿着母親的信，眼淚潸潸而下，隨后便開始恐慌起來。我呼吸急促，一幕幕可怕的場面從眼前閃過。我不知道如何是好，不知道是否還能見到父母。我在狹窄的寢室中沿着床邊踱來踱去，完全不知道未來給我們安排了什么樣的命運，内心震驚而惶恐。不過我最終勉力讓自己堅強起來，抬頭對着天花板喊道，"主啊，你可以奪走我深愛的父母，但是我仍然不會放棄對你的信念！"我兩股戰戰，感到極度地弱小無助。我跪倒在地，祈禱道，"主啊，我自知并非聖人，但我確實已經竭盡全力地按照父母的教誨和期望行事了，你爲什么還要如此懲罰我呢？"

## JEAN 春華 裴敬思 醫學博士

我站起身來，意識到與上帝討價還價大概于事無補，便自己盤算起來。我認爲我應該首先去搞到一張船票或者車票，然後立刻去看望他們。"好吧，珍，"我自言自語道，"九江離這裏有三百英里（譯者按：約483公里）。我怎樣才能趕回去？"我內心交戰，越發地拿不定主意。

南京已經陷入一片混亂，事實上長江兩岸各個城市也都是如此。這個國家已經將美國認定爲敵國并與之開戰，而政府也正在四處征用各種運輸工具來調運戰鬥人員和軍事物資。而且這時我還意識到，自己口袋空空，已經身無分文。

"哦，你怎么又把錢花光了？你到底要到什么時候才能學會省着花錢，爲什么總是今朝有酒今朝醉？你怎么會讓自己落到這種身無分文的地步？"我沮喪地跺着脚，泪流滿面。"哭能解決什么問題？珍？"我自問道，"我必須當機立斷。"我停下踱來踱去的脚步，坐在床沿上分析局勢。不多時我便得出結論——眼下這情況毫無好轉的希望。于是我便提筆給母親寫了封信，問他們如果必須離開中國，是否至少可以等我先回到家中與他們再見一面。我一口氣跑到郵局將信寄出，却不知道他們已經根本不可能收到這封信。

事情已成定局，我無論怎樣也無法及時趕回九江。當我摯愛的父母，養育了我十九年的父母，被迫離開中國時，我竟然連向他們告別的機會都沒有。于是他們數月前在九江碼頭上向我揮別的那一幕便定格成他們在我腦海中永恒的形象。戰爭殘忍地將我們撕成兩半。

直至多年以后，我才會得知他們這次返美之旅的細節情況。這是他們最后一次離開九江，而這次永別九江也注定了我們此后的命運。后來當我讀到他們寫給親朋好友的書信時，我才得知母親、"代代"和四位阿姨都是在1950年12月28日從九江火車站乘車前往廣州——這正是我收到母親來信的時刻。因此即便我當時立刻設法趕回九江，也注定無法見到他們。他們離開中國時，"代代"已經七十有五，而母親則剛剛過完六十八歲的生日。

當時究竟發生了什么？他們何以被迫離開中國？要解釋這些問題，我想最恰當的辦法莫過于直接引述他們的信件。現在時過

春花：兩條江邊的故事

境遷，披露這封信已經不會再纍及他們在中國的同事或朋友。因爲這些人中間在世者已經寥寥無幾，大多都如我父母一樣早已辭世。

下面是"代代"寫給他一位親屬的一封家信。寫信時他與母親已經登上了安娜麥士基號蒸汽輪船（SS Anna Maersk），行駛在返回美國的航程上。

1951年2月15日

親愛的米妮姑媽，

侄兒與喬吉現已踏上了返回美國的歸途，却還驚魂未定。我們久已下定決心要排除萬難扎根中國。日軍入侵期間，我們置身戰區達五年之久，每日驚心動魄險象環生，其情形遠非日軍攻占九江當日的炮艦轟炸與戰機空襲所能蔽之。戰爭期間諸多后續問題更是一言難盡：食品短缺、燃料匱乏、藥物封鎖、資金凍結、更要與日軍周旋，爲難民提供庇護。當時侄兒的醫院大院中收留了上千位難民，我們對他們的照顧亦可謂仁至義盡。

侄兒和喬吉一向自詡爲久經風雨的社會活動人士，然而我們此番遭遇的這場風暴却與有別於以往任何經歷。此刻我們心中千言萬語如鯁在喉，却一時又不知從何講起。想來姑媽必能理解。

懇請您切勿將信中所言公布于衆，惟其如此我們方可對您暢所欲言。我們作出如此請求，全然出于對友人的擔心。一旦我們的言論傳回九江——這絕非杞人憂天，我們在當地的中國朋友和同事勢必因我們所言而獲罪。我們收養的中國女兒珍亦難逃牽連之苦。

而如今他們想必已經泥足深陷。

我們此次離開中國和我們的事業，絕非出于逃離戰爭之意，亦非出于自身安危之顧慮。然而侄兒與喬吉多年以前便已經確立了原則，當我們無法造福于身

## JEAN 春華 裴敬思 醫學博士

邊的中國百姓甚至爲其招致禍端之時，便是我們遠離中國之日。早在1927年共產黨剛剛在長江流域立足之時，我們的中國友人便曾以實情相告，稱我們留在此地必將爲其招致危險，令其左右爲難。因爲倘若我們駐留于此，他們將勉力爲我們提供幫助與庇護，而其時却力有不逮。于是我們便立即撤離九江，一行人北上朝鮮并在當地工作達半年之久。

幸而長江流域時局多變，客居朝鮮僅六月之后，我們便又得以重歸故裏，繼續我們的未就事業。

今日時局與上次雖有分別，却大抵相似。唯獨此次來勢汹汹者，乃是極盡惡毒之反美宣傳。當局日復一日，乃至分分秒秒，對中國百姓不斷説教，稱美國人已經進犯中國邊境并意欲征服全境。當局告知百姓稱全國人民必須團結一心，抵禦外侮保衛家園，否則美國人必將征服中國，奴役并凌辱中原百姓。鑒于西方帝國主義數百年來對中國的壓迫奴役，百姓對西人心存恐懼尚情有可原。而當局言過其實，以誇張宣傳煽動百姓，則是此次民衆恐懼的主要成因。然而由于百姓大多耳目閉塞或愚昧無知，散布恐懼仍是當局有效的禦民之術。

此事説來已頗有些時日，大約三月之前，美軍飛機即將空襲中國城市的傳言在此處甚囂塵上。由于生命活水醫院房屋堅固且有食宿供應，大批恐慌民衆蜂擁而來，到醫院躲避空襲。據稱在長江上游的漢口，當地居民亦收到通知，稱美軍飛機將于某日空襲轟炸，以至于大量市民于當日逃至鄉下避難。危言聳聽以致如斯混亂，直教人徒呼奈何！美國人如今已被比作嗜血猛虎，面對中國百姓擇人而噬。

美國人在此地昔日所爲亦被曲解，稱美國包藏禍心，意在掠奪國民，搜刮資源。昔年每逢饑荒洪澇，我們必慷慨解囊賑濟灾民，如今這等義舉却被誣爲經濟入侵！而教堂與學校被除蒙昧普及知識，亦被强加

## 春花：兩條江邊的故事

以文化侵略之罪！我們一番苦心，無私善舉，到頭來却成了所謂帝國主義權力滲透的小動作。如此罔顧事實黑白顛倒，竟至于此！事到如今，我們與當地中國友人的君子之交已難以維系。倘若我們與當地友人外出同行，必然會爲其招致嫌疑非議。任何膽敢公開與我們爲友者均會被冠以漢奸叛徒之名，被誣指爲美國侵略陰謀之內應。

臨行之際，當地友人中幾位最爲親近者爲表離別之情，以美食爲我們踐行。我們足不出戶，便有人將諸般珍饈佳肴送至家中，而設宴的東家却始終不曾露面！如此一場盛宴，東家竟付闕如！如此謹慎看似不近人情，其中苦衷我們却感同身受。醫院員工中有位高級助手，與我等共事凡三十年，技藝嫻熟，幾可勝任助理主管之職，一向爲我所倚重。而如今此人却因自己長期與美國人共事而惶惶不可終日，因爲以其身份履歷，極易招致攀誣，被冠以漢奸叛徒之名問罪。

傳教使團在本地有兩位協作人員，青年才俊一表人才。使團爲其提供獎學金資助二人赴美進修一年。二人學成歸國之後，共産黨却不准二人重返其在當地教會男子學校之教職，封禁達一學期之久。今年九月，二人終于獲准重登講臺。然而好景不長，十月末或十一月間，兩人同時于半夜被捕下獄。且據我們所知，至今仍然身陷囹圄且不准探望。教師執照亦被永久吊銷，自不必説。尤爲可悲者，二人膝下均有兒女四五名，且其中一人原本是這間教會男子高中的下一任校長人選。

我們離開九江之前，相當一部分中國百姓與恐懼爲伴。每天夜間均有人被捕，從此人間消失，杳無音信。我等一行撤離途經省會南昌時，據共産黨官方報紙報道稱當地逮捕人數已達七百。

我和喬吉于十二月上旬提交離境申請，却被答復稱通行證至少需要月余方可下發。然而短短兩周後，

## JEAN 春華 裴敬思 醫學博士

我們便被限期離境，離開九江的日期和時間均有明示。

因時間短促，我們只得倉促上路。況且臨行前的寥寥數日中又有兩日被聖誕節和禮拜日占據，兩日間均另有活動安排。萬般無奈之下，我們只得打破三十餘年如一日的家務慣例，趕制醫院資產清單并准備向中國百姓移交醫院，這其中自然又有無數問題。此外我們還需接待那些冒險前來告別的友人，同時抽空收拾個人行李。臨行前夜我們通宵未眠。

我們名下相當一部分外國資產已被接管……

我們遷出大宅後本地警局局長便會入住，此人自然是共產黨。他們允許我們帶走一切能隨行携帶之行李，余者却必須留在此處。局長夫人覬覦我們的風琴，要求必須留下。這風琴乃是侄兒多年前購得，本打算捐給教堂，如今却明珠暗投。兩個姑娘（珍和發小）的自行車也須留下，不過我可以私下告訴您這兩輛單車似乎自己跑丟了！警局局長一家還明確要求我們將大留聲機留給他們。不過喬吉偷偷藏起了一部小留聲機，他們却不知道了。

共產黨官員這些行徑，與其平日宣揚之嚴格紀律大相徑庭。不過這類身外之物原本便非永恒，生不帶來死不帶走。況且我們不遠萬裏來到中國，本來也并非為求富貴。

以上種種尚屬小可。這些人反基督教的宣傳和行動才是最為危險之舉。

共產主義者學說不承認上帝的存在，因此當局便想方設法為宗教活動設置障礙。他們强制要求師生們在禮拜日教堂禮拜時間開會，禁止教會學校宣講教義或張貼宗教圖片。這些學校中的基督徒學生亦無法領取獎學金。更有甚者，反基督教的教師還組成糾察隊，把守在教堂門口，將進入教堂者錄入黑名單。

倘若姑媽不嫌啰嗦，容侄兒再來講講我們離開九

## 春花：兩條江邊的故事

江前最后幾天中的一件趣聞。侄兒作爲一名禮拜日晚間的主持牧師已在華盛堂布道多年，却遭當局禁止。我據理申辯，稱我在布道時只是傳播福音訊息，從未觸及政治話題。當局亦承認我從未攻擊當今政權，但仍稱我"思想不對"且"過于自信正確"。鑒于福音中的真理并非我所自創，而來自于至高無上的權威，這番批評倒令我頗感欣慰——他們感受到了我對自己所言的真理之信心。

我們本應同情共產主義者的某些基本目標，如爭取物質平等、消除社會階級之理想。然而他們并未將這些理想付諸實踐。就在今夏，我們親眼目睹了共產黨官員與妻子兒女，一行人錦衣華服携帶美酒珍饈前往牯嶺山景區消夏避暑。與其相比，農人仍在稻田中揮汗如雨辛苦勞作，而一旦秋天來臨，所得田產却要泰半上交……平心而論，與新政府接管之初相比，今日民心早已大相徑庭。據一位中國人士所言，百姓之中心懷憎恨與不滿者已占十之八九。

與我們同行離開九江者，還有中國內地會的克魯克（Crook）一家、安妮·皮特曼小姐（Miss Annie Pittman）、弗朗西斯·伍德拉夫小姐（Miss Frances Woodruff），密歇根大溪城的浦樂姐妹二人自然也在其列。回望在九江的最后幾日，我們完全焦頭爛額，仿佛是一場噩夢……

與喬吉一并向米妮姑媽致以愛與良好祝願，

侄兒深情拜上

"代代"這封家書恰如其分地表達了他當時的感受。自1913年至1950年，近四十年來他始終堅持不懈地幫助中國、服務中國人民，如今換來的却是無盡的失望。誠然，由于兩國正在交戰，或許那時并非劃分敵友的最佳時機。但戰爭豈非總是如此？更何况如今這場戰爭的根源更多在于意識形態而非正義或人性，否則他們又何以會將上百萬朝鮮平民的生命視爲草芥，以人命爲代價

## JEAN 春華 裴敬思 醫學博士

來進行這場意識形態之爭呢？

我設身處地，站在母親和"代代"的立場上去思考這問題。我對他們內心遭受的那種毀滅性的震驚、悲痛和無法承受的痛苦感同身受。"代代"信中所描述的并非只是自行車、風琴、大留聲機、房子和花園那些"身外之物"，也與理想和信念無關。他的話只是描述了他們——兩位曾爲中國嘔心瀝血而如今垂垂老矣的美國人，所面臨的悲慘現實。他們本應當之無愧地被稱爲新英格蘭的特蕾莎修女，如今却出于不願連累自己的中國同事和友人而被迫舍弃一切黯然回鄉。

在我看來，他們不僅爲基督教布道事業奉獻終生，更全身心地幫扶世界各地的窮困民衆，如此義舉已經足以稱爲聖人。我知道封聖并非他們的初心志向，然而他們以及包括密歇根的兩位阿姨在內的許多同行者所成就的，恰恰是所有教會及宗教團體所應當努力的目標——無論其教派和理念有何不同。

母親和"代代"返回美國後，于1951年10月接受了《哈特福德時報》的采訪。下面這段報紙摘抄表達了他們對于中國未來的看法。

> ……他對中國的未來表示樂觀——這完全基于他對中華民族的極高評價。"他們毫無疑問是個杰出的民族"，他宣稱，"他們對疾病有着極强的抵抗力，善于合作、志存高遠、聰明伶俐，盡管在精神層面很難說服，但一旦皈依基督教便矢志不移……'"
>
> "在他那間150個床位的醫院中，員工中的70位醫生全部都是中國人。除了蒂內塔•浦樂女士與伊麗莎白•浦樂女士 (Ms. Deanetta and Elizabeth Ploeg) 這兩位美國人之外，所有的護士都是當地人。而他在38年的行醫生涯中接診的患者則幾乎全部都是中國人……"
>
> 《哈特福德時報》，1951年10月26日

而此刻的我，則已經完全迷失了方向。

# 28

1951年的元旦匆匆而過。給母親寫過信后一直杳無音信,直到三個禮拜之后我才收到回信,却只説他們已經到了廣州,正要前往香港。一連幾個禮拜中我失魂落魄度日如年——他們都走了。我瘋狂地給他們寫信,却只是爲了讓自己能在無邊的絶望中暫時分神,以求得喘息。

母親在信中給了我一個香港的郵寄地址。我寫信便寄到那裏,信件抵達會被轉寄到母親和"代代"手中。我在附録中摘録了我們部分往來信件中的内容。

幸而我對上帝懷有無限的信心,也全虧保羅對我全心全意的支持與理解,我才能够熬過父母遠離的那些日子。保羅通過朋友打通關節,設法帶我混上了一條去往九江的舊船。我們于1951年1月29日登船動身。憑欄站在甲板上,我又做起了白日夢,"若是當時能與父母一同離開該有多好!"我又想到發小,她現在像我一樣也成了孤兒。或許與她在九江重逢會給我們兩人帶來些温暖和安慰。她一直急切地給我寫信催我回來。我們本來就情同姐妹彼此思念,更何况在眼下這種非常時期。

我同樣想念王嫂,她現在更像我們的媽媽了。母親、"代代"和兩位阿姨離去之后,身邊的人都作鳥獸散去,昔日與我父母和兩位阿姨交好的國人也都避我們惟恐不及。只有王嫂義氣,不顧自身安危榮辱一直庇護着發小。

中國有句古話叫"患難見真交"。我無意指責那些在危難時刻弃我們于不顧的人——他們中的許多人也正麻煩纏身,惶惶不可終日。他們大多曾與美國人共事,這在當時足以令他們被指爲漢奸,扣上叛國的帽子,這是殺頭的罪行。

小船漸漸駛近我無比熟悉的碼頭,恍惚中我竟然期望着在那

## JEAN 春華 裴敬思 醫學博士

裏看到母親迎接我的笑臉，我似乎已經看到了她年邁而矍鑠的面容，看到她一條腿因象皮病而腫脹不便，正站在那裏焦急地翹首張望。

"媽媽，媽媽！"眼前足以亂真的幻影令我幾乎喊出聲來。然而殘酷的現實轉瞬間重又回到眼前。碼頭上空空蕩蕩，除了往來忙碌的建築工人和等待登船的旅客，幾乎沒有一個閒人。保羅捅了捅我，將我從恍惚中喚醒。

"該下船了，珍妮。"那是保羅善解人意的聲音。隨後他抬起手，指向碼頭上一高一矮兩個身影。只見那兩人遠遠地站在那裏，目光注視着我們，却沒有任何表示感情的動作。仔細望了半天我才認出她們，那正是發小和我親愛的王嫂。

我們在碼頭上并沒有像"解放"前那樣表現出重逢的喜悅。不過到了我們稱之爲"家"的那個地方後，我們確實偷偷地發出了一聲歡呼。現在這個"家"是王嫂和發小租來的一間小屋，而房東就是保羅善良的外祖父，既伊芙•熊的父母，退休的葉牧師和其夫人莉迪亞 (Lidiya and retired Pastor Yee)。如今整個九江城中除王嫂之外，敢于對一個美國人收養的中國孩子表示關心的便只有他們了。

我緊緊地擁抱着王嫂，令她幾乎喘不過氣來。她并不習慣這種西式的感情表達方式，連聲叫我傻姑娘，但我認爲她還是喜歡的。道過寒暄之後，保羅便告辭去看望他父母和朋友薩繆爾去了。他父親患有哮喘。

我和發小親如姐妹。我比她年長，總認爲自己應該照顧她，不過其實當時她比我還要成熟。自從我十九年前走進她的世界以來，我們二人間的姐妹之情始終如一。我離家求學之前，我們就像普通的花季少女一樣，各自經營着自己的小世界，只有在願意的時候才會與對方分享自己的小秘密。然而此刻重逢，我們心中都有千言萬語恨不得一下子向對方傾訴出來。我雖然只離開了五個月，如今却仿佛過了幾十年。

從碼頭到"家"所在的小丘上，我們一路都在不停地説着。曾經熟悉的街道如今已經面目全非，幾乎無法辨認。路過生命活水醫院時，我透過鐵門向其中張望了一眼，却完全沒有想要進去的念頭，因爲我不知道自己是否能夠控制情緒。我提出不要走塔玲南路，因爲我擔心路過大宅時我會無法承受那種家園被奪的悲痛和憤怒。

"最后亂糟糟的那些天，你媽媽犯了頭昏病。"發小告訴我。"我問她要不要喊你回來。當時還有兩周時間，夠你買船票趕回來了。她說你還要准備期末考試，而且他們也沒打算在離開前告訴你。然后你媽媽又說，'這裏是她的家，她應該留下來。'"

"她真的是這么說的？"我問道。"這就是母親，心中總是想着別人。"我突然感到出離憤怒，開始生自己的氣。"我本來想要回家來着，至少可以給他們送別，可是我媽媽讓我冷靜，待在學校不要動。他們怕我出事。可其實還是我太優柔寡斷。我不知道是不是可以不經學校批准擅自離校，一直拖到最后學校才宣布說期末考試取消。我這輩子都會爲這事而悔恨。我憑什么把這事怪到考試頭上呢？"

"沒關系，珍妮。就算你當時立刻出發往回趕也來不及爲他們送別。他們的離境許可下來得比預計要早。你不要太自責了！"發小伸過手來，緊緊攥了攥我的手。"你當時沒在也算因禍得福。我們這些爲他們送別的人都被共產黨批評了，說我們敵友不分。我被他們罵到哭。就因爲向父母告別，他們就能給我扣上叛徒的帽子。我敢肯定這就是你父母不讓你回來的原因。"

"春花，現在這世道誰都憋屈。說到底，我就是想讓這世上的人知道，你父母他們都是好人，"王嫂道，"他們對中國人都好。"

"嗯，至少我們還可以相依爲命。再說情況也不會一直這樣下去，是不是？戰爭可能很快就結束了。"我試着寬慰自己。

"你知道嗎？"發小突然激動起來。"什么啊？"我問道。

"你'代代'好勇敢！那些當官的跟我們說，讓我們搬走，把東西都留下，結果'代代'還是溜進房子裏，把我們的自行車偷偷搬了出來！"

"車子現在就好好地放在家裏，春花。"王嫂道。

我咬着舌頭，屏住呼吸，硬生生把眼淚咽了回去。半晌我才

## JEAN 春華 裴敬思 醫學博士

長出一口氣道，"那是'代代'在上海給我買的。"

"對啊，我那輛是蒂阿姨給我買的。"發小道。

隨後我們都陷入沉默。現在這種時局，他們沒被當做戰俘扣留起來或是直接槍斃我已經謝天謝地了。

"珍妮，你媽媽給你留了滿滿兩大箱東西。我也不知道裏面都有什么。"發小道。

"但願裏面有幾套床單枕套和毛巾。"我道。

"要是真有的話，你可走運了。"王嫂道。"爲什么？"我問道。

"我們常去的那個教堂裏有個牧師，帶了一群人到家裏來，也都是教堂的信衆，我估計他們把家裏東西都搬空了，你媽媽的那些好床單桌布啥的也都卷走了。我也不知道你媽媽有沒有提前給你留出來。"王嫂長嘆一聲，又加了一句中國格言，"這真是知人知面不知心啊。"

"我愛你，王嫂。你是最仗義最可靠的朋友！"我說道。

"你一定要打開箱子看一看，"發小懇求道，擔心母親給我留下的東西不夠用，准備把她的東西拿來給我。阿姨們沒有帶走的東西大多都留給她了。發小甚至還把阿姨留給她的錢分了些給我。

我看了看眼前的兩只皮箱。一只上了鎖，而且沒有鑰匙。所以我便先打開了那只沒有鎖的。皮箱裏沒有錢。母親和"代代"要給遣散的醫院員工預支工資，因此手裏已經沒有什么錢了。他們在香港銀行凍結他們的資金之后還要把醫院的賬做平。這些年來，用來支持醫院運行和中美員工薪水的資金，包括最初興建醫院的資金，全部來源于"代代"繼承的家族遺產、我父母在美國募集的善款，以及很小一部分衛理公會傳教使團委員會撥付的資金。臨行前，他們支付最后的一筆工資時已經捉襟見肘。

母親在皮箱裏裝滿了我珍愛的書籍——《小婦人》、《小紳士》、《海蒂》，還有'代代'在我十七歲生日時送給我的那套百科全書！母親知道我喜歡這些書。可我現在又該把這些書藏到哪裏去呢？我沒找到被單毛巾，却找到了母親的法式婚禮座鐘，不知道她爲什么要把這個留給我。她認爲我能把它賣掉換錢嗎？

## 春花：兩條江邊的故事

我最終還是打定主意，把它留下來作爲對母親的紀念，我要盡自己所能讓它一直運行下去。

我終于設法打開了另一只箱子。裏面同樣裝滿了書，還有幾件毛衣和短裙。我還找到了我心愛的兩面穿夾克。那是我從楊克斯帶來的，但是在現在的反美風暴中我却不敢穿出來。我用兩條短裙自己縫制了一件外套。因爲布料是灰色的，這我才敢穿在身上。衣物下面壓着一個棕色的信封，裏面裝着我所有的正式文件，包括我的收養文書。我想這大概就是皮箱上了鎖的緣故。

"啊！"我爲眼前的發現激動地大叫起來。"我的這兩張唱片！"發小和王嫂聽到我大呼小叫都跑了過來，看我在大驚小怪什麽。我將"代代"給我買的那張平•克勞斯貝的唱片雙手高舉過頭，然後又舉起吉爾、貝蒂和瑪利亞送給我的那張弗蘭克•辛納特拉的唱片，心中無比自豪。

王嫂看見兩張唱片先是愣了一下，隨即説道，"哦，等等！老天爺啊，我的天呐！你爸爸還不知道。"然後她跑到房間角落裏，搬開一堆箱子和舊皮箱，從最下面拖出一只大箱子。王嫂打開箱子，道，"我差一點忘記了，這也是你爸爸留下的。他説我要是缺錢可以拿這箱子裏的東西出來賣掉換錢。我記得你家原來在草坪上野餐的時候，有時候就用這東西聽音樂，這盒子就是用來聽你那唱片的，對不？"

"啊，對啊，我們的小留聲機！"我大叫起來。

"全歸你了！辛虧我沒把它處理掉。現在你正好可以派上用場。"

"不，不行。這是'代代'留給你應急用的。"我推却道。

"春花，我用不着錢。就算缺錢我也不會把你爸爸留下的禮物賣掉。我一個鄉下老婆子拿它做什麽用？我又不懂這些，在我手裏不就和燒火劈柴一樣嗎。"

我笑了，説道，"謝謝你，阿媽。東西還放在你這裏，我要用就來這裏用。"

這留聲機很舊，即使在1951年看來也是個老古董了。那是我的蘇格蘭外祖母1940年來九江與我們同住時帶來的。她和她的陪護凱蒂阿姨都喜歡音樂。有意思的是，我們那臺新的大留聲機后來被没收了。而這臺多半在我出生前就已經面世的小留聲機却還很好使。我上緊發條，放上一張《白色聖誕節》。雖然有些摩擦雜音，整體音色却還不錯。歌聲響起，房間裏的氣氛立刻變了。我的思緒也隨着歌聲飄到了楊克斯，想着父母不知道現在身在何方，恍惚間似乎又回到了我們一家三口齊聚一堂傾聽這美妙旋律的美好時光。

由于這幾只皮箱中真正有用的物品寥寥無幾，發小慷慨地將兩位阿姨留給她的東西分了些給我。我則回贈了我從南京爲她帶的禮物，其中還有海倫阿姨的衣服。我將衣物交給發小，道，"這是你一直想要的大衣和寬松便褲。"

"哦，太棒了，謝謝你！"發小大喜過望。"你能記得把這大衣染成黑色簡直太好了，如果還是原來的綠色，我穿出去肯定要挨批的。褲子還好，本來就是深褐色的。"

"你定好要上哪間大學了嗎？"我岔開話題。

"當然定了，和你一樣。"發小立刻答道。"我想要學音樂專業。"

"你學音樂肯定是有天賦的。而且我們在一個學校裏肯定會很有意思。"我熱切地贊同道。這時薩繆爾和保羅來了，我們便各自與自己的"男友"走了。自那之后，我和發小便走上了不同的道路。

保羅讓我去生命活水醫院，説我有個名叫"延豐"的哥哥在那裏上班，比我年長八歲，但比二戰中失踪的那位哥哥闊祥小六歲。然而我對延豐闊祥這兩位兄長却全無記憶。十九年前，我還在襁褓中就與他們分開了。

我們1946年回到中國的時候，延豐厭倦了在鄉下務農，便來到醫院找事情做。經"代代"同意，他在醫院留下幫厨并學習烹飪，現在已經成了醫院食堂的一名管事主厨。保羅和我在后厨找到了他，令他大吃一驚。他見到我們很高興，也爲自己能有個讀過書的妹妹而自豪，因爲他知道一個人不識字的苦惱。他甚至還曾經自學過讀書寫字，却最終没能堅持下來。延豐説自學太難了，都怪闊祥一個人獨占了家裏的所有的聰明才智。我立刻就感覺與這位兄長非常投緣。他對旁人説我被美國人收養這類的風言

## 春花：兩條江邊的故事

風語似乎不以爲然，只是爲自己能與我這個外國小妹重逢而感到開心。

保羅說，"現在這年月，珍妮，最好是能多聯系上一些像延豐這樣關心你的人。"

爲了避人耳目，我們在九江城裏邊走邊聊，這樣街面上的喧鬧便會蓋住我們的語聲，不至于被盯梢者偷聽。我們剛剛走到江邊，一大群警察突然從四面八方涌到街上，咋咋呼呼地喊着"戒嚴了！"自從日本人占領時期，我就對戒嚴這兩個字深惡痛絕。"既然你們口口聲聲說已經解放了，爲什麼還要戒嚴？"我故意大聲抗辯道。"這豈不是和日本鬼子占領的時候一樣嗎。"我胸中壓抑已久的怒火一觸即發。

延豐哥和保羅都被我嚇壞了。"珍/春花，不要喊。"兩人异口同聲說道，"叫人聽到就麻煩了。"

"我才不管他們聽不聽！"我仍然大聲抗議。延豐哥連忙四處張望，看是否真的有人聽到了他這個執拗的美國妹妹的話。令他大爲驚訝的是他真的在人群中看到一個熟人。那人轉過頭來低聲對延豐說道，"現在不要回頭，毛主席就在后面，離我們只有二十步遠。"保羅和我不顧那些，立刻轉頭望去。果然，真的就是毛澤東。人群開始從四面八方聚攏過來，都起勁地鼓着掌表示贊賞和尊敬。我也擠上前去看了一眼。

當時我離他的距離大概有十五碼（譯者按：約14米），能看到他大半個側臉。當時他正在向周圍的人說着些什麼。這位"偉大領袖"看來興致勃勃，講話時像美國人一樣手舞足蹈。我正要凑得更近些聽他在講什麼，誰知兩輛軍用吉普車突然從斜刺裏衝了過來，以迅雷不及掩耳之勢將這位中國的"偉大領袖"從人群中接走了。

"哼！"我心中充滿反感地說道。"他若是真的一心爲民，爲什麼不呆在這裏跟這些老百姓好好聊聊？在牯嶺山上，蔣總統和他夫人都像普通人一樣去教堂。而且也沒有什麼戒嚴。1948年我就在牯嶺山上看見過他們，就坐在教堂長椅上，后面就是我父母、兩位阿姨、發小還有我。"

"行了，珍妮。"保羅幾乎在哀求。

## JEAN 春華 裴敬思 醫學博士

但我還是不肯作罷，繼續大聲嚷嚷着。"我們那時候坐得離蔣總統和宋女士只有這么近，特別緊張。宋女士臉上的妝那么重，我和發小看了都很吃驚。我倆還在后面小聲説，'她臉上的粉比長城還要厚'。其實她就算不化妝不搽粉也一樣漂亮。我們兩個那時候笑得那么凶，渾身都抖了起來，必須要咬住手帕才行。母親越是捅我，我笑得越凶。等我們終于出了教堂，我和發小總算放開了，都放聲大笑起來。大人都説我們是兩個傻姑娘。"

保羅緊張得嗓子都變了調，"請你閉上嘴好嗎？珍妮？現在是什么時候，説這種氣話，這都是反革命的反動思想！"

聽了保羅的話，我閉上了嘴巴，思緒再一次飄離了現實。我決不是蔣介石的擁躉。國民黨在内戰中慘敗本來就是咎由自取罪有應得——對内不能懲治腐敗，又没能建立起捍衛言論自由的，真正的民主政府。他們既没能赢得這個國家的領導權，也不配得到民衆的尊重與擁戴。他們逃到臺灣島之后，二十年裏爲島上的人民做了些什么呢？那么多的戰士被他們軟硬兼施弄到了臺灣，還騙他們説很快就可以榮歸故裏。那些年輕的士兵背井離鄉，所承受的那種漫漫無期的骨肉分離之痛，甚至比我眼下的煎熬更甚。

説到底，他們與黑幫匪徒并没有什么兩樣。他們心中只關心自己的小團體利益。爲了讓國民黨的官員能逃到臺灣，他們征用了所有的飛機、火車和船只——包括本來是約好接我和發小去香港的飛機。至于毛主席將來會變成什么樣子，眼下還只能拭目以待。我對政治不感興趣。我心中只有一個願望，那就是與我的美國父母團圓！

# 29

我回到九江一周後，大街小巷中便響起了迎接1951年農曆新年兔年的鞭炮聲。這是個刀鋒般冰冷的二月清晨。我一大早便起了床，將自己裹得嚴嚴實實地出了門，直奔江邊。我坐在碼頭上，呆呆地望着江水陷入沉思，幾乎忘記了周身徹骨的嚴寒。江水同樣冰冷寒冽，江面上籠罩着一層霧氣。我總有一種感覺，似乎我只要一直目不轉睛地望着那江面，精誠所至，母親和"代代"就會突然從霧氣中現身。

"你又跑到這裏來了！"

保羅的聲音穿透冷霧。我抬頭張望，他已經到了面前，道，"又哭了？"

我根本不知道自己臉上有淚。保羅脫下自己的大衣爲我披上。

"這裏太冷了，珍妮。你爸爸肯定告訴過你肺炎是怎麼一回事吧。"

我還是一聲不吭，任由自己隨着思緒的潮水飄搖沉浮。保羅捅了捅我的肩膀問道，"怎麼不吭聲？"

"你不是讓我閉嘴嗎，我閉嘴還不行。"我嗆了他一句。

"那是一周前的事情了。"保羅的樣子好像要哭出來了。隨即便是難堪的沉默。

保羅打破了沉默，"延豐想了個好主意！咱們去看你爸爸媽媽好不好？我敢保證他們肯定也想見到你。延豐說他今天就會過去告訴他們說你就在城裏。然後我們明天就可以一起過去。"

"好吧，行啊。我連怎麼去都不知道。"我答應道。

"延豐告訴我怎麼走了。我們肯定能找得到。我方向感特別好。"保羅打了包票。我想要笑他的自命不凡，卻忍住了。

## JEAN 春華 裴敬思 醫學博士

　　隨后我突然醒悟，説道，"上次媽媽來看望我的時候，她説'坐船過了江，打聽一下爛泥陶在哪裏，人家就會告訴你了'，我當時還以爲她在開玩笑。"

　　"跟你哥哥説的一樣。"保羅確認道。

　　翌日，我和保羅乘坐一條小船度過了寒氣逼人的大江。他確實方向感很好，而我却不辨東西。保羅雖然是在大城市重慶長大的，他在稻田裏却走得如履平地，而我則步履蹣跚，不時從田埂上滑到插滿稻秧的田裏。我的平衡感也不大出色。

　　"我當年一定是在這些稻田裏學會爬行的，就在我父母和哥哥們在田裏干活的時候。"我回憶道，"這稻田肯定也是我小時候小便的地方。這是大人們告訴我的。"隨着我們走得離棚屋越來越近，鞭炮的轟鳴聲也越發震耳欲聾。"這是有什麼事情？"我問保羅。我一直記不得中國節日的日子。

　　保羅道，"我敢打賭，這肯定是你家人在放鞭炮歡迎你回家呢。"

　　"你説是那就是吧。"我嘀咕道，心知他是在逗我開心。然而保羅居然説對了。盡管當時也確實是在過春節，但他們真的是在放鞭炮歡迎我。想必是安排了人在外面望風，看到我們遠遠過去，便示意他們點起爆竹。這是一種很熱烈的中國式歡迎，没有擁抱和親吻，但每個人的臉上都洋溢着真誠的笑容。如今這儀式與他們十九年前送我到母親和"代代"家時的情形頗有異曲同工之妙——親朋好友都聚在那間泥坯棚屋中。只是這次大家聚到一起，爲的是看那被洋鬼子養大的姑娘，而不是送別。衆人的目光都聚焦在我身上，目光中帶着些敬畏，却也不失友好。我雖是他們的骨肉至親，却又不像他們中的一員。我環顧四周，一個人都不認得，也不知道該説些什麼。

　　經過一段漫長而難堪的沉默，我的生父，老胡，終于泪眼婆娑地開了口，"春花，你總算回來了。總算是回到你這個家裏來了。往后，這就是你的家。"一瞬間我的眼眶也有些濕潤，但我却哭不出來，也不知該怎樣回答。于是我便向老胡笑了一笑，也就過去了。

　　媽媽的想法總是更爲務實，她問保羅，"依你看，我老早之

## 春花：兩條江邊的故事

前把春花送給外國人，算不算給她招了灾？"

保羅答道，"當時您這么做，是因爲那是春花最好的出路。誰能看到這二十年來會出這么多的事情？您也不用擔心，不管有什么事，我都會照顧好她。我盡一切力量照顧她，媽媽。"

保羅的話令我心頭一震，而媽媽原本緊張焦慮的臉上則瞬間滿是笑容，久經風霜的臉上本就皺紋密布，此刻更加明顯了。她當年大概是年近花甲，或許已經過了六十，不過身體看來倒還健旺。而老胡則顯得虛弱得多，一直被哮喘和肺結核折磨着，事實上他能熬到這個時候已經算是個奇迹了。記得此后在1952年夏天我又去看望過他一回，再之后又過了兩年他便辭世了。

在家裏這場慶祝宴不像是接風洗塵，倒更像是爲我送別踐行。翌日，大年初一一大早，我便辭別了父母兄長，與保羅和延豐一同登船前往九江。我和保羅再有幾天便要返校，而且我本來也沒有心思過春節。由于那場被遺忘的戰爭（朝鮮戰爭）和反美的仇恨運動，期末考試被推遲了，因此我還要復習備考。

就在我們離開九江前，《九江日報》刊出一篇報道，稱毛主席剛剛完成了一次對長江流域的歷史性視察。這報道確證了我們那天在街上所看到的確實是毛澤東本人，而戒嚴也正是因他的到來而實施的。

告別發小和王嫂并不容易。盡管我的親生父母滿懷熱忱地對我敞開家門，歡迎我回家，但那裏早已經不是我的家了。事實上那從來也不曾是我的家。因此如今對于我和發小，家的象徵便只剩下了王嫂。對于我而言，她就像是第三個媽媽，我心中暗暗囑咐自己，將來有一天她老了我一定要好好照顧她。

我和保羅回到南京，各自返回到自己的學校。我開始全心全意地投入到學習中去，專心復習備考，免得自己又會胡思亂想。然而樹欲靜而風不止，學校還是像我離開前一樣亂做一團。反美運動根本沒有停息的迹象，而學校本身也正在面臨着一場變革重組。金陵女子大學和南京私立大學暨金陵男子大學這兩所高等學府原本一直由美國傳教士資助運營，由于如今政府已經接管，因此這兩所學校到1951年春天的時候便不再享有美國資助。因此當局將兩所學府合二爲一，組成了新的"金陵大學"。到了1952

## JEAN 春華 裴敬思 醫學博士

年，這所短命的金陵大學被再次與南京大學的部分院系合并，組成一所名爲"南京教師學院"的新大學，也就是今天的南京師範大學的前身。因此，久負盛名的金陵女子大學在1951年夏天便已經不復存在，其校園也變成了南京教師學院的所在地。

這一系列的大刀闊斧的學校合并重組打亂了校園內原有的官僚行政體系。班級、課程、學術要求要么重新洗牌，要么徹底取消，未被殃及的也都換了新名字。校園中一度安寧恬淡，謙恭勤奮的學術氛圍，如今完全籠罩在混亂與迷茫之中，教師學生無不人心惶惶。重組之后，化學、物理、數學和生物等專業的學生三年就可以拿到畢業文憑，而且還包管分配到其他學院或高中的教職崗位。現在回想起來，當時這些調整倒并非全無道理。由于當時中國極度缺乏師資，因此學生越早畢業，就能越早填補上這個空缺。

"我討厭化學。"我想，"而且我也無法想象自己在解剖青蛙和蚯蚓中度過余生。我一想就渾身起鷄皮疙瘩。"不過當時我沒時間想這些，我還要復習備考。

考試結束之后，包括小壽在內的一批來自上海的醫學預科生集體要求轉學到全國各地的其他醫學院。學校的新領倒很明智，明白醫生與教師同樣屬于稀缺人才，因此不久之后，我們這些剩下的醫學預科生也要求繼續醫學預科培訓。

當局接管學校后，學校開始禁止在校園內組織基督徒團契聚會。因此一旦有知名的福音傳教士來到南京組織團契，我們便會偷偷前往。如今去教堂已經越來越變成一種冒險行爲，因爲當局已經將基督教與美國和西方帝國主義捆綁在一起。現在國家正在朝鮮與美國及其走狗浴血奮戰。在這個對宗教理念深惡痛絕的新政權統治下，祈禱已經成了叛國的標志。保羅告訴我，他們男校那邊有些信教的同學已經開始失踪。因此在這樣的局勢下，我們認爲還是將信仰藏在心裏爲妙。

反美運動似乎永無停息之日。回到學校不久后的一天上午，我看到一位中國教授雙手被反綁在背后，被一群暴戾的反美女英雄們連拖帶搡地押過走廊。女將們高呼反美口號，稱這位教授爲美國帝國主義走狗和美國特務。

## 春花：兩條江邊的故事

"打倒美帝國主義！打倒美國走狗特務！"震耳欲聾的口號聲中，這些與我年齡相仿的女孩們狂風般從我身邊席卷而過。恐懼令我渾身戰栗，我閉上眼睛，只感到無邊的失望和氣餒。這位教授遭到如此對待，罪名僅僅是他在美國讀了大學。當局將所有真正的美國人趕出中國之後，便回過頭來開始迫害那些與美國有關系的中國同胞。無論是曾經在美國讀書還是曾經與美國人共事，都成了迫害的罪名，無一幸免。

"我是美國人的養女！"我暗想，"我又會面臨什麼樣的遭遇呢？"我如遭雷擊殛，跑回宿舍關緊了房門。

"媽媽，'代代'，你們快來吧，快把我帶走吧。不然他們下一個就會對我下手。我死定了！"

小陳和小尹平日總是在宿舍裏學習，兩人見到我倉皇的樣子都很吃驚。

"你在說什麼啊？"她們問道。

我這兩位同寢室友都是非常聰明的學生。她們不管外面的風風雨雨，一心撲在自己的學業上。我喘著粗氣指向外面。"那些瘋丫頭們給那個教授扣上了美國特務的帽子。我是美國人收養的，我父母還是傳教士，而且我還是在美國上的學。我這身上穿的衣服都是美國的。這還不夠給我扣上特務帽子？"

小陳大笑起來，說道，"你還是稍安勿躁吧。你說得對，你確實是美國人的養女，也確實去過美國。可是你現在才剛剛二十歲，剛讀完高中，你又怎麼會是特務？再說，你在美國那時候也不過才十一歲，誰會找個小孩子來當特務？"小尹也笑了起來，不過對小陳的話卻并未置評。也是，她根本不知道我這段歷史。

在小陳的勸解下，我終于冷靜下來，心中一面盼望小陳說的是對的，一面卻又暗自打鼓。"特務不都是從小訓練的嗎？"我腦海中浮想聯翩，演繹著后面的局勢發展和我可能會遭遇的命運，越想越覺得害怕。我開始理解珍珠港事件后那些用來"換俘"的日裔美國人的感受。那天晚上我一夜無法入眠，于是便決定再最后給母親寫一封信。

1951年4月21日

## JEAN 春華 裴敬思 醫學博士

親愛的媽媽，

想想看吧，再過八天就是我的生日了。但我這次不再想要任何生日禮物，也不想期盼您的來信或是錢。我也不會再給您去信。但我要送給您一段《聖經》裏的美麗語錄，一段所有人都熱愛的詩句——"主是我的牧者，我必一無所缺。"

這詩句難道不美麗嗎？媽媽，請不要再給我寫信了，而且從現在開始，我也不會再給您和"代代"寫信了。因爲我已經無法做到。

我還會一如既往地爲您和所有我愛的人祈禱，我知道您也同樣會爲我祈禱。願上帝賜福他的子民吧！夜色已深，且又逢戒嚴，燈光很快就要熄滅，我心中雖有千言萬語，也只好就此擱筆。請謹記，上帝必會看顧他的子民。我們無需擔驚受怕，因爲我們自有上帝庇護！請向"代代"轉達我的愛，純粹的無盡的愛。

您的姑娘珍妮

又及：上面所述也包括我的朋友（吉爾、貝蒂和桃樂絲）。請告訴她們也都不要再給我寫信了。

這個學期中，各種難以想象的變故紛紛擾擾，令我無法專注學業。中國重兵投入朝鮮戰爭，舉全國之力一戰。政府大力動員，鼓動所有適齡國民參軍補充兵源。學校再一次停了課，而學生中的積極分子則搖旗吶喊，煽動學生參加中國抗美援朝志願軍。他們熱血沸騰地呼喊着反美口號，狂熱地招募學生入伍。一位學長一直力勸我報名參軍，却從不勸説我的同寢室友。她分析道，"這正是你表現愛國心的好機會啊，尤其是你這個出身。估計就算你報了名部隊也不會要你，所以何苦不做個愛國的姿態出來呢？讓他們知道你隨時准備拿起武器去消滅那些收養你的人。因爲他們雖然養育了你，但現在已經成爲了中國的敵人。"

她每次來勸説我的時候，我總是目光空洞地望着她，而母親的話則一直在腦海回響，"戰爭是個可怕的東西——對所有人都是這樣。"人類枉爲萬物之靈,爲什麼就不能用和平的手段解決問題呢?

"愛國?我怎麼會知道什麼叫愛國?"我暗想。"本來應該來接我和發小的飛機沒有出現,于是我們就呆在這裏。父母教我們要事奉上帝服務人民。這算不算得是愛國?在我看來,比起那些暴戾瘋狂的"巾幗英雄"來說,我的美國父母對中國的愛倒更多一些。"

此后我又收到過一封匿名信,對方自稱是我小學同學,説很高興我決定留在中國。直到如今我也不知道對方是如何得知的。然而當我決定留下來時,我根本無法預見我的父母將來會被迫丟下我離開中國,更無從得知后面即將發生的這一切。

隨后我就想出一個自作聰明的主意。一天晚上與保羅見面時,我偷偷對他説,"保羅,他們想讓我參加志願軍去朝鮮打仗。我打算去報名,但不是爲了他們説的那些理由,而是爲了那些白白送死的美國大兵。我英語那麼好,我可以去勸他們不要再打仗了,告訴美國總統停戰,因爲這一切根本就是得不償失。我坐過兩次運兵船,我知道這些美國大兵其實也都是些孩子,跟我們歲數差不多,跟那些報名跨過鴨綠江的中國孩子也差不多。"

保羅無奈而生氣地看着我,滿臉的難以置信。他不知道是該大笑還是痛哭一場。"你是不是瘋掉了?怎麼能這麼幼稚,簡直難以置信。怪不得九江人都知道裴敬思家的閨女是個幼稚的老實人。"

"老實人"這個詞描述的是那些幼稚到冒傻氣的人,往往有些居高臨下的優越感。

"首先,"他解釋道,"你作爲一個美國傳教士的養女,政審這一關你就過不了。第二,就算人家破格收你入伍,肯定也不會讓你上前綫——更不會給你機會讓你去跟美國大兵對話。你英語好又怎樣?誰會用一個二十歲的黃毛丫頭當外交官,因爲你既不懂政治也不懂談判。人家多半會拿你當一個人體盾牌,頂多是讓你翻譯些情報資料。當然了,如果你能拿下學位,倒有可能派你上前綫去做個外科醫生,或是上戰場做衛生員。"

保羅摇着頭,接着説道,"最糟糕的情況,我估計人家多半

## JEAN 春華 裴敬思 醫學博士

會認爲你只是想借機過江，然后找機會叛逃到美國人那邊。所以啊，珍妮，這事你就別惦記了。完全就是瞎胡鬧！"說到這裏，他已經怒不可遏。

保羅的一番話把我說楞了。不過看到他的激烈反應，我又有些感動。他所說的最后一點始終在我心中回響——或許我可以先成爲一名醫生，然后就可以順理成章地參軍。或是報名當一名戰地衛生員，一旦他們派我上前綫我就伺機逃走。

"人家爲什么要收你入伍？明擺着的事情嘛，你是現成的榜樣！你想，如果他們真的說服你報名參軍，那豈不是在整個征兵宣傳工作裏樹了典型——連美國人親自養大的孩子都調轉槍口向自己人開槍！"

"你說什么？"我想讓他把后面的話再解釋一遍，我的腦筋被他說糊塗了，一時轉不過來。

"我告訴你，好好聽着！"保羅不耐煩地提高了音量，然而我的思緒又飄到了別處。"我雖然無法讓戰爭結束，但或許我還可以逃走。"

保羅見我根本沒有認真聽他說話，便將道理又給我講了一遍，一次比一次聲音更高。"珍妮，我不是什么事都有辦法。你以爲我什么都懂，不是這樣的。但是我至少知道，你想去朝鮮逃跑完全就是發瘋，痴人說夢。另外，我這次找你本來是有事要告訴你的。"他的嘴唇微微顫抖起來。

"怎么了？"我問道。

"我父母現在也有麻煩了。他們先是把我父親趕下臺，讓他靠邊站，現在又說他挪用公款。這完全就是欲加之罪何患無辭，可是現在無論他說什么都沒人相信。現在人家讓他把數目補上。這下我可能連大學都上不完就要輟學。他們讓我父親每天頂着太陽跪在煤渣上，一跪就是幾個鐘頭。他本來就有哮喘，根本受不了這種折磨。我母親央求他們讓她替他罰跪。我大哥本來在讀研究生，現在也輟學了，要上班養家。"

我自己也在飽受煎熬，竟然沒有詢問保羅家中的情況。我又走了神，想着他們怎么才能在這黑白顛倒是非不分的亂世生存下來。保羅父母都是畢業于美國西北大學的碩士也就是，于1926年

## 春花：兩條江邊的故事

回到中國從事教育工作并且幫助當地百姓。兩位雖然都是卓有成就的人物，保羅的母親尤其難得——1920年代的中國女性竟然能夠在美國取得碩士學位，確實非同小可。

保羅接着又説道，"我最小的弟弟還只有十歲。他現在住在外婆家，周圍這些事情已經完全把他搞蒙了。不過小弟很聰明，知道守口如瓶。無論是誰問他我父母的情况，他一律都是'不知道'這三個字。"

我收攝心神，專心地聽着保羅的話。眼下除了朝鮮戰爭和反美狂潮之外，國内還在大張旗鼓地推進着另外一場名爲"三反五反"的共産主義運動。這些運動都是爲了穩固剛剛統一的國家和建立伊始的政權，然而代價却是國内那些假想敵的利益。這場運動的内容，是確認、清洗、鎮壓并處决那些留在國内的"殘余反革命分子"。這就意味着中華民國時期的中産及以上階級，如地主、富農、鄉紳等有一定影響的人物都變成了打擊對象。爲了逃避迫害，有些人不得不主動申請到朝鮮前綫參戰，而到了戰場上便伺機向美軍投誠，只爲進入戰俘營。我當時的想法早已有人踐行過了。

我奇怪我們這些人——保羅、我以及他的父母爲什麽至今還没遭到處决。我們這些人仍然活在世上，盡管只是到目前爲止，已經足以令人稱奇。我對保羅和他全家面臨的困境全然幫不上一點忙，我望向前方，不知道下面又會發生什麽事情。

# 30

校園內外風雨飄搖,就在一波未平一波又起的動蕩和焦慮中,我迎來了大學一年級的下半學期。1951年暮春,我的同寢室友小尹收到一封來信,得知她的姨媽吳小姐,就是孺勵女子中學的前任校長,因不堪忍受莫須有的罪名和迫害,服下了福爾馬林含恨自盡。直到這時我才知道,我母校孺勵女子中學的校長竟然就是小尹的姨媽。

吳小姐對我一直都很好。像金陵女子大學的吳貽芳校長一樣,高中期間她也會給我們講生物課。不過兩人并無親屬關系。吳小姐的含冤離世不僅令人痛心,對于這個號稱急需師資的國家來說同樣也是一個巨大的震撼與損失。

與此同時,我的另一位同寢室友小陳也告訴我,說她的父親被抓進了監獄。她父親在中華民國時期曾在教育部擔任要職,本來已經在共產黨部隊推進到江南之前逃到了香港,却因爲思鄉心切偷偷溜回來密會女兒。結果被公安當場抓住。這些接連不斷的消息令我越發惶恐起來。我開始思考如何才能逃出生天。

當時有不少學生響應號召,報名參軍。但我却沒有選擇這條路。保羅言之有理——我怎麼可能向美國人開槍呢?他們可能就是吉爾、貝蒂或瑪利亞的兄弟,甚至是我自己的侄子,伊芙琳的兒子。望着身邊一個個花季女生雄起起氣昂昂地走向戰場,走向被遺忘和湮滅的命運,我思緒紛亂。

隨着學生逐漸各奔東西,校園裏的人漸漸少了,重新變得冷清起來。由于授課恢復了正常,我也只好暫且安下心來學習。然而奇怪的是,這種正常的學習生活反而加劇了我對父母的思念。我又開始不停地給他們寫信。我的信先寄給香港一位名叫漢娜·吳(Hannah Wu)的"大姐"。在我出生前,我父母曾經照顧收

## 春花：兩條江邊的故事

養過這位大姐一段時間。后來她又在生命活水醫院做了一段時間護士，最后與家人一同移居香港。吳大姐會將我的信轉寄給我父母，這即使在香港也是要冒一定風險的。

我不知道自己寄出的信件中有多少封真正寄達到她的手中，更不知道我父母最終收到了多少封。不過我在金陵女子大學期間確實收到了幾封母親的回信。她在信中告訴我説她和"代代"身體都很好，説他們當時借住在亨利伯伯在哈特福德市的家裏，此后准備到田納西州某處去幫助有需要的美國百姓。母親的回信，即便只是寥寥數語，也如同甘洌的清泉澆灌在我的心田，成爲我在這片干坏土地上的"生命活水"。我繼續思考着如何逃亡，如何逃離此處去與父母相會。我在諸多方案中逐漸遴選出一個計劃——我或許可以逃到香港。

保羅現在來得比以前更爲頻繁了，一個禮拜的中間也會來，而不是只有禮拜日才來。我明白他是一片真心地關懷着我，但他的頻繁拜訪却令我應接不暇，因爲他占用了我學習、給父母寫信和計劃出逃香港的時間。我想要讓他從我的生活中離開。

我的同屋也開始惹我厭煩。她們總會説，"你只顧着和保羅在一起，都没有時間和我們在一起了，這樣下去我們都要不認識你了。"每次保羅在窗外喊我時，她們便説，"你那個黏人的男朋友又來了。"一連幾個月裏，我都在爲是否要和保羅分手而糾結反復。作爲一個普通朋友我很喜歡他，但我却并不愛他。我對誰的愛也比不上對我父母的愛。于是在一天晚上，當保羅第一次想要親吻我的時候，我幾乎打了他一記耳光，同時衝口而出，"太惡心了！如果你是想要做這種事的話，你就趁早斷了這個念頭吧！"

我心中一直記着母親的警告，説男生總是容易衝動并會搞出事情。雖然我根本不知道母親具體指什麽，我却絶不敢有半分僥幸。當天夜裏我便給保羅寫了封信。

## JEAN 春華 裴敬思 醫學博士

保羅,
Paul,

請你不要再來找我了。我寧願做一只小鳥,可以隨心所欲地自由飛翔。我不願與任何人捆綁在一起。我想要做自己想要做的事情,需要做的事情。爲什麼我的每個周末都要和你一起度過？我有些時候也會想要和我的女生朋友們在一起。你最近來得太頻繁了,我的學習已經被你影響了。我不是說我將來會終生不嫁,但決不會是現在。現在我想要的只有自由——自由——自由!
珍
又及：順便説一句,我也不喜歡別人親吻我。

保羅一收到信立刻就趕了過來,但我堅持不肯見他。我的同寢室友都來勸我,讓我跟他見面説幾句話,但我就是拗着性子不肯。我已經打定了主意,我既然已經白紙黑字寫了下來,就一定要堅持住。保羅被我突如其來的行動搞了個措手不及。他眼看無法跟我見面,便給我寫了回信。

裴敬思小姐,
我理解你的感受,但請你仍然允許我在周末見你。我不會在周中再去拜訪了,而且我保證再也不會親吻你了。我會把所有時間都留給你學習用。
保羅

這封信我没有回復,更没有同意見他,連周末也不行。對于我來説,這一切就算是已經畫上了句號。保羅的二姐當時也在金陵女子大學讀書,對此評論道,"珍是個怪人,身心都還没有長大。"

校園裏幾乎每個人都知道我拒絶了保羅,而且他們似乎都無法相信這是真的。而我也同樣無法理解——這壓根就不關他們的事。在我們當時身處的那個波詭雲譎危機四伏的時代,他們怎麽還會有如此的雅興去關注別人這些鷄毛蒜皮的小事?或許我是真的還沒有長大,不過當時確實沒有一個人知道我的心思。

"倘若我現在在美國,我會愛上哪個男人嗎?"我捫心自問。

小壽也勸我去和保羅見面。她好像懂得特別多。她幫我分析道,"你拒絕這么一個年輕英俊,各方面條件都好的大學生,多傻啊。你們倆一起出去的時候,全校的女生都在暗中羨慕你呢。好多高年級的學姐們都還沒有男朋友,你才大一就有這么出色的一個。"

小壽的話令我大感意外。我此前完全沒有意識她所說的這些,也從未想過要讓別人嫉妒自己。不過我也知道保羅高大英俊,而且體育很好。他不僅是學校籃球隊和足球隊的隊員,還練習拳擊。他不光運動出色,人也很聰明,最重要的是他一直對我很好,即使在我最困難的時刻也始終如一。他或許是讓我聯系到了我的"代代",然而在當時,我却竟然對他所有這些品質都視而不見。

或許我天生就是個性情古怪孤僻的人,多半注定要成爲一個老處女,最后孤獨終老。但我當時根本不知道自己想要追求什麼,我的全部思緒都已經被我父母所占滿。我一心只想着如何能去與他們相會。我需要自由,需要思考、選擇和暢所欲言的自由和空間。我不願讓任何人主宰自己的人生——政府不可以,保羅也同樣不行。我已經下定了決心,誰也無法讓我回頭。

"我怎樣才能見到他們?怎樣才能跑到香港?"我心中一遍遍地反復思量着這些問題。一天下午,寢室中只有我和小陳兩個人。我突然想到小陳的父親正是在1949年逃到香港的,便向她打聽詳情。小陳聽了我的話顯得非常震驚,不過她并沒有問我爲什麼要打聽,只是用一種實事求是的語氣告訴我道,"要去香港,就先要去到廣州。"聽了小陳的話,我才猛然想起,母親的第一封來信也正是來自廣州。

"廣州在什么地方?"我問道。

小陳一臉疑惑地笑道,"你可真是個外國人。"然后她便

## JEAN 春華 裴敬思 醫學博士

從書桌旁站起身來,向墻上的地圖指去。我順着她手指的方向望去,立刻倒吸了一口凉氣。

"哦,天呐,"我説道,"廣州離南京足有一百萬英里啊,而且離香港也不近啊。"

"你打算去香港旅行觀光?"小陳眼中閃動着狡黠的光芒,向我解釋道,"對啊,我親愛的美國室友,你要先從南京到廣州。大概要有一千五百公里。到了廣州之後,你就要想辦法再向廣州南邊走,去找一個珠江沿岸的小鎮,這估計又要坐上半天的火車。"

我點着頭,聽小陳指着地圖繼續講下去。"珠江沿岸,這些地方應該總會有幾座小鎮,離香港很近。珠江在中國南海入海,那一段很長的。有些人甚至能够游泳渡過深水灣,一直游到香港去。"

"是嗎?我的水性還不錯。"我盯着地圖小聲嘀咕道,心中想起母親在信中説過他們正由珠江駛往香港。小陳没有再吭聲,轉身走開了。她很聰明,想必已經猜到了我的心思。

后面的整整一個禮拜中,我都一直在暗中盤算着如何實現這個計劃。我用尺子在地圖上量出距離,看我需要游多遠。我用白紙將地圖上的廣州和珠江摹描下來,還記下了不少廣州以南的小鎮名字。在校園裏,我故意坐在别的同學看不見的地方,心裏默默地策劃着我的行動,記憶着我的計劃。人們大概都以爲我是因爲與保羅分手才會這樣郁郁寡歡。

轉眼又是一個禮拜過去了。我想現在南方的水温應該還不算太低,應當不至于引起失温。于是在1951年5月的一個陰雲密布的禮拜日下午,我正式開始了行動。我趁同寢室友去食堂吃午飯,從床下摸出我早已准備好并藏在行李箱中的小書包。我把全部現金清點了一遍,又檢查了一個禮拜以來偷偷積攢起來的干糧是否變質。我想身上一定要盡量少帶東西,輕裝上陣,便只帶了一點干糧和一壺水。我一路跑出學校,在校門口登上一輛去往中華門火車站的巴士。

"看來并不復雜嘛!"我暗自得意。

及至到了舊火車站,我立刻被眼前人山人海的混亂場面驚呆了。我緊張地排在售票窗口的長隊中，隨着隊伍一點點地挪到窗口。"還有去廣州的車票嗎？"我問道。

裏面的人連頭都沒抬，聲音便從那個巴掌大的小窗口裏傳了出來，"下趟車四個小時后發車。"

"單程車票要多少錢？要坐多久？"我問道。

"兩天多吧，要是路上沒有問題，不耽擱的話。"

"兩天？車上有卧鋪嗎？"我深吸一口氣，回想起我曾經乘坐的普爾曼列車和穿越印度平原的火車。"沒有，都是站票。"售票員終于抬起頭來，兩只眼睛透過一副老舊的金屬框架眼鏡朝我瞟來，目光中滿是不耐煩。我有些慌張，而此刻身后的人群也開始向前擠。

"啊？你説什么？"我問道。

"你説中國話嗎？這位女同志？我説，如果你運氣好的話，中途不用換車，大概要兩天時間！"那男人煩躁起來，將兩根手指伸到我面前晃着，表示兩天。

"什么——等一下，換車？什么換車？我應該在什么地方換車？"

"我也不知道，同志，或許是寧銅，也可能是蕪湖，我怎么會知道。人家讓你換車你就換車，讓你補票你就補票。"他越説越生氣。

"哦，那我先在哪裏上車？蕪湖有多遠？寧銅在什么地方？"這時我只想讓自己身后的人立刻離開我，不管他是誰。

"你這人是來買票，還是來裝傻搗亂？"一個大媽將沉重的提包結結實實地撞在我腰上，同時對着我的耳朵裏喊叫起來。"好吧，好吧好吧，單程。"我連忙説道，同時慌裏慌張地將手中被汗水浸得皺巴巴的鈔票遞給售票員。那人將車票丟出來，我連忙一把接過。

雖然我走到這一步已經慌得六神無主，要完成這次冒險之旅的決心却沒有絲毫動搖。"連着在車廂裏站兩天？沒問題，大不了我坐在地板上，或者隨便什么地方。這根本算不得什么吃苦。只要有決心就總能有辦法。"我暗自給自己打氣。

我找了個清静的角落，在地板上坐了下來。我緊緊攥着小

## JEAN 春華 裴敬思 醫學博士

包，看裏面還剩多少錢，心裏暗自盤算，"這些錢還夠我買干糧和水嗎？我若是在游泳前再吃一頓像樣的飯，還夠嗎？最近兩周我每天都去鍛煉，憑我的體力我能游到對岸嗎？那邊的水冷不冷？廣州在最南邊，所以五月份的水一定不算冷了。"

我顫抖着取出那張寫着潦草字迹的紙條和我從牆上地圖描摹下來的地圖，后悔自己當時沒有將整張地圖都描摹下來，或是索性把牆上那張地圖撕下來帶來。"如果我能搭上一條往南去的船，就能去到一個臨近深水灣的小鎮。然后我再找個離對岸近的地方，縱身一躍。我估計大概也就是一英里（譯者按：約1.6公里）的樣子。"這計劃確實有人曾經實施過。當時人員物資都集中用來支持北方的戰事，因此南部海岸的邊防巡邏便鬆懈下來。"都快到夏天了，這車站裏爲什麼還這麼冷？"我一邊瑟瑟發抖，一邊暗自琢磨。

"說不定還有別的辦法也能逃過去呢。你不能想得太遠，珍。你都不知道這列火車能往南走多遠！就連你會在哪一站下車去換乘另一列火車都還是未知數。只能走一步看一步，先集中精力跑到廣州，后面的就但願一切順利吧。"我喘着粗氣，喃喃自語着。爲了讓自己冷靜下來，我開始默默祈禱，"主啊，請與我同在，我祈禱讓媽媽和'代代'也與我同在。你聽到我的祈禱了嗎？"我心中問道。

就在這時，一個熟悉的聲音突然傳了過來。"珍妮，我可找到你了！你在做什麼？我到處都找遍了！"保羅來了。

我一下站起身來，"你怎么找到我的？我不是告訴你不想再見你了嗎？"

"我去找你，可是整個下午就沒有人見過你。小陳開玩笑，説你可能會想要從廣州去香港。我知道你的牛脾氣，再加上我們以前說過的話，我估計你可能真的會這麼干。結果你果然就在這裏！你是不是腦袋壞掉了？"他將我拉到一個人更少的僻靜角落。"去廣州有多難，你有一點概念沒有？"

"我知道，不過沒事。我已經下定決心了，而且上帝會保佑我的。媽媽和'代代'也會和我站在一起的，他們會在精神上支持我。"我答道。

251

## 春花：兩條江邊的故事

"不，你根本不知道。你就算要回九江，自己都連一半的路都走不到，還說什麼廣州。你會死在路上。這不是你的決心能解決的問題。別的不說，你就聽聽你自己的美國口音吧！就憑你說話做事的那副樣子，人家一眼就能看出你打的什麼主意！你雖然身在祖國，却是個外國人！"保羅又急又氣，一副哭笑不得的樣子。

"可是，我敢肯定路上一定會有好心人幫我的。"我咬着嘴唇。

"你是說人家槍斃你之前還是之後？好吧，我知道你特別想念你父母，可是你也得好好聽我說啊。你這樣做根本不是辦法。實在是太冒險了，九死一生。你這樣蠻幹，被擊斃都算是運氣好了。要是像小陳她爸爸那樣被抓住，那就全完了。這可是叛逃。"

我不吭聲了。檢票的時間只有不到一個小時了。

看我還不肯挪動脚步，保羅又說道，"情況遲早會變好的。而且也一定會有別的辦法，更好的辦法——決不是你這辦法。戰爭會結束的，而且可能很快就會結束。你爲什麼不肯耐心等待一下？只要你活下去，堅持到底就總會有出路的，你遲早還是能和父母團聚的。你現在冒冒失失地跑到南方，只能是白白去送死，值嗎？"

我不想再聽下去了，怕我好容易積攢起來的勇氣會被保羅的話瓦解。我聽到汽笛聲由遠及近，便邁開步子朝站臺走去。

保羅終于急了。"好吧，珍妮。我求你了，跟我回去吧。從今天開始，我再也不會打擾你或者去見你了。但是現在請你務必跟我回去。你必須回去，趁現在別人還没弄清楚你打算干什麼。"

我的這次逃亡本來與保羅全無關系，然而在我祈禱之後，他却離奇地出現了。我這次出逃計劃整整策劃了一個禮拜，然而如今事到眼前，我面對的却是一條很可能會將我引向絶境的亡命旅途，因爲我根本不清楚到了廣州之後下一步何去何從，甚至連是否能到廣州都是未知數。可是同時我又實在無法忍受身邊日復一日上演的瘋狂鬧劇，只想逃回到母親和"代代"身邊。我想要回

## JEAN 春華 裴敬思 醫學博士

家!

保羅不由自主地抓住我的手,隨后又觸電似的立刻放開,怕我會因此而生氣。然后他又平靜地説道,"求你了,珍妮,你還有什么可琢磨的呢?快跟我回學校吧。我們一定能找到別的辦法的。"

"什么辦法?保羅,還能有什么別的辦法?"我大聲嚷起來。"我就要走!你讓我走吧!"

一聲尖利的汽笛聲刺破站臺上的喁喁私語,隨着蒸汽機震耳欲聾的轟鳴聲,白霧瞬間彌漫了整個站臺。老舊的列車仿佛一頭黃緑相間的機器怪獸,似乎并未减速就衝進了車站。我不知道這趟車來自何方,我想大概是北方,我同樣不知道它是否會停下來。透過車窗,依稀可以看見車廂中擠滿了旅客。甚至就連這頭怪獸頭頂上的咫尺空間都已經被人占據。

"不行,珍妮,我决不能讓你走。我决不能讓你上這趟車!"

"爲什么?"我發現他激動得有些奇怪,幾近好笑。

"要是你父母回來找你,你却已經死了,你讓我怎么向他們交代!"保羅的吼聲混在站臺上的嘈雜的人聲中。

"什么?"雜亂的人聲令我無法聽清他的話,只能猜個大概。我也對他喊道,"這條命是我自己的,這是我的命運,不是你的!這根本就不關你的事!"我悲憤交加。

"你這話是什么意思?珍•裴敬思小姐?在九江老家提起裴敬思大夫和裴敬思太太的女兒,有哪個人不知道?你是她們的掌上明珠;你和發小是整個小城裏的兩位公主。如果戰争結束了你父母回來找你,却發現你已經死了。他們會發現我是最后一個跟你在一起的人,是我讓你上了這趟車。他們永遠也不會原諒我!"保羅直直地盯着我的眼睛。

站臺上本已擠作一團的人們擠得更凶了,人們互相推搡着搶占有利位置朝車廂中擠去。我聽到保羅的話,突然意識到他説得或許不錯。萬一下個禮拜、下個月或者明年戰争就結束了呢?萬一母親和"代代"明年就真的回來了呢?或許我真的應該耐心等待。然而我已經口袋空空。我看着手裏的車票,説道,"我這個

## 春花：兩條江邊的故事

學期一半的錢已經花在這張車票上了。大概我還是走掉的好。"

"我知道這張車票花掉了你很多錢。你需要多少，我都可以借給你。"保羅似乎已經有些亂了分寸。他伸手來拉我的手，卻中途又縮了回去。他雙手在空中狂亂地揮舞著說道，"別上車，珍妮，我求你了！"他幾乎要哭了出來，伸出手來緊緊地握住了我的手。這一霎，一股悲傷突然湧出，像站臺上無孔不入的白霧一樣充滿了我的心頭。隨即而來的便是百感交集，既有對自己的深深失望，恨自己沒有足夠的勇氣和決心來將計劃付諸行動，同時又意識到如今耐心等待多半才是真正的上策。如果目的尚未達到便中途送了命，那才是愚蠢之至。

我挪動腳步，開始慢慢地朝站臺外走去。與此同時，無數其他的人正迎面而來，朝列車蜂擁而去。轉眼間，我已經坐在公交車上，望著南京的街景默默出神。保羅就坐在我身邊，仍然拉著我的手。回去的路上他同樣沒說幾個字，只是偶爾搖著頭低聲嘆道，"簡直沒法相信，我從來沒想到你真的會這麼幹。"我一動不動，因為我已經精疲力竭。

我不知道保羅是否救了我的命，還是他僅僅是向后推遲了我無法避免的命運。

\*\*\*

這本回憶錄落筆之前，我心中一直自問，"這跨越半個多世紀的故事究竟該始自何處？"而如今我的問題卻變成了，"這故事又將終于何處？"我想就在此處告一段落，結束兩部書中的上部。如果這戛然而止的故事令您感到突兀，我深感抱歉。不過在計劃于2022年初發表的下部書中，我會為故事畫上完美的句號。

由于中國當時已經閉關鎖國，將自己割裂于世界之外，我謹記父母教誨，要報效祖國，服務中國人民。于是我便下定決心，改掉我的美國口音并深入學習祖國的文化和歷史。在我滿懷愛意的丈夫支持下，我成為一名小有成就的眼科醫生，主攻青光眼治療。我住在上海租界區期間還養育了一個身有殘疾的女兒。這個家成為了我的綠洲。

## JEAN 春華 裴敬思 醫學博士

爲數不多的全家福之一，攝于約1978年

此后我又移居杭州，當時毛澤東發起的"偉大的無產階級文化大革命"正如一股狂潮般席卷而來，令我們身邊的許多人陷入萬劫不復的境地。然而盡管我出身美國家庭，又有基督教信仰背景，丈夫還被紅衛兵抓捕下獄，周圍的一切更是被打倒砸爛，我却仿佛有神明保佑，總能得遇貴人相助。1970年末，當中國重新向西方敞開大門，我爲中國共産黨及國家主席華國鋒的作翻譯時，一位美國醫生發現了我并開始幫助我重返美國。而下部書中講述的就是這個國家所經歷的苦難，這恐怖年月中相濡以沫的男男女女以及我在這崢嶸歲月中所經歷的天堂與地獄。

# 附錄

1. 致敬愛的先父母悼辭一篇
2. 近代中國簡史及傳教士頌辭
3~4. 1950年12月至1951年3月間與先父母書信往來

# 附錄一

## 悼念敬愛的先父母：
## 裴敬思醫生和裴家紀女士

家父愛德華・卡特・裴敬思醫生 (Dr. Edward Carter Perkins)，瑪麗・伊芙琳・德懷特・裴敬思 (Mary Evelyn Dwight Perkins) 與愛德華・亨利・裴敬思 (Edward Henry Perkins) 之子，亨利・奧古斯都・裴敬思 (Henry Augustus Perkins) 之弟，于1875年7月11日降生于美國康涅狄格州哈特福德市。家父裴敬思醫生及其兄長據載均爲康涅狄格裴敬思家族之后裔，家境富足殷實。其兄長爲物理學及工程學教授，于學界頗有建樹，并兩度擔任哈特福德市三一學院執行校長。家父之其曾祖父依諾克・裴敬思 (Enoch Perkins)，安娜・皮特金 (Anna Pitkin) 之夫，曾聯合創建了哈特福德國家銀行及一家全美歷史最爲悠久且持續在營至今的律師事務所，現名霍華德、科恩、斯普拉格和菲茨杰拉德 (Howard, Kohn, Sprague & FitzGerald)。家父之祖父同樣名爲亨利・奧古斯都・裴敬思 (Henry Augustus Perkins)，曾于1853年至1874年擔任哈特福德國家銀行總裁一職。

　　裴敬思家族數代以來以聯姻形成望族，勢大財雄。家父之曾祖母安娜・皮特金 (Anna Pitkin) 爲美國衆議院議員蒂莫西・皮特金 (Timothy Pitkin) (1766－1847) 之妹。家父之伯祖母艾米麗・皮特金・裴敬思・鮑德温 (Emily Pitkin Perkins Baldwin) 爲康涅狄格州第三十二任州長兼美國參議員羅杰・威廉姆・鮑德温 (Roger William Baldwin) (1793－1863) 之妻，其子既家父堂伯西蒙・艾本・鮑德温 (Simeon Eben Baldwin) (1840－1927) 此后又榮任康涅狄格州第六十五任州長。家族中更有其他實力人物，不勝枚舉。

　　于文學一道，家父和大伯均爲美國革命戰爭英雄内森・爾 (Nathan Hale) (1755－1776) 之后裔，亦即愛德華・埃弗裏特・黑爾 (Edward Everett Hale) (1822－1909) 之重侄孫。愛德華・埃弗裏特・黑爾則身兼著名作家、歷史學家、廢奴倡導者和牧師于一身。裴敬思家族數十年來一直與薩繆爾・L・克萊門 (Samuel L. Clemens) 比鄰而居，友誼綿長，親密無間。薩繆爾・L・克萊門乃世界知名作家，筆名馬克吐温 (Mark Twain) (1835 1910)，廣有著述。簡而言之，家父愛德華・卡特・裴敬思醫生乃新英格蘭貴族精英家族之直系后裔。

既如此，試問家父何以獲得"裴敬思"之中文名字？

據說，家父年少時一度放蕩不羈，揮金如土，游戲人生。家父英俊瀟灑，頗具魅力，又兼聰明伶俐，體魄健壯，曾于1893年至1898年間任耶魯大學徑賽隊長并多次于高低跨欄徑賽中奪冠。家父以1898級耶魯大學學生身份成為斐陶斐榮譽學會成員，并多次取得哲學演講名次，論題涉及政治科學、法律及歷史。此后家父于1899年赴哥倫比亞大學進修并獲得法學學位。家父自十五歲起既成為第一基督教堂會員，該教堂迄今仍坐落于哈特福德市高登街60號 (60 Gold Street)，此后却遭教堂除名。究其原因，想來多半因其沉迷酒色，醉生夢死，生活方式不為教堂見容。

家父少年時放浪形骸，隨后却浪子回頭。一次郊外行游途中，家父失足墜馬，竟因禍得福，得以聆聽上帝之召喚。遂幡然悔悟，洗心革面，于1902年入讀哈特福德神學院，又于巴爾的摩醫學院修讀一年，此后手不釋卷，勤學不輟。家父不僅于1910年完成哥倫比亞大學內外科醫學院學業并取得醫學博士學位，更曾赴耶魯神學院深造鑽研神學奧義。家父是否于耶魯神學院被正式授予聖職如今已殊難考證，但此后人們多以愛德華・裴敬思博士神父 (Rev. Dr. Edward Perkins) 恭敬稱之。

家父于1910年完成醫學學位，彼時雖然全然不通漢語，却乘船遠渡重洋來到中國，沿途歷訪朝鮮、日本等國。殊不知此次遠行，竟成為家父人生軌迹之關鍵轉折。初訪中國，家父于在華期間陰差陽錯來到華中地區的江西省九江，并于九江城內的但福德醫院盤桓多日。家父于但福

家父裴敬思醫生

## JEAN 春華 裴敬思 醫學博士

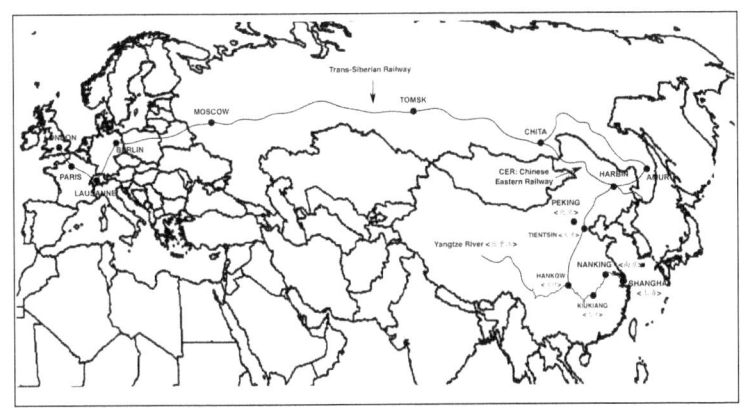

1913年家父經西伯利亞至遠東地區的長途旅行軌迹
空白地圖由http://geography.about.com/library/blank/blxeurasia.htm下載

德醫院結識了主管院長瑪麗·斯通醫生 (Dr. Mary Stone)，中文名爲"石美玉"。家父更據二人在此間之交往互動著有《一窺中國之心》(A Glimpse of the Heart China，紐約：弗萊明H.雷維爾公司1911年出版) 一書，其中記述了斯通醫生在中國的生活及工作。

返回美國不久，家父便于紐約市聖盧克醫院完成了爲期三年的住院外科醫師實習。1913年初，家父在祖母陪同下遠赴英國倫敦接受熱帶疾病防治培訓，爲期三個月。家父和祖母此行亦順道游覽了法國巴黎和瑞士洛桑，然后前往德國柏林并在此分別。家父繼續東行至莫斯科，并冒險搭乘列車橫跨西伯利亞至滿洲裏。旅途漫長，家父因利乘便，竟學了些俄語。

家父乘火車行至中國極北都市哈爾濱，在此轉乘列車，沿跨滿洲裏鐵路南下至中國首都北京之門户，天津。家父在天津頗有些熟識的美國傳教士。盤桓天津期間，家父得悉了南京城，便再度南下，本欲赴南京學習漢語。却因當時軍閥混戰，家父幾遭戰火荼毒，遂改道赴漢口，由此乘蒸汽輪船沿長江順流而下。

家父自倫敦出發以來，歷經旬月長途跋涉，終于1913年7月17日重返古城九江。家父于當地與江西美以美會，既聯合衛理公會前身，取得聯系，并于但福德醫院擔任外科醫生達一年之久。彼時但福德醫院乃九江城内唯一醫院，僅收治女性患者。家父因

## 春花：兩條江邊的故事

家母裴家紀，國人多尊稱裴師母

而發現全城并無任何醫院診所專向男子患者開放。

若非在美國情有所系，家父二次來華本不會就此離去。家父牽挂者正是家母，喬治娜·麥克唐納·菲利普 (Georgina MacDonald Phillip)，威廉姆·索爾德·菲利普及珍·索爾德·菲利普 (William and Jean Sword Phillip) 之女。家母于1883年誕生于蘇格蘭愛丁堡，五歲時隨家人移居加拿大多倫多市并暫居當地二年，此后移民至美國。外祖父就職于紐約某建築事務所，家母遂于哈德遜河流域長大成人，先后輾轉多地居住，如哈得孫河畔黑斯廷斯村及歐文頓，最終定居楊克斯。

家母與家父同樣有中文姓名，叫做裴家紀。家母早年生活遠較家父平淡樸素，一直深居簡出，與外祖父母在楊克斯家中相依爲命，直至三十多歲。盡管彼時同齡女性大多早已嫁做人婦，家母却似已安之若素，意欲與外祖父母安享恬淡余生。家母與外祖父母均爲基督徒，虔誠自律。生活雖波瀾不驚，一家三人一犬却也怡然自樂。

1916年，家母與家父成婚，此后人生隨之劇變。在此數年前某日，家父于紐約市邂逅家母，其時家母正乘坐一輛電車經過。

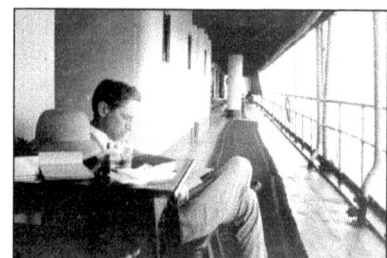 

新婚燕爾的家父母在長江蒸汽輪船上各自安靜獨處

## JEAN 春華 裴敬思 醫學博士

1920年上海外灘

電車轉彎,家母望向窗外,兩人目光恰好相交。父親遂一見鐘情,飛奔追上電車向家母求婚。

家父母于1916年完婚,婚后不久家母便加入傳教使團并離家遠行至大洋彼岸,亦是家母成年后首次離開楊克斯。外祖父母原指望與獨生女兒安享晚年,大義當前亦做出犧牲玉成此事,尤屬難能可貴。

家父家母一同行至舊金山客輪碼頭,乘坐跨太平洋蒸汽郵輪告別美國。家母自七歲以來首次離開美國。經數月海上顛簸,二人在火奴魯魯及橫濱兩地短暫經停,最終于著名的上海外灘結束航程,登陸上岸。其時家母已對攝影頗為熱衷,此后長期以鏡頭記錄她跨越人生的中國之旅。早在二十世紀初,如家母一般隨時攜帶相機并非司空見慣之事。

家父母由上海西行至蘇州,該城素有"中國威尼斯"之美譽。二人由蘇州雇船沿京杭大運河南行。該人工水道建成于公元六世紀,南至杭州、北達北京,全長逾一千一百英里 (譯者按:約1,770公里)。盡管其在隋朝 (公元581-618年) 的修建過程充滿了朝廷的橫征暴斂和奴工的血淚付出,工程本身却是足證中國人民智慧之偉大奇迹,足以媲美舉世聞名的萬裏長城。這一人造奇觀不僅令中國南北交通運輸提前跨入現代,同時也具有疏解洪澇之功,對中國經濟發展功莫大焉。

## 春花：兩條江邊的故事

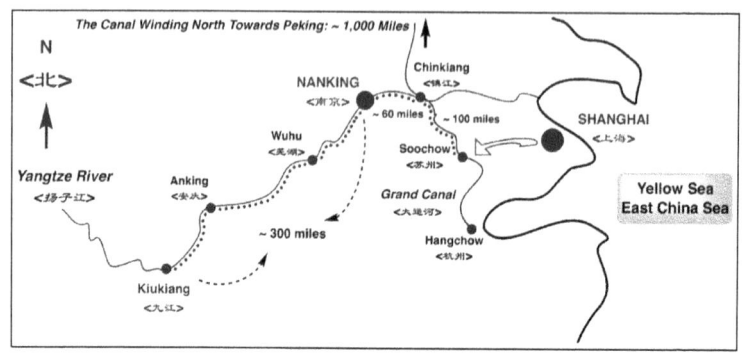

家母前往九江路綫圖

船行京杭大運河蘇州段掠影

### JEAN 春華 裴敬思 醫學博士

家父向沿岸民衆派發《聖經》

矗立于長江岸邊的九江鎖江樓塔

## 春花：兩條江邊的故事

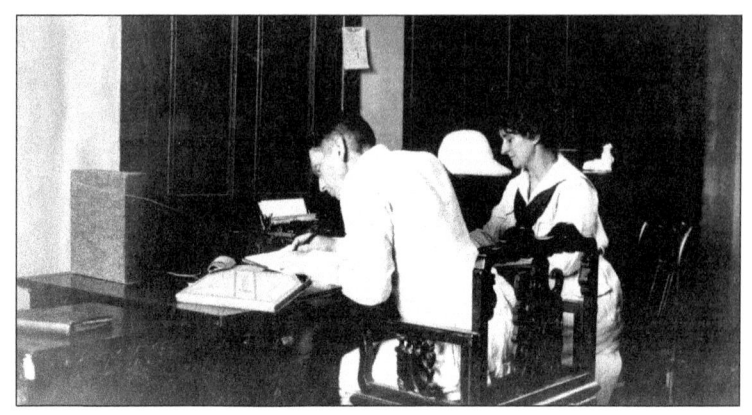

衛理公會攝影局拍攝的紀錄片畫面：家父母在醫院辦公室辦公

家父母二人乘中式"貢多拉"（譯者按：威尼斯特色小船，爲當地代步工具）沿大運河而行，航程近百英里（譯者按：約160公里）后抵達鎮江古鎮，既大運河與長江交匯處。二人由鎮江出發，溯長江而上，西行約六十余英里（譯者按：約96公里）前往南京，既家父三年前因兵亂而未曾訪問之城。家父母暫居南京

家父母早年在九江

近兩年，期間投入大量時間緊張修讀漢語。家父不顧學業緊張，同時兼任鼓樓醫院 (University Hospital of Nanking) 外科醫生，并偷閑與家母共同籌劃在九江設立男子醫院事宜。

1918年，家父母離開南京再度溯長江而上，西行約三百英里（譯者按：約480公里）至九江這一華中地區農業小鎮。至此，家父已是三顧九江，于家母而言尚屬首次拜訪。此后，家父母伉儷二人便將全副身心及所有的時間精力全部貢獻給中國人民，爲其袪病健體，度化性靈，達近半個世紀之久。

266

## JEAN 春華 裴敬思 醫學博士

### 追憶家母人生點滴

我每每暗自思量，當母親初次抵達上海，第一眼看到那舊上海風光時會是怎樣的表情；當她乘坐一葉扁舟，行駛在蜿蜒擁擠的京杭大運河上時又會是如何的神態；而當她終于乘船駛入揚子江心，面對那浩浩湯湯橫無際涯的長江，又會作何表示。在我的想象中，當那雄偉的九江鎖江樓塔慢慢出現在母親視野中，她定

家母與其主日學校學生

## 春花：兩條江邊的故事

是爲之迷醉難以自拔，爲這异域奇境驚嘆不已。在紐約州哈德遜河畔的楊克斯度過半生之后，當她終于踏上九江城的土地，心中又是怎樣的感慨？我幾乎無法想象那種翻天覆地的文化衝擊，尤其是在她初來乍到的頭一年裏。當家母得知流毒數百年的纏足陋習依然盛行，確實發出了震驚的感言。中國女人自幼便以布帶纏足，及至成年依然足不盈握，以此迎合男人審美，引人聘娶。女性受此荼毒，足部殘疾痛苦終生，然而無論社會階層高下，此等陳制陋習均能大行其道。蓋當年風氣以女子足小爲美，致令女人鮮有足長逾三寸者。家母自然將其視爲對女性身體的褻瀆，亦傳襲了社會對女子的一貫漠視。女性健康與女性教育均無人在意。

　　家母對中國面孔并不陌生，因爲早在來華之前，家母在紐約州的老宅中便曾與外祖父母慷慨接待多名中國學子借住，其中既有醫學專業學生，亦有實習醫生。設若她登陸上海后就停留此處，文化差異尚不致過大，因爲1916年的上海已經是個國際化的大都市了。然而家母却從美國直接來到了飽受戰禍饑荒摧殘的中國中部農村地區，其文化環境之天壤之別可想而知。

我摯愛的父母于1950年代合影

## JEAN 春華 裴敬思 醫學博士

或許有人以爲母親只是遵從傳統，作爲一個滿懷愛意的妻子跟隨丈夫，履行妻子義務支持丈夫追逐夢想。然而事實却遠非如此。究竟是什么在支持着她扎根于此？我相信她必定也聽到了上帝的召唤，因而肩負起了自己的使命。她所追求的是一種激情澎湃的人生，一種平等的理念，既一切女性都應享有追求人生、教育以及健康醫療的平等權利。她所追求的同時也是一個希望，希望中國人民能夠看到西方文明的精髓，體會到其溫暖。簡言之，家母喬治娜·菲利普·裴敬思之所以竭盡所能，是爲了令這世界從此不同。

引用家父對母親的評述："在我人生中承上帝賜福，恩澤之偉大無法言喻。上帝賜我佳侶襄助，她與我志同道合，常能慰藉我心；她耐心而善解人意、常以智慧爲我指點迷津；縱然顛沛流離，歷盡苦難乃至身處絕境，亦不離不棄風雨同舟。多事之秋不失恒心，危難關頭仍懷勇氣，正所謂泰山崩于前而色不變，猛虎趨于后而心不驚。"

# 附錄二

## 近代中國簡史

倘若將中國十九世紀中葉至二十世紀的歷史用幾個詞概括，那就是戰爭、饑荒和瘟疫。十九世紀中葉，中國從兩千年來的睥睨全球的無敵王者地位開始逐漸走向衰敗。當時統治中國的滿清帝國（1644-1912）日益腐化、分裂和積弱，國家實力被逐漸侵蝕消解。統治者的無能令中國缺乏有力的外交手段制衡西方帝國主義列強。同時西方國家對中國產品的巨量需求又造成了無法平衡的單邊貿易與巨量債務。

爲平衡貿易逆差，英國東印度公司開始向中國非法傾銷鴉片制品。這種以嗎啡爲主要活性成分的毒品幾乎令整個中國陷入麻醉狀態。爲根除這種流毒甚廣的癮癖，打擊走私販私，中國與西方國家間爆發了中英鴉片戰爭。英國倚靠壓倒性的現代海軍力量，憑船堅炮利在第一次戰爭（1839-1842）中獲勝，隨后英法兩國又破天荒地結爲盟友，在第二次鴉片戰爭（1857-1860）中再度獲勝，徹底擊垮了中國軍隊的士氣。兩次鴉片戰爭之后，中國被迫簽訂了包括1842年《南京條約》在內的一系列不平等條約，并在第一次戰爭結束后割讓了包括香港在內的土地。

我并不同意將這一切失敗歸咎于當時深陷內憂外患四面楚歌之中的慈禧太后（1835-1908），與我在書上讀到的相反，罪魁禍首反而應當是她身邊那些貪得無厭而又軟弱無能的男人，是他們在不斷地削弱國本賣國求榮。正是這些人一直在對內壓迫，黨同伐異，公器私用中飽私囊。

然而頗具諷刺意義的是，恰恰是這兩場慘敗的鴉片戰爭標志着中國走向現代。當接觸到西方文明時，中國無力在保留自身三千年的文化傳承和自豪的自我認同的同時將西方價值觀去蕪存菁爲己所用，從而導致顧此失彼。我想這時的中國是迷茫的，在抗爭與逃避，抵制與接受之間舉棋不定。與此相比，我們只能艷羨

## JEAN 春華 裴敬思 醫學博士

三十年前發生在日本的明治維新（めいじいしん）如此有效地將一個西方殖民主義浪潮中漂移不定的封建帝國改頭換面。而中國却功敗垂成，未能在雄心勃勃的清王朝第十一位皇帝光緒帝（1871-1908）所發起的百日維新中走向現代。倘若中國也能如日本一般經歷一場明治維新式的和平過渡，那麼她今天在國際社會中又將置身何處呢？

然而在不幸的現實中，中國走向現代的步伐却是盲目而充滿屈辱的。一方面是此起彼伏的反抗運動，先有太平天國揭竿而起，并于1850至1864年間與清政府分庭抗禮；后有義和團運動，在1899至1901年間勇敢地反抗西方勢力統治，試圖重振華夏尊嚴。在這些動亂中，教堂和傳教士也被視爲西方殖民主義的工具，因而成爲起義者的攻擊目標。起義者大多是絕望農民，在饑荒、旱災或瘟疫的圍攻下陷入絕境而不得不拼死一搏。然而由于缺乏大清帝國的持續支持，這些英勇的反抗運動無一例外以慘敗告終。義和團殺死了德國外交官克萊門斯·佛雷赫·馮·克林德 (Clement von Kettler)，因其在光天化日之下于北京街頭處決了一名中國少年。此舉引發了西方勢力的終極報復行動。1900年，以日本帝國、俄羅斯帝國、英帝國、法蘭西第三共和國、美利堅合衆國、德意志帝國、奧匈帝國和意大利王國爲首的多個國家組成了臭名昭著的八國聯軍，以"人道調停"爲名迅速占領了中國的門戶天津港，并很快在1900年8月圍困了首都北京。

中國人一向將自己的國家尊稱爲"中原王國"，而將西方人則蔑稱爲"洋鬼子"，既外洋魔鬼。然而在這些外洋魔鬼的淫威下，一度傲視全球的中國一敗塗地。隨之而來的是可怕的暴行：千年古刹被付之一炬，美麗家園被洗掠一空。造反者被梟首示衆，入侵的聯軍却傲然旁觀。在西方諸國的強大武力面前，中國只得俯首稱臣。

由于西方諸國不久后便開始厲兵秣馬，爲第一次世界大戰備戰。洋鬼子既無精力亦無資源來整頓它們在制造的混亂局面，于是權力真空下中國亂局愈演愈烈。1912年，孫中山博士推翻了滿清帝國的最后一個皇帝，建立了中華民國的第一屆臨時政府，由國民黨執政。

然而臨時政府成立不久，中國便再度陷入混亂的無政府狀態。此后十余年間，兵連禍結，硝烟四起。軍閥和土匪拉幫結派各立山頭，你方唱罷我登場，整個中華大地一片焦土，中國百姓民不聊生。孫中山先生與其年富力強且野心勃勃的繼任者蔣介石決定采取軍事手段重整河山，却又造成更多流血。經1911至1927年的北伐戰爭，中國終于在1928年再度形成短暫的統一局面。

真是禍不單行，戰火硝烟下的中國偏又遭遇連年的饑荒、瘟疫與自然灾害，國家危在旦夕。1920年代，共產主義的理念傳播全球，同時也在中國生根發芽。然而共產主義在中國却絕不僅限于是一種意識形態，而是形成了一股實實在在的革命力量。于是新的國内衝突仍舊不斷，直至二戰爆發。在二十世紀的前半葉，中國一直在竭盡全力却步履維艱地追求着自由、獨立和國際政治舞臺上的合法性。

### 九江的醫療傳教使團

基督教在中國的傳播最早可以追溯至公元630年的唐朝，其時中華文明正值鼎盛時期。至十九世紀中葉，基督教已從星星之火發展成爲燎原之勢，形成一場聲勢浩大的宗教東征運動。現在的海外基督使團 (Overseas Missionary Fellowship or OMF International) 當時稱爲中國内地會 (The China Inland Mission)，由戴德生牧師 (Rev. J. Hudson Taylor) 創建于英國，而長老會及美國衛理公會則在這場運動中扮演了先鋒角色。盡管基督使團慈善友好的行爲與西方殖民主義的野蠻行徑大相徑庭，其在中國的發展也并非一帆風順。

1867年，赫裴秋博士牧師 (Rev. Dr. Virgil C. Hart) 和陶迪博士牧師 (Rev. Dr. Elbert S. Todd) 一行二人經福建省福州市來到九江，設立了江西美以美會——中國的首個布道站點。這兩位牧師也因此成爲最早深入長江流域中游地區的傳教士。他們的到來不僅令九江成爲美以美會在中國的首個站點，事實上也成爲北美新教在中國中部地區的首個傳教使團站點。

基督教傳教使團在中國中西部地區得以蓬勃發展，赫裴秋牧師功不可没，他此后也被授予榮譽博士頭銜。在他的努力下，傳

## JEAN 春華 裴敬思 醫學博士

教使團遍地開花，幾乎覆蓋了整個長江流域地區。赫裴秋牧師和其夫人艾迪 (Addie) 成就卓著，在長江上游的四川省成都市所創立的功業影響尤爲深遠。赫裴秋牧師來自美國紐約州沃特敦，其夫人則是加拿大人。兩人設立學校教授現代課程，積極提倡女子教育，同時大力呼吁醫療傳教使團携西方醫療技術來華并設立現代醫院。時至今日，坐落于成都市的四川大學校園内還矗立着一棟以赫裴秋博士牧師命名的建築，千秋功勳有目共睹。上述前輩先于家父母來華，以一代人努力爲后來者披荆斬棘開闢道路，居功至偉矣。[1]

世人對來自于密歇根州艾德裹安市的陶迪博士牧師所知甚少。陶迪博士牧師畢業于艾德裹安學院，此后進入紐約的協和神學院進修。其侄女伊娃·托德·伯奇 (Eva Todd Burch) 的一本著作中以一章的篇幅專門記述了陶迪博士牧師携家人來華，并于1867年最終抵達九江的旅途，并配有一幅陶迪博士牧師的肖像畫。不過赫裴秋牧師和陶迪牧師在九江都未久做停留，也未在此設立診所。事實上據史料記載，傳教士或西方醫生在九江經營診所

九江同文中學

---

1  赫裴秋博士牧師：傳教使團元老，中國中西部美加傳教使團創建者 （紐約：喬治·多蘭公司，1917年）

均在1900年之后。1875年確有一位名爲威廉姆•塔貝爾醫生 (Dr. William E. Tarbell) 的西方人在九江開設藥房，却于翌年便關門大吉。

盡管九江的早期醫院建設乏善可陳，不過江西美以美會倒是在九江設立了幾所學校。1881年，托馬斯•卡特 (Thomas C. Carter) 與德國傳教士庫思非博士 (Dr. Carl Frederick Kupfer) 共同設立了九江同文中學并共同擔任首任校長。而早在此前的1873年，來自美國密歇根州首府蘭辛市的女傳教士昊格矩女士 (Ms. Gertrude Howe) 便創建了儒勵女子中學并擔任首任校長。在世紀交替之時，這些傳教使團成員不約而同地選擇女性教育作爲其工作重點，這是何等的遠見卓識！家母曾在孺勵女子中學任教，家父也曾在1920年代出任孺勵女中代理校長職務并在九江同文中學任教。這兩所學校直至今日仍然存在。

此后，一系列的小學及私立走讀學校便如雨后春笋般紛紛建立起來。1906年諾立神道女校宣告成立，由胡遵理女士 (Ms. Jenny V. Hughes) 擔任首任校長。家父母均曾在這間聖經培訓學校擔任教職。此后九江又成立了以殘疾兒童康復和教育爲主要職能的格雷西中心，成爲又一項遠遠超前于時代的人文壯舉。

1901年，美國芝加哥傳教士但福德醫生 (Dr. Isaac N. Danforth) 捐資興建了九江第一所醫院。但福德醫生爲紀念亡妻，以其名字伊麗莎白•斯凱爾頓•但福德爲醫院命名，稱但福德醫院，致力于改善女性健康。如今這所醫院已經更名爲九江市婦幼保健醫院。

除了石美玉醫生 (Dr. Mary Stone) 之外，康成醫生 (Dr. Ida Kahn) 同樣是當年九江的一位杰出中國女性。作爲昊格矩 (Gertrude Howe) 的養女，康成醫生共同出任了孺勵女中首任校長。石美玉醫生和康成醫生兩人均于1896年赴密歇根大學醫學院進修，成爲中國最早一批赴美留學的女性醫生。回國後，兩人共同出任但福德醫院院長。兩人均屬于二十世紀初最有影響力的中國女性。

家父于1913年在但福德醫院擔任外科醫生期間，見九江尚無男子診所或醫院，便在心中暗暗留意。1916年至1918年間，家父

## JEAN 春華 裴敬思 醫學博士

儒勵女子中學

和家母在南京學習漢語期間，同時也開始籌備在九江設立男子醫院。

1918年，九江生命活水醫院作爲九江第一間男子醫院正式開業。不久，畢業于美國密歇根大溪城卡爾文學院護理專業的浦樂姐妹，既蒂内塔·浦樂（Deanetta Ploeg）和伊麗莎白·浦樂（Elizabeth Ploeg），也來到九江并加入生命活水醫院，成爲家父母這項事業中的得力臂助。

但福德醫院

家父醫院名稱中"生命活水"一詞來自于一段《聖經》篇章——"聖靈和新婦都說來。聽見的人也該說來。口渴的人也當來。願意的都可以白白取生命的水喝。"（《啓示錄》第二十二章第十七段，詹姆士王版本）。家父因其獨特的個人經歷才偶然得見這一原本鮮爲人知的篇章并爲其所點化，由此開悟，因此一向深愛這一篇章并以此命名醫院。

1918年至1927年間，生命活水醫院一直賃屋營業。開辦之初，家父爲醫院中唯一外科醫生，每月接診中國患者人數多達140名。在后來的歲月中，醫院也得到了訪問醫師們的支持。尤

## 春花：兩條江邊的故事

其是一位來自美國紐約州塔珀湖的年輕女傳教士，海拉·沃特斯醫生 (Dr. Hyla Watters)。她當時在位於長江下游蕪湖市的蕪湖總醫院工作。在浦樂姐妹等人的鼎力相助下，家父培訓了數百名年輕的中國醫護人員。

在二十世紀初期的中國，霍亂、瘧疾、麻風病、白喉、天

九江生命活水醫院開業，攝于約1918年

九江生命活水醫院，攝于約1918年

## JEAN 春華 裴敬思 醫學博士

浦樂姐妹抵達生命活水醫院

清晨排隊候診的人們

花、肺結核和傷寒等惡疾司空見慣，中部農村地區尤甚，九江更不例外。因醫療條件落后，分散的偶發病例極易擴散形成灾難性的流行瘟疫。父親在英國倫敦接受的熱帶疾病防治培訓在他此后的行醫生涯中找到了用武之地，也爲中國人民的福祉做了重大貢獻。

九江在1924年曾爆發過一次亞洲霍亂，家父也被感染，幾乎一病不起。當時傳教士因感染疫病而喪生者并不罕見。來自美

春花：兩條江邊的故事

國伊利諾斯州惠頓市的護士諾拉·伊芙琳·凱洛格 (Nora Evelyn Kellogg) 就是在但福德醫院感染傷寒而不幸去世，歿年僅三十九歲。

　　父親并非常住九江。有母親坐鎮生命活水醫院代行總經理和財務總管之職，父親便得以抽身前往中國其他地區進行公益援助。1921年，中國北方大旱赤地千裏，又兼連年戰亂兵禍連結，以致連續三年絕收。這次災情之慘烈程度雖然不比早年的數次大饑荒（約1876年和1907年兩次饑荒，分別導致一千萬人和二千五百萬人喪生），却也奪去了五十多萬人的生命。家父與美國紅十字會的救災人員奔赴山東省德州市，馳援當地的衛氏博濟醫院 (Williams Porter Hospital)。家父曾撰寫一部短篇回憶錄記錄這段經歷，其中寫道：

　　近月我于華北災區賑濟饑荒，所聞所睹，感悟頗深。蓋華人置身于漫長苦難中而堅忍不拔，此其杰出品質之一也。此次饑荒之慘烈，言辭不能述其萬一。然而于此等饑寒交迫之絕境，我却不曾耳聞目睹災民有暴動騷亂之意，哄搶劫掠更是聞所未聞。災民雖身處絕境，或忍饑于家中默然就死，或跋涉于戶外覓食果腹，却決未如常人所料般糾結一處四處搶掠。廣袤山東平原之

幾近完工的生命活水醫院新址，攝于約1931年

## JEAN 春華 裴敬思 醫學博士

上，一日之中無論晨昏，總有小股灾民單行排列，沿田間小徑四處搜尋覓食……

在饑餓與寒冷的雙重夾擊下，一場肺炎瘟疫在山東德州爆發。家父日記還記載了他與衛氏博濟醫院的山姆·科克倫醫生合作控制疫情的努力。爲阻止這種致命的瘟疫，家父與科克倫醫生說服中國鐵路委員會禁止列車在疫情爆發區域內停車，從而防止了疫情進一步擴散。

應其他醫院請求，家父于1926年曾多次前往九江南鄰的南昌，馳援南昌總醫院救助大量受傷士兵。當時戰亂紛擾，他們即使在手術中頭頂仍不時有流彈飛過。當時蔣介石統一中國的北伐戰爭和國共間的武裝衝突都造成了大量傷亡。然而當各方傷員齊

九江市第一人民醫院活水醫院，2016年

春花：兩條江邊的故事

生命活水醫院全體醫護人員，包括醫師、護士、藥師、助手及其他員工，攝于1949至1950年間，家母作爲攝影者未出現在畫面中

聚醫院時，家父目中所見却只有傷痛折磨下的面孔，而不是各人的理念信仰與意識形態。至1927年，中國的亂局已極度惡化，家父母和九江的其他外國傳教使團人員都被命令撤離，只得北上朝鮮，客居首爾達半年之久。

1927年底，家父母于再次回到九江。他們在生命活水醫院原來租賃的舊址附近購得一塊土地，并按照當時最先進水平開始修建一所醫院。項目于1928年初破土動工，歷時三年有余，直至1931年方告竣工。至1932年，醫院新址已經完全投入運行。九江生命活水醫院的建設資金主要來自于家父繼承的家族遺産，兼有少許爲其四處募集的善款。

在生命活水醫院，家父帶領團隊其他人員診療了成千上萬窮困潦倒的人民。他們對于在戰爭衝突中受傷的人員一視同仁，從不歧視。無論是中國人、日本人

蒂内塔•浦樂女士與伊麗莎白•浦樂女士在生命活水醫院，攝于約1920年

280

### JEAN 春華 裴敬思 醫學博士

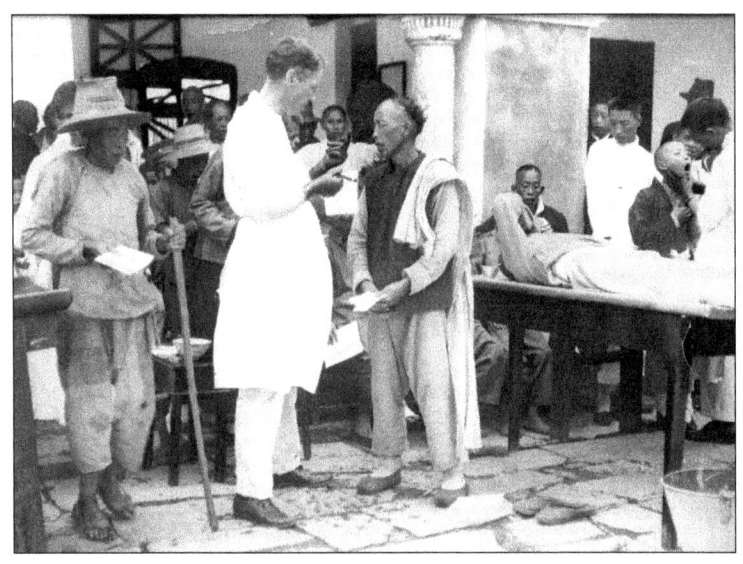

生命活水醫院清晨接診

還是盟軍人員；也不分共產黨、國民黨還是美國人。他們培養了一代又一代的中國醫護人員。始建于1918年的九江生命活水醫院，直至今日仍然存在并全面運營，只是名稱換成了九江市第一人民醫院總院－生命活水醫院。而"裴敬思醫學院"培養出的老一輩醫護人員也都后繼有人，將家父的醫術和無私大愛在中國代代傳承下去。

## 最后一點想法及傳教士頌辭

對于中國，那是一個艱難的時代。這個國家山河壯麗，人民多智，悠久的歷史中貫穿着神怪的傳說，三千年的文化中充盈着力量與堅韌。然而在那個特殊的時代，中國大地上卻內亂頻發，灾患不斷，饑荒肆虐，瘟疫橫行，更兼西方列强來勢汹汹，內患未已又添外侮。正因時勢艱難，基督教傳教使團齊心協力，為中國帶來現代醫學和教育的功績便更顯彌足珍貴。正是這些傳教使團的善舉，與西方殖民主義的惡行形成了鮮明對照，也令人們得以一窺西方文明核心的和救贖的人性光輝。青春易老，人生苦短，這些無私的人們却奉獻了自己的享受世間繁華的寶貴時光，

春花：兩條江邊的故事

南京大學語言學校，攝于約1916年

爲救助中國人民投入了全部身心。

在我看來，尤爲值得稱道的是他們能够與我的同胞心意相通同舟共濟，爲溝通而學習漢語——最能代表文化自豪感的標志。因此無論身處任何時代，亦無論出于何種目的，即便是傳播宗教，外國人對于學習漢語的態度總是其對華態度最可靠的試金石——究竟是尊重和幫助還是壓迫與統治。

我認爲中國應當向這些傳教士致敬，因爲他們的犧牲是爲了中國百姓安居樂業和中國的繁榮昌盛。然而我同時也理解，要求一個國家背負這樣的責任或許有些强人所難，畢竟當時這個國家正在艱難地反抗壓迫，争取獨立和自由。在我看來，教會——尤其是衛理公會，完全可以向這些傳教士，這些醫護人員和教職員工致以更高的敬意和認可，因爲他們代表的正是教會歷史的核心精髓。他們爲了教會和上帝無私貢獻了全部的資源、精力、技能和智慧，而自己則過着清貧的生活。而對于這些衛理公會傳教士二十世紀前半葉在中國的事迹和他們爲教會所成就的功業，我們如今却所知甚少。即便是親歷者如我，也只能述及與家父母有交集的寥寥數位。

倘若放任這些傳教士之義舉就此淹没于時間長河中，那將是教會的耻辱。我自承對文獻的檢索并非巨細無遺，因此倘有疏漏亦願接受指正。以我的調研看來，關于這些傳教士的存世文獻已

## JEAN 春華 裴敬思 醫學博士

經殘缺不全。私以爲教會作爲一種信仰體系的代表機構，當有人爲其所代表的信仰做出犧牲乃至獻出生命時，應當以最高禮遇向這些殉道者致敬，而非袖手旁觀，令其成爲史書上的注脚甚至就此被人遺忘。

這些九江衛理公會傳教士如此無私付出的目的絕非將自己的青銅胸像擺上祭壇。即便是我做如此之想，家父母在天之靈也必申斥于我。然而我却始終相信，他們與其他傳教士所成就的偉業，已足以當得起聖人稱號。倘若他們是天主教傳教士，這樣的犧牲已足以得到册封。他們所有人，都在不凡中走過了崢嶸的人生。

# 附錄三

## 我于1950年12月至1951年1月間寫給父母的信

母親和"代代"被迫離開中國后我曾一度瘋狂地寫信給他們。下面作爲附錄三摘錄的信件均來自于母親的收藏。而后面附錄四中母親和"代代"給我的回信則是根據母親保存的復寫副本整理而成。

1950年12月23日
我最親愛的媽媽，
　　我知道您在生日前不會收到我這封信，因爲我提筆寫信時已經是您的生日了。不過我想我還是要在這張漂亮的信紙上寫下我的話，只是爲了讓您知道我對您那種特別的想念。願上帝賜福給您，媽媽。
　　我不知道自己的英語是否還能像在孺勵【九江孺勵女子中學】時那樣考得高分。說起分數來，我剛剛拿到自己上半學期兩門功課的分數。一門是生物，我得了80分——我也不清楚怎麼會這樣，但成績就是如此。另一門是化學，我得了75分。我同樣不知道自己是出了什麼問題——我對化學似乎總是提不起興趣。
　　昨天我和另外一個女孩一起到弗蘭奇小姐（Miss French）家去看望她。她給我看了您寫給她和舒爾曼小姐（Miss Schulman）的信。我們還從她那裏拿到了大衣！我告訴她說，您說過我可以向她要錢，但是我不知道該要多少。我剛剛才向我的室友小陳借了錢，如果不知道該從弗蘭奇小姐那裏要多少錢的話，估計后面我還要向小陳借錢。媽媽，我真希望能管住自己，不再買那麼多零食。可是我偏偏管不住自己！天呐，我真希望您能在這裏，天天數落我一頓！
　　這裏的天氣還好。看來今年的白色聖誕節算是沒有指望了。不過說起來，一個天氣晴朗陽光燦爛的聖誕節同樣也很不錯，甚

## JEAN 春華 裴敬思 醫學博士

至還要更好些。

今天晚上我們自己准備了聖誕節目。我要演一出名爲《別聰明人》的話劇。我扮演的角色是個過路人，整出戲我只需要説一句臺詞就行。

聽説今年新年期間我們這裏會放三天假。老天爺，這難道不很好玩嗎？就好像我還没有休够假似的，哈哈。

好吧，媽媽，我現在本該去静下心來寫語文論文，不過我還是想在您生日之際給您寫上幾句話。

生日快樂，媽媽！順致很多很多的愛！

珍

1951年1月5日
親愛的媽媽，

今天收到您和"代代"從廣州給我寫的信，好開心！我過去這兩個禮拜真是度日如年。現在我知道了您和"代代"這段時間忙得有多么不可開交。我想你們一定都累壞了。但願后面的海上旅途能够悠閑一些。你們會走經過英國的那條航綫嗎？

聽説有朋友爲您和"代代"送别我很高興。由此可以看出九江人民有多么愛戴您和"代代"。我没能爲您送别，很是難過，過去一直郁郁不樂。

您和"代代"是第一次到廣州嗎？我不知道您收到這封信的時后，是否會已經踏上了去往美國的郵輪，也不知道后面應該把信發到哪裏去。航空郵件或許能快些，但是郵資會貴很多。可是如果我寫了信您却幾個月都看不到，這個事實我簡直無法接受。

没錯，上帝并没有抛弃掉他的孩子們。我上封信裏忘了告訴您，弗蘭奇小姐送給我一件大衣，是海倫阿姨留在她那裏，讓她送人的。那件大衣很漂亮，最主要的是穿起來非常暖和。那天格蕾絲•H (Grace H.) 還送給我一雙針織的襪子，她穿着太大，而且她聽説我的襪子上破了許多洞。所以您看，這個冬天我肯定是不會挨凍的——身邊的人對我都很好。

哦，媽媽，我還是管不住自己總要買零食吃。我在别的無聊東西上從來都不會亂花錢，但是我好像就是總會因爲緊張而吃，

## 春花：兩條江邊的故事

吃啊吃，吃個不停。

發小很長時間都沒有給我寫過信了，我倒是也沒給她寫。我本應該給她寫的，畢竟現在我除了她，在這裏連一個能夠傾訴的人都找不到。我不知道她獨自一人在高中裏是怎麼熬過來的。她一定特別特別想念兩位阿姨。

現在我身邊還有弗蘭奇小姐和舒爾曼小姐。他們已經通知了海倫阿姨，讓她盡快離境。不管怎麼樣，我每次看到她們就像看到您一樣，讓我感覺在這裏還有個家。不過，她也有個家，比我們所有人加在一起都大的家。但願她能夠從上帝那裏得到關懷和撫慰。

無論將來出現什麼情況，我們都應該滿足于上帝的意志。

親愛的媽媽，您是我心中永遠放不下忘不掉的人，我永遠都將爲您祈禱。您、"代代"和兩位阿姨，四個人都是這樣！您們已經成爲了我的一部分，雖然我們民族不同，但在上帝那裏，我們都是一體的。

順致無限愛意給您們四位！

珍

又及：請將我的愛意轉達給馬布爾阿姨（Aunt Mabel）和安妮阿姨（Aunt Annie）。我會抽空給她們寫信的。現在我正穿着您的睡衣，又舒服又暖和，我都能感到您的體溫呢。這睡衣就是我的慰藉。

1951年1月7日
親愛的媽媽，

您二號在廣州給我寫的信，昨天我才收到！天呐，不過只要能再次聽到您那邊的消息，我總歸都是非常開心的。不過我也知道，將來總會有一天，我們彼此相隔遥遠，來往的信件都會變得七零八落。或許我們應該從現在開始，像記日記那樣寫信了。

我剛剛考完英語的期末考試，考試時間比我預想的要提前。我們的英語老師斯派瑟小姐（Miss Spicer）昨天晚上回英國去了。有可能和您坐的是同一艘船，您說是不是很巧。她是個特別聰明的人，一口英國口音，別提多棒了。

JEAN 春華 裴敬思 醫學博士

我本來還説這次要給"代代"寫信的，結果現在又變成了給您寫。

今天上午我去主日學校了。我的兩個同寝室友也一起去了，令我非常感激。她們老早以前就答應過我説要去，不過今天她們總算是兑現了諾言。看到她們也在尋求上帝的救贖，我特别高興。如果將來您能爲她們——也爲我而祈禱，我一定會非常高興。昨天我做晚禱的時候完全没有感受到上帝的存在。或許是撒旦在作祟搞鬼，也可能是我自己的問題。

教堂現在的出席情况還好。雖然天氣陰雨潮濕，人們還是來了。不知道我還能參加多少次用英語主持的禮拜。現在這些信衆很快就要散了，然後就再也没有英語禮拜了。

我心裏一直記挂着您！

順致無限愛意，

珍

又及：我都還没有感謝您隨信給我寄了錢過來，我真是太不像話了。弗蘭奇小姐借給我的錢我還没有花。我説了要還給她，所以您寄來這錢真是雪中送炭。謝謝您！

1951年1月11日

親愛的媽媽，

過去這四天來一直没能收到您的來信。

日子過得真快啊。一轉眼已經是十一號了。不知道您是否正在大洋上航行。郵輪到了印度，會在什麽地方停靠一下嗎？天呐，那場景可是您一向熟悉的，對吧？若是我也能和您同行可就太好了——我真的是特别想去，就算我知道現在的形勢下完全没有可能也還是想去。我想，正如您和"代代"所説的，這裏才是我應該呆的地方，我應該在這裏扎下根來，幫助我的同胞。因爲上帝對我的召唤就在這裏。可是，若是我能與您同行的話，經歷過我這些日子以來的遭遇之後，我一定會更加珍惜，更加欣賞我此刻看到的東西，比我從前任何時候都更懂得欣賞。而現在我却無法用自己的眼睛看到這一切，而只能聽您爲我描述。所以，您能不能將這景色如美酒般一飲而盡，然后詳細地講給我聽，好

### 春花：兩條江邊的故事

嗎？媽媽？

今天這裏下了雪，天寒地凍。我剛剛上了一節體育課，所以現在才能趁着手還溫暖給您寫信。別的時候我的兩只手都凍得僵了，簡直像兩坨冰一樣。

自從二號起就一直沒有收到您的來信，我知道您肯定不會把我忘掉。估計這段時間您也沒有收到我的信。海倫阿姨還沒走，不過最近她一直在把自己的東西分送給別人。您一定明白我這話是什麼意思。不管怎麼說，她給了我那麼多好吃的。哈哈，您當然知道您的女兒有多饞。我們六個孺勵女子中學的女孩一起美滋滋地瓜分了她那半罐花生醬。

再過兩周我們的期末考試就全部結束了。而我也會回到九江，可是這會是第一次，媽媽和"代代"不會在那裏等我了……

鈴響了，我得趕緊走了，給您好多好多多愛！

珍

1951年1月13日
親愛的媽媽，

給您寫過上一封信之后，我又接連收到了兩封您的來信，都是從香港寄來的！收到您的信可讓我太開心了！天吶，您寫給我的那些消息我是多麼喜歡看啊。不過，我估計再收到您的信恐怕就要等一段時間了，尤其是您在海上航行的時候。

媽媽，得知您幾位能夠結伴度過這段旅程，我真替您高興。而且您去拜訪香港的吳女士也那麼順利。她還像從前那麼漂亮嗎？還有她的女兒瑪利亞 (Marie) 和海倫 (Helen) 怎麼樣？請您向她轉達我的愛。

自從我大前天給您寫過信之后這邊又發生了不少事情。我們原定下周的期末考試徹底取消了。我是多麼希望自己能未卜先知啊。若是我提前能知道考試會取消，我肯定會提前溜回九江，去和您還有"代代"再見最后一面。我們可能連今年寒假都要一并取消，所以現在看起來，我在幾個禮拜之內都未必能夠動身去看望發小。我知道她一直都盼着我回去，可是我們現在只能祈禱。

我們還聽說我們這學校要改成公立了，收歸政府所有。所以

## JEAN 春華 裴敬思 醫學博士

現在到處都亂哄哄的，唉，走一步看一步吧。

我也不知道您現在一共收到了我幾封信。明天我爭取把這封信發出去，好讓它趕在您19日出發前寄達。

媽媽，您可一定要盡量多給我寫信。我認爲寫信應該不會有什麼危險。至少我希望他們不要不允許我們寫信。我的意思是，我認爲不會有什麼問題——我們寫得都非常小心就是了，免得被他們偷看到什麼。我們能不能讓普爾小姐（Miss Pool）來替我們轉發信呢？要不，我也可以把我寫的信發給麥考伊先生（Mr. McCoy），然后再請他轉發給您？再不然您能不能給我多寄些錢來，這樣我就可以多買些郵票來寄航空郵件。也許我們可以先發一封信做個實驗，看看怎么樣。我是説我直接把信寄給您將要抵達的地方，好不好？哦，我這都説了些什麼啊，只是一味在這裏胡扯。不過您懂我的意思，對吧，媽媽？

沒有您來信的日子我實在是忍受不了，連想想都受不了。我在這個世界上就只有您了。

照您這么説，您這次會經停日本，不是走倫敦那條航綫？這兩條航綫哪條更快？不知道戰爭過后會不會有什麼大的變化。媽媽，人生真是太奇怪了——上次我們一起航行的時候是從那個方向來，而這次您却要直奔日本海岸綫而去。想到您和"代代"現在就在海上，我真的無比羨慕。您也知道我是多么喜歡在海上航行。不過您也不用爲我擔心，我在這裏也還都好。我只是想到什麼就説什麼而已。我是説，若是我能和您還有"代代"一起航行，那該是多么好玩啊。

對了，説起我這煩人的咳嗽，我到目前爲止還没有采取任何嚴肅的治療手段。我不願意出去買藥。我現在的漢語水平，要向那些藥劑師解釋清楚還有些費力。我等熬過這個冬天再看情况能不能好些吧。這讓我想起了小時候，有什麼毛病我只需要跟您説就行了，然后您就會告訴"代代"，然后他就會開好藥，讓您帶回來給我。哈哈，我想我遲早有長大的一天。

那天我們去了趟城裏，給海倫阿姨買了件送別禮物。然后她又給了我們一大堆有用的東西，説她以后用不着了。她明天晚上就該走了，所以她就開了個小聚會，想讓我們把她厨房裏的存

## 春花：兩條江邊的故事

貨全都消滅掉——火腿、雞蛋、曲奇、肉還有水果。天吶，這下子可把我們給撐壞了！我們在她的壁爐旁邊團團圍坐，感受着壁爐的溫暖，感受着她的溫暖，只可惜以后再也沒有這樣的好時光了。

我會給兩位阿姨寫信的。我會一直寫下去吧——沒有別的辦法。哦，媽媽，我對您的愛簡直堆成山。

請您轉達我對"代代"的愛！

珍

**1951年1月14日**
親愛的媽媽，

今天我特別開心，因爲我一下子收到了兩封您的來信！上午到了一封，緊跟着下午又來一封。我此刻剛剛發出一封專送郵件，也叫挂號信——希望您出發前能夠收到。這之后我們就要等上好一段時間才能收到彼此的消息了。

順便説一下，從香港寄過來的信大概要一個禮拜就能到。還不壞，我感覺這速度就還算過得去了。您到了美國以後，或許可以把信寄給麥考伊先生，再由麥考伊先生用航空郵件轉發給我，那樣會更快些。

對了，我現在寫信用的信紙是海倫阿姨的。她走的時候我們都沒敢去爲她送別。不過我們在自己的寢室裏開了個小聚會，吃着她留給我們的那些好吃的，慶祝她重獲自由。

我收到了幾封九江的來信。聽説那個護士學校的校長燒掉了自己的《聖經》和《贊美詩集》。現在退教的人更多了。真令人感到悲哀，她原來給學生講道講得那麼激動人心。

我想您和"代代"應該不會冷吧——這裏簡直凍死了。我忘了前面有沒有告訴過您，弗蘭奇小姐送給我一件大衣。

禮拜日去參加英文禮拜的人一次比一次少。這樣下去估計很快就沒有人去了。我會懷念那些禮拜的。

寢室馬上就要熄燈了。

愛您！珍

## JEAN 春華 裴敬思 醫學博士

1951年1月15日
親愛的媽媽，

我又來啦！今天沒有課，又停課了，而且后面幾周裏都不會再有課了。現在我連會不會考試都不知道。這裏現在基本上算是亂作一團了。學校讓我們聽高音喇叭裏廣播的通知——那些大喇叭都高高地挂在樹上和電綫杆子上。

我會去看望弗蘭奇小姐和舒爾曼小姐，她們倆很快也要走了。現在誰也不知道明天會發生什么，我們都是過一天算一天。

給您很多很多愛，珍

1951年1月16日
親愛的媽媽，

又是一天馬上就要過去了。我們剛剛聽到些通知，其實也不算真正的通知，就是一些學生、老師和工人的演講而已。主題嘛，您懂的。

今天下午，他們帶我們去南京大學校園裏，讓我們參觀學校歷史。他們說的那種歷史當然是我們會批駁的了。這裏我不能說得太細，那樣就太過了。長話短說吧，我看見一張"代代"的照片，他站在一家老醫院裏，周圍都是洪灾難民。"代代"正在救助灾民。

我不知道這照片怎么會落到他們手裏。他們甚至還做了幻燈片，所以我是在大屏幕上看到的。我站在后排，沒敢做聲，我也不想聽到他們說的那些鬼話。我很堅强，媽媽，我沒哭，可是那照片真的讓我很傷感。我好想念您和"代代"。

今天沒有收到您的來信——我要發牢騷了。不管怎樣，我就這樣只是把自己的事寫給您看也好，媽媽。再過三天您就要出發了。

祝您航程一帆風順！
順致無限愛意給您和"代代"，珍

## 春花：兩條江邊的故事

1951年1月17日
親愛的媽媽，
　　我又收到一封您的信！信上的日期是1月10日。到我這裏不多不少正好用了七天。我希望您也收到了我每個禮拜日給您寫的信。自從您離開之後，我都寫了好幾封了。
　　今天學校還是不上課，我們現在這日子過得倒是悠閒自在。弗蘭奇小姐又給了我一件大衣，讓我拿給發小。我真希望能早些見到她。
　　天晚了——媽媽的小姑娘要鑽被窩了！給您和"代代"好多愛！
　　珍

1951年1月19日
親愛的媽媽，
　　我昨天又收到一封您的來信。天吶，這可太讓我開心了！
　　您說得對，我們確實需要信念。而信念也往往正是我們所缺乏的。有很多時候，我們并沒有真的把自己交托給上帝。我們必須不停地向上帝祈禱，求他給我們更多的信念。上帝不光會引導我們平安度過此生，還會帶領我們走向永恆。
　　不知道您現在是否已經在海上了。我希望您在船上能夠過得愉快開心——我多麼希望能跟您在一起啊。不過就算不能，我的心也會一直陪在您身邊。
　　我們剛剛得知，下個禮拜就會考試。所以說不定我們最終還是能回到九江待幾天。保羅•熊，您知道他，他爸爸就是同文中學的校長羅塞爾•熊，他說會爭取幫我弄到船票——現在船票很難搞到。原因您一定也知道，這也是我那時沒法趕回去爲您送別的原因。保羅也想回去看望他的父母，他也在替他們擔心。
　　現在我們又得去南京大學去聽廣播了，所以我只能就此擱筆。外面下雨了，不過我不打算穿雨衣。嗯，我真想看看媽媽現在的表情，哈哈哈。我真希望我這些信都能走航空郵件啊。
　　我的親媽媽，我愛你愛你愛你！也請把我的愛帶給"代代"，好多好多愛，

JEAN 春華 裴敬思 醫學博士

珍

1951年1月20日
親愛的媽媽,
　　又收到媽媽一封來信！信是1月14日寫的。沒錯,自從您到了香港,我就一直源源不斷地收到您寫的信。可我不知道爲什麽您只收到了兩封我的信。我知道您肯定盼望着收到我的信,而且我也一直在寫。我希望我的信千萬不要寄丢了或是怎麽樣。您可千萬不要以爲我把您忘記了,媽媽。我絕對不可能忘記您的！！！
　　我敢打賭,現在我的"麻麻"和"代代"一定已經在海上了。我真希望這封信能一下子就飛到您的手中,可是我實際上却不知道要多久您才能看到它。哦,媽媽,我現在多想緊緊地擁抱您一下啊。可是,您可以假裝我正在擁抱您！好不好？親愛的媽媽。
　　噢,媽媽,您這個親愛的珍妮簡直太不會省錢了。哦,媽媽,我簡直是糟糕透頂,沒什麽可説的。我的天！我已經把下學期的花銷都放起來了,只要我能忍得住的話,那些錢我一定連一分也不動。我只是要花掉一點點作爲回九江的路費——船票之類的開銷。
　　隨信寄去兩張我們教友團的合影,您看看其中您能够認出多少人來。
　　今天輪到我來關燈了,所以晚安吧,我親愛的"麻麻",您知道我有多麽愛您和"代代"。但願我的信都能寄到您的手中。
　　也給"代代"送去我的愛,
　　愛您,珍

## 春花：兩條江邊的故事

1951年1月22日
親愛的媽媽，

抱歉我昨天沒能給您寫信，一想起這事我心裏就很難過。可是媽媽，我一整天都在想着您。今天做英語禮拜的時候，我就一直想着您，念着您，差點就當衆哭了出來。可是我知道我不該那樣。若是人家要問我爲什麼哭，我該怎麼説？有耶穌基督在那裏撫慰我，保護我，我本該是平安無事的。我是多麼希望自己能够變得靈性，多麼希望自己能够愛上帝勝過一切，就像《聖經》裏教導我們的那樣，您也一直這樣教導我。可是我還是那麼愛您，我還是那麼想念您。

哦，媽媽，您就再吻我一次，再抱我一次，這要求不算過分吧？可是千萬不要讓我惹您傷心。我知道，有時候我本不該把我的感受告訴您，因爲會惹您傷心。可是有時候，我就是管不住自己。哦，媽媽，請您爲我祈禱吧，讓我擁有這樣的力量，擁有勇敢地面對前面的一切艱險的力量。

聽說您終于收到了一封我的信，我真是太開心了。天啊，這信在路上走得可真够久的，比您寄來的信走得還要久。您看這封信的樣子，像是有人拆過封嗎？不管怎樣，您在11、14、15和16號寫給我的信我現在都已經收到了。謝謝您給我寄來的那些明信片，讓我對您的周邊的環境有了個大致概念。

我會在28號出發回九江，那天正好是您離開九江一個月。我一想到這次不會看到您在碼頭上向我招手，就感覺非常怪異。保羅弄來了兩張五等票，所以我們只能在外面同別人擠在一起——肯定會非常冷——不過也還過得去。我還是想看看曾經熟悉的那一切。

您那壓壞的手指不礙事了吧？（譯者按：原文爲"wrangled finger"，意爲"口角的手指"，疑爲"mangled finger"之筆誤，既"碾傷的手指"）而且您現在還在用打字機給我寫信啊，媽媽。我希望您一切都好。我們還是説點高興的事吧，您猜怎麼着，上禮拜日我們做禮拜的時候，琴師生了病，而替補又無法前來，于是我就自告奮勇去爲大家彈奏。我可有很長一段時間沒摸過鋼琴了，上次大概還是在楊克斯呢。我感覺我的贊美詩旋律

## JEAN 春華 裴敬思 醫學博士

彈得還不錯。我真希望自己當年學琴時用功些就好了，像發小那樣。不過不管怎麼說，我好歹也算是彈了一回。

我最好趁現在趕快把這封信給您寄出去——越早越好，不是嗎？

給您和爸爸一大堆的愛，好多好多愛，

珍

又及：隨信寄去我在上禮拜照的相片。我身上穿的就是弗蘭奇小姐送給我的大衣。您還能認出您自己的珍妮嗎？


1951年1月24日

親愛的媽媽，

又收到了您的來信，好開心啊。我的天，得知您也收到了我的信，我是多麼高興啊。我真的都已經開始擔心了呢——我這邊的信寄到您手中似乎要多花好多時間。

好吧，我想我的媽媽現在正航行在深邃碧藍的大海上，或者說，應該叫做大洋才對。我能想象到，您故地重游，看到那些曾經熟悉的地方時會是多麼激動！經過這場戰爭，許多地方應該已經不再是往日模樣。已經過去了這麼久。您和"代代"這次能有機會見到高田醫生 (Dr. Takata) 嗎？

媽媽，再過兩天我們就要動身，沿江而行回家去了。我希望這一路上都能平安無事——請您一定要爲我們祈禱。現在九江會是個什麼樣子我完全不知道，隨便它吧。發小一直都想要寬松便褲，我這次會給她帶一條過去。我還會把弗蘭奇小姐送給她的那件大衣給她帶去。能跟她再次見面肯定是個好事……

直到現在我還沒有收拾好行李。我覺着我怎麼也應該在大船突突突地開往九江前打好行囊。您能想象我有多麼拖拉嗎？哈哈哈！

我不是告訴您説我要把錢留到下個學期嗎，這計劃我一直都還在堅持。我正在學着省錢過日子，不過我好像還是吃得太多了些。等我回到家——我是説回到九江——我就會把他們一個個的都吃個底朝天。哈哈哈！

弗蘭奇小姐和舒爾曼小姐還在這裏。也不知道她們能待到什么時候，因爲她們現在還沒拿到出國用的離境許可。不過我估計不會太久。舒爾曼小姐請我們這個禮拜去她家做客，就在我動身去九江前。我想等她回到紐約您一定會看到她的。

現在我真得去收拾行李了——我親親的"麻麻"——我太愛您了。也愛"代代"。

愛您，珍

又及：隨信帶去我的吻和擁抱。

1951年1月26日
親愛的媽媽，

天啊，收到您的那封信我真是太高興了。就是您十八號在船上寫的，后來在起航駛向日本前寄出的那封信。哦，媽媽，您終于順利啓程，駛向平安之地了，我真替您高興！我親愛的親媽媽啊，我現在感到了上帝懷抱中那種無邊的幸福。我不知道如何描述這種感覺。如果不是上帝在撫慰我，這樣的離別我肯定一點都無法忍受！但我知道您也一定在上帝的懷抱中。

我們回家的行程又變回去了，還是要等到29日才能出發。到了可以走的時候，自然就可以走了。哪怕回去只能呆一天，能去再看看九江我也是樂意的，起碼可以哄發小開心，不管用什麼法子。

我估計我有好幾封信您都還没有收到。希望您能早日收到，不管怎樣。我昨天向弗蘭奇小姐道了別。舒爾曼小姐也讓我到她那裏去一趟，但我却没有騰出時間。我擔心她很快也要走了。要是那樣的話，這裏能讓我想起您和"代代"的人就剩不下幾個了。

您可一定要記得我啊——請您一定告訴我在美國的所有朋友，讓她們也記着我。

請一定不要忘記我。

如果可以的話我當然想去跟她們所有人再見面，不過她們一直都在我的心裏。

媽媽，您知道我有多么愛您。我現在就特別想給您一個緊緊的擁抱。您可能會發出"呼"的一聲，因爲我會抱得那么那么

JEAN 春華 裴敬思 醫學博士

緊。哈哈哈!
　一定要告訴"代代"我特別愛他。
　順便給我親愛的、唯一的父母帶去一大堆的愛。
珍

# 附錄四

## 1951年1月至3月間
## 父母寫給我的信

**1951年1月25日**
寫于停泊在日本神户港的安娜麥士基號蒸汽輪船上

我親愛的寶貝珍妮,

神户是一個充滿了舊日回憶的地方,一個我如此熟悉的地方。我們昨天下了船,上岸后從輪船停泊處走了很遠去到城裏,經過了許多帶着往日回憶的地方。這個國家的人民都在爲了還清戰争賠款而努力工作,正在從戰争的廢墟中浴火而生,真是很了不起。不過那些建築和土地上依然能看出戰争的痕迹,又令人爲他們感到可悲可憐。我們這兩天來午餐都是在同一個地方吃的。今天我還買了些郵票、信封、信箋紙、復寫紙——這種復寫紙我原來從没見過,兩面都能復寫、還有照片和日文的《福音書》。"代代"買了兩卷德語自學材料。

我們在這裏遇見的所有人都極其禮貌,令人愉快。環境中有一種静謐的氣氛,令人安寧,我們大概正急需這樣一個環境。

媽媽現在要去泡脚了。最近走路太多,實在是纍得受不了。以後再給你寫啊,我的寶貝。

**1951年1月26日**
媽媽又回來啦!我們的船還停在原來的港口裏,預定今天下午兩點起航。我們還没看見四位阿姨乘坐的輪船,我給那艘船起了個名字叫做"通古斯"(Tungus)。不知道她們是否能够追上我們,因爲她們比我們晚了一天才出發。要是能在我們回到美國之前,在遠東再次見到她們一回也挺有意思的。

媽媽最近一直在爲她的珍妮祈禱。對了,我們在美國的地址

JEAN 春華 裴敬思 醫學博士

我原來已經給過你一次，不過我還是要再告訴你一次：
美國紐約州紐約市
第五大街150號
傳教使團及教會擴展委員會收轉
"麻麻"隨信送上一大堆的愛


1951年1月27日
寫于停泊在日本名古屋港的安娜麥士基號蒸汽輪船上
我親親的珍妮，
　　昨天下午三點半左右我們又起航了，就在駛出神户港的時候，我們的船與通古斯號擦肩而過。媽媽揮舞着她那件紅色套頭衫，"代代"則揮舞着白手巾，我們遠遠地看見通古斯號的甲板上有兩個人也在朝我們揮手。我們估計那兩個揮手的就是你蒂阿姨和貝希阿姨！
　　今天清晨我們到達了名古屋碼頭，我們在這裏看見了"艾米麗麥士基號"蒸汽輪船，就停泊在我們對面的泊位上。艾米麗和安娜這次姐妹重逢，一定都很高興！我不知道這種情況要多久才會發生一次。
　　我們下船之後，乘坐有軌電車進城。我們在城裏走馬觀花地轉了一圈，看那裏的商店櫥窗，但是不買東西。不過後來我們還是買了幾樣東西。你還記得媽媽那個黃銅色的小茶壺嗎？我們一直在用的那只？當然了，我們離開的時候它也被留在九江了，跟我們所有別的家當一起。所以"代代"就買了一只跟那個差不多的小茶壺，作爲名古屋的紀念品。我也很高興，因爲它能讓我們想起九江的家！
　　名古屋的那些商店簡直太棒了，棒得難以置信，櫥窗中的商品擺設陳列都非常誘人——就像紐約市那些商店櫥窗一樣。大街上東一堆西一堆地散布着許多小堆的冰雪，你要是見到肯定會感到很有意思。冰雪上都積着一層沙塵，説明不久前暴風雪剛剛拜訪了這地方。
　　在街上看到和我的小珍妮年齡相仿的女孩子，媽媽總是會多看幾眼。她們中間大概有一半穿着長褲和外套，另一半則穿着短裙。聽說在夏天，這裏的女人仍舊還會穿和服，我聽了很是欣慰。

我常常會想起你——現在你一定已經回到了九江——要是馬上能知道你在那裏的所有見聞，我該是多么高興啊。不過估計我只能等到抵達美國之后了。我們這船今晚會停在這裏過夜，然后清晨起航駛往清水市。

1951年1月28日
寫于正在起航駛往靜岡縣清水市的安娜麥士基號蒸汽輪船上
我親愛的寶貝珍妮——

剛才媽媽一直在讀她的小羊羔寫來的信，寫信的日期分別是12月23、25、26、27、28、31號和1月1號。這些就是她的最后一批來信了。噢，媽媽多么盼望着到達紐約時能夠收到小羊羔一封來信啊！

安娜麥士基號于今天早上啓航，預計將于今晚抵達清水市。雖然我們在清水市停泊的地方離富士山不遠，乘客却是不允許下船的。輪船在清水市要再裝上些貨物，而其實我們在名古屋的時候他們就已經開始不停地往船上裝貨了。安娜再次啓航的時間預計是明天早晨，這次的目的地是橫濱市。但願在橫濱市能見到四位阿姨！

今天早晨"代代"和我一起做了"禮拜"。晚餐后我和"代代"一起到甲板上散步，看見一艘遠洋貨輪從我們旁邊駛過。

就在這萬道霞光中，在這白浪翻滾的海上，我們的心會一直與我們親愛的寶貝相伴。

1951年1月29日
寫于安娜麥士基號上

我們在橫濱港海域下錨已經有好幾個小時了，現在正等着領航員來引領我們駛入泊位。現在我看到船已經動起來了，所以不一會我們應該就可以上岸去四處走走看看了。我們在橫濱大約可以停留兩天，然而就會再次啓航駛往溫哥華——不對，我是説舊金山。再起航之后我的信就不會像之前這么頻繁了，不過我還是

## JEAN 春華 裴敬思 醫學博士

打算在這裏把這封信發出去。

　　隨信送給你一大堆愛，
　　媽媽

1951年1月31日
寫于停泊在日本橫濱港的安娜麥士基號蒸汽輪船上
我親愛的寶貝珍妮，

　　今夜將是我們在遠東的最后一夜，可是我的榆木腦袋却怎么也想不通這個事實。你知道的，我們預定明天下午三點啓航駛往舊金山。所以這封信之后，媽媽便只能"每天寫一點"，然后到舊金山再把信一下子全都發出去。

　　今天下午我們到你蒂阿姨和貝希阿姨在通古斯號上的艙房中拜訪，一直小聚到晚上，你想想我們是多開心吧。茉莉阿姨（Aunt Mollie）也特地從東京趕來，陪我們呆了一天。這真是一次了不起的大團圓，我們甚至還組織了一個像模像樣的祈禱儀式。"代代"隨后做東，在橫濱港附近的城裏找了一家餐廳，請大家享用了一頓壽喜燒。

　　吃過飯，茉莉阿姨又帶我們去東京，參觀了她一直就職的那家兒童中心。那家中心裏現在總共有九百多名兒童，茉莉阿姨似乎非常喜歡她這份新工作。我們還設法追踪到了高田醫生的宅邸，就在這個大城市的郊區的一個地方。他們原來在但福德醫院工作，你還記得吧？可惜我們來得不凑巧，正好趕上他們外出，去到另外一個城市了！

　　媽媽希望小寶貝一切都好，也不要再咳嗽了。你要照顧好自己，也要管好你的"達卡銀幣"【錢】。再有呢，就是對自己的學習一定要有信心。你學得越好，將來你這一輩子干工作的基礎就越扎實，准備得就越充分。明天媽媽就開始給你寫下一封信，不過那封信寄到你手中的時間可要比這一封久得多。好吧，現在想象一下媽媽緊緊地抱着親愛的小寶貝的樣子吧。

　　"代代"讓媽媽隨信送去他對你的愛。媽媽也有一大堆一大堆的愛給你。

　　愛你的親媽媽，

## 春花：兩條江邊的故事

寫于停泊于橫濱港內的安娜麥士基號蒸汽輪船上

1951年2月1日
媽媽親愛的珍妮，

媽媽現在正式開始寫那封"每天寫一點"的信了！媽媽希望她的小珍妮今天一切開心順利。早上我們剛起床，就發現船上貼出了告示，説我們將于上午十點啓航。誰知后來又傳來消息，説搞不好要等到中午才能啓航！！于是"代代"和我就雇了一輛脚踏三輪車跑到購物街。我們在那裏爲亨利伯伯買了一只領結，爲奧爾嘉伯母買了一雙帶刺綉的人字拖鞋（譯者按：此處原文爲"slip-slip"，疑爲"slip-slop"之筆誤，既人字拖鞋）。現在已經是晚上9:25了，而我們居然還停泊在這橫濱港裏。若是你在這裏，你肯定會非常喜歡港灣中四處閃動的點點藍光，美麗極了。今晚將會是媽媽和她的小寶貝一同呆在同一個半球的最后一個晚上了。

我們今天又看望了幾位阿姨——包括你原來在唱詩班的老師梅貝爾·伍德拉夫小姐（譯者按：此處人名原文爲"Mabel Woodruff"，但上文中曾介紹唱詩班老師爲"Maybell Woodruff"，故其中一處應爲筆誤）和安娜·皮特曼阿姨（Auntie Anne Pittman）。她們乘坐的通古斯號預計將于明天啓航……

1951年2月1日
寫于航行在海上的安娜麥士基號蒸汽輪船上
親愛的珍妮，

今天早晨醒來后，我望向窗外時突然意識到我們已經離開了日本。終于，媽媽和你不在同一個半球了。外面的陽光仿佛從未有過的燦爛，浩瀚的大洋看上去也無比美麗。水面上没有汹涌的白浪，而安娜麥士基號在水面滑過的動作也非常輕柔。啓航時船上幾乎都没有人察覺到船在動！有人説安娜啓航的時間是在午夜，有人説是凌晨一點，還有人説是午夜到一點之間！我本以爲輪船啓航時，我和"代代"會聽到外面人群的騷動聲，但是我們什么也没有聽見。

JEAN 春華 裴敬思 醫學博士

我們這艘船上有兩個公用的會客廳，或是叫做社交廳。那個小一點的廳標志着"無烟人士專用"，是個很可愛的房間。家具上都蓋着顏色艷麗的印花棉布。我每天清晨都會來到這裏，做早課、讀《聖經》、做早禱，一直都無人打擾。然后我就會去散步，在甲板上走來走去作爲鍛煉。

不知道你現在是不是已經到了九江，也不知道發小如今怎么樣。

滿懷愛意的媽媽

1951年2月7日
寫于安娜麥士基號蒸汽輪船上（這封信是"代代"寫給你的）
親愛的珍，

發小的生日剛剛過去。當我意識到發小已經年滿十九歲時，我猛然醒覺，原來我的小女兒珍馬上就要到二十歲了。你生日這天，我們會一直想着你，并在祈禱中爲你祝福。我希望，就一切人生大事而言，你從二十歲到二十一歲這一年會是你有生以來最好的一年。

我們聽說，金陵女子大學由于諸多干擾而將取消學年中期假期。我們理解你和發小早已計劃好利用這假期在九江再次團聚，而現在却不得不將這計劃推遲，因此聽到這消息我們都很爲你們而難過。不過或許你們最后還是能小聚一下。九江離南京并不算遠——起碼比起到我們這裏要近得多。

迄今爲止，我們這次航程還算開心。我在用媽媽的打字機寫作，學習《聖經》、讀書、內省并且做些體育鍛煉。能有這樣一個機會來爲人生的下一段篇章做准備，我們都很開心。

我們的輪船后面總是跟着一些海鳥。由于我們現在距離陸地已經有數百英里之遙，因此這些海鳥晚上肯定無法回家。它們大約是希望船上能落下些能讓它們果腹的食物。倘若上帝看顧它們——上帝必然是看顧它們的，上帝在我們需要的時候總是會看顧我們的。上帝從未遺忘過我們，一分鐘都沒有——你一定要堅信這一點，我親愛的女兒。

不知媽媽是否曾經告訴你，我們這次上船時帶了滿滿一籃子午餐，因此吃的東西肯定是足夠了。這艘船是貨船，一開始我們對船上的伙食質量沒有把握。而如今看來，這一籃子午餐多少成了個笑話，因爲船上的飯好吃極了。我們撐破肚皮的危險要遠遠大于挨餓的危險。

媽媽和我爲你送上一大堆的愛，還有4月29日的生日特別祝福。我們會經常爲你祈禱，我也會一如既往地想着你。

你深情的"代代"

1951年2月8日
"代代"寫于安娜麥士基號蒸汽輪船上
我親愛的珍，

昨天晚上我和"代代"又組織了一次祈禱會，因爲昨天是禮拜三。你和發小肯定會記得的。晚上晚些時候，我們又玩了單詞游戲，"代代"的記錄是63分，媽媽是80分。我們期待着獲勝的獎勵！

今天整整一天海上都没有出現過白浪，我們在水面上蕩漾前進，樂不可言。媽媽一直在幫"代代"寫信，并且自己也照舊給她的小寶貝寫了一封。

中午前我和"代代"去甲板上轉了一圈，把我們從日本帶來的面包灑了些給那些一直跟着這船的海鳥們。

愛你的媽媽

1951年2月9日
寫于安娜麥士基號蒸汽輪船上（家父）
我親愛的珍妮，

媽媽正在試着把漢語版的《約翰福音》第三章前二十一節的篇章正確背誦出來。我從很久以前就能背誦漢語版的前十六節，現在我打算再多背誦五節。

我希望你在金陵女子大學的學業進行順利，能夠少些外來干擾。發小現在情況如何——她還經常給你寫信嗎？親愛的老王嫂現在怎麼樣？希望你這次回九江能有機會見到她。

媽媽今天又向水中扔了一個小圓面包給海鳥吃。許多鳥就停在那裏吃面包，也不再跟着輪船飛了。可是只過了一會兒，它們又全都回來了！

1951年2月10日
寫于安娜麥士基號蒸汽輪船上
親愛的珍妮，

媽媽今天上午又幫"代代"打印了不少信件。然后我便邁着沉重的步伐到甲板上走了走。放眼望去，今天的海面上連一朵白浪都看不到，浪涌的起伏也緩慢而悠長。當然了，媽媽心裏一直都在想着我的寶貝。我想起了我們上次一同漂洋過海前往美國，我也想着四位阿姨在她們那艘通古斯號上會遇到什么樣的天氣。通古斯號走的是北邊那條航綫，而我們的安娜則是南邊的航綫。

今天是禮拜六，船長通知我們説我們將于禮拜二抵達舊金山。

我一直都希望我親愛的孩子能在金陵女子大學安寧地把書讀下去，也一直惦記着這世上各處的紛紛擾擾。

媽媽送給你許多許多愛。

1951年2月11日
寫于安娜麥士基號蒸汽輪船上
我的親愛寶貝，

昨天是禮拜日。我和"代代"一共做了兩次禮拜。我們倆把衛理公會的聖詩册帶上了，這可真讓人高興。而且我們這裏雖然没有鋼琴或管風琴，我們居然也還能找對調子。若是我親愛的珍妮或是發小在這裏，你們就可以替我們伴奏，那簡直就太棒了。

我們坐在甲板上閱讀的時候，周圍真是萬籟俱寂。我希望你也能得到同樣安寧的一天。

今天是禮拜一，我正在幫"代代"打印信件。我自己剛剛寫完一封信，就是剛剛的事情。今天晚上船長要設宴招待大家，因爲半數乘客將會于舊金山下船，這些下船的乘客就是我們這一行十二人。我想這宴會一定是爲我們這些即將離開的旅客餞行的。

## 春花：兩條江邊的故事

特別愛你

1951年2月13日
寫于安娜麥士基號蒸汽輪船上
媽媽的寶貝珍妮，

現在是禮拜二早上十點半，我們的輪船預定將于中午十二點許抵達舊金山，到了之后媽媽和"代代"就該下船了。我們計劃先四處"晃悠"一番，順便把手裏的信件都寄出去。這樣這段旅程的故事就能隨着這封信從舊金山出發奔向我的小娃娃了，然后我會再開始寫下一封。

媽媽希望你一切安好。明天是情人節！我要看看能爲我的心上人准備一件什么禮物，但是我恐怕這禮物無法及時飛到她手中！！！

"麻麻"送給你一堆愛，"代代"也送給他的愛。

媽媽

1951年2月13日，禮拜二
寫于停泊在舊金山港灣的安娜麥士基號蒸汽輪船上
親愛的親親珍妮，

現在我們這裏是禮拜二晚上。今天下午我和"代代"到舊金山的街上去走了走！想想看吧，現在我們回到美國的土地上了。

吃過晚餐後，"代代"去剪了頭髮。亨利伯伯寄來的郵件也都送到船上了。他說奧爾嘉伯母已經出院回家，病情稍微有些好轉。在這個艱難時刻你一定要爲他祈禱，因爲他自己身子骨也不很硬朗。

這邊舊金山傳教委員會辦公室告訴我們，說他們爲我們代收了不少信件，這些信件分別來自阿德萊德阿姨（Aunt Adelaide）、考羅爾·惠斯頓小姐（Miss Coral Houston）、艾迪斯·弗裏德裏克小姐（Miss Edith Fredericks）、梅貝爾阿姨的妹妹弗朗西斯·伍德拉夫小姐（Miss Frances Woodruff）還有威爾伯·威爾森夫婦（Mr. and Mrs. Wilber Wilson）。

我們還收到一封來自菲利普·沃特斯的來信，他是海拉姑姑的哥哥。他表示歡迎我們回到美國，還說我們到紐約後可以住在他那裏。想想看吧，媽媽一直在心中默默念叨，這將是她頭一次身在美國而無家可歸。這些年來我們一直都把九江當成自己的家了。

媽媽送給你許多愛

1951年2月14日，禮拜三
寫于停泊在舊金山港灣的安娜麥士基號蒸汽輪船上
我親愛的珍妮，

今天"代代"和媽媽去了趟衛理公會辦公室，去取他們爲我們代收的信件。你還記得在那裏工作的愛倫•史密斯小姐 (Miss Ellen Smith) 嗎？我們曾經與她和她的同事一起吃過一次不錯的午餐。她還問起你來着。

然后我們又稍微買了幾樣小東西，包括給我的小珍妮的情人節禮物。

舊金山的街道簡直太棒了。有些街道修在挺高的小山坡上。説老實話，如果像這裏的人們一樣，整天坐在汽車裏在這些小山坡上爬上衝下，一定會把我嚇壞的。他們的車開得還都特別快！

我特別希望能見到威爾森夫婦。他們住在加利福尼亞州阿卡迪亞市。我們頭一次到中國去，還在南京讀語言學校的時候就已經認識他們了。

我們還會再次見到四位阿姨的船，因爲她們的預計抵達時間是明天早晨八點。而那時我們剛好駛出帕薩迪納港，朝巴拿馬運河進發。

媽媽繼續盼望着她親愛的女兒能够健康平安，尤其是這個冬天。願上帝賜福你……

1951年2月15日
寫于安娜麥士基號蒸汽輪船上
我親愛的珍妮寶貝，

明天媽媽又會有一個機會，可以給我的親愛寶貝發一封信，因爲我們到達洛杉磯后會停靠一下。我們的輪船今天清晨五點左

## 春花：兩條江邊的故事

右離開舊金山，此后會一直沿着加利福尼亞州海岸綫行駛。

今天早上，我還沒有完全穿好衣服，就突然意識到四位阿姨乘坐的通古斯號正在從我們旁邊經過。于是我便匆匆穿上大衣，光着脚穿上鞋子，抓起我那件紅色套頭衫衝到甲板上，然而却發現通古斯號已經從我們身邊駛過了。隔着這段距離我能看得很清楚，但是要是想靠揮舞紅色套頭衫打信號還是太遠了！！船長告訴我，説剛才通古斯號上有人朝我們這艘船揮手！那肯定是四位阿姨中的一位了。希望她們在舊金山能呆得開心吧。

昨天我們又收到了幾封來信，分別來自阿德萊德阿姨、梅貝爾阿姨和艾迪斯•弗裏伯裏克小姐。還有一封是亨利伯伯寫來的。他最近一直身體欠佳。奥爾嘉伯母現在整天呆在房間裏，已經出不了門了，全靠兩名專門培訓過的護士輪班照顧，一個白天當值，一個負責夜間。

梅貝爾阿姨告訴我們，説浦樂太太——就是兩位浦樂阿姨的媽媽——聽説蒂阿姨和貝希阿姨已經踏上航程，很快就能回到大溪城家中，高興得不得了。

願上帝賜福你、看顧你，我親愛的寶貝
你愛意滿滿的媽媽

1951年2月16日
寫于停泊于洛杉磯聖佩德羅港的安娜麥士基號蒸汽輪船上
我親愛的珍妮，
今天是個特別棒的日子！

就在我們的安娜徐徐靠上碼頭時，我們看見赫蘭德太太(Mrs. Holland)和她兒子布魯斯(Bruce)站在碼頭上。布魯斯是個高大英俊的小伙子。我們下船后，布魯斯駕車帶我們去了道德重整大廈(Moral Rearmament Building)，還向我們介紹了他的工作。這之后，赫蘭德先生也來向我們致意，還請我們去一家中餐館用餐。我們在餐館裏見到許多當年在中國結識的老朋友。這次重逢真是個美妙的經歷。

由于安娜麥士基號上的主管讓我們務必在下午三點前回到船上，茱莉亞•威爾森(Julia Wilson)就開車將我們送回船上，她父母也在車上作陪。可現在都已經六點了，我們却還沒有啓航！有人告訴我說通古斯號今晚就會抵達這裏，所以今晚我會一直盯着，看是否能再看通古斯號一眼。

隨信送去媽媽的滿滿愛意

1951年2月17日
寫于安娜麥士基號
親愛的珍妮，

今天又是一個陽光明媚的美麗日子，湛藍的天空下碧波萬頃，白色的海鷗東一只西一只地栖在水面上，星星點點有如海面上的點綴。我打開了艙室的窗子，享受外面的新鮮空氣。"代代"在樓上房間裏完成他的功課，媽媽則剛剛在樓下做完早課，所以現在她正好有空與她的寶貝聊幾句。

我一直盼望着你能永遠健康平安。你明白我們有多么懷念九江，牽挂着那裏的每一個人，惦記着那裏的一切大事小情。然而現在，當然了，我們遠在海上，連九江一個字的消息都收不到。

1951年2月18日
寫于安娜麥士基號
我親愛的珍妮，

今天的天氣同樣美極了。陽光燦爛，長空如洗，碧波蕩漾。大船一路航行，經過一座座島嶼和一片片美麗的海灘，現在正在駛過墨西哥。我們坐在陽光明媚的甲板上，享受着眼前的美景和醉人的空氣。

希望我們抵達紐約前能把皮膚曬成古銅色。

愛你的媽媽隨信送給你一大堆愛

1951年2月19日
寫于安娜麥士基號
我親愛的珍妮，

你今天過得怎么樣？希望你那邊一切都好，希望你對自己日复一日的進步能感到滿意。今天天氣照舊很好，陽光明媚，藍天碧海，太平洋上一朵白浪都沒有。一大群海鳥一直在輪船旁邊貼着海面伴飛，我們却從來沒有見過這種海鳥。

我最近在幫"代代"打印信件。他在一旁把内容大聲口述給媽媽，媽媽負責用打字機記錄下來。船長告訴我們說天氣很快會變得非常溫暖。今天媽媽已經脫下了連衫褲，換上了夏天的内衣，外面穿了一條棉布連衣裙。這股暖流大約會伴隨我們一路到巴拿馬運河，或許還要更遠些。當然了——你也知道——當我們三月初抵達紐約時，那裏的天氣可絕對不會暖和！

媽媽送去無限愛意

1951年2月20日
寫于安娜麥士基號
我親愛的珍妮，

今天又是一個美麗的艷陽天。媽媽織補襪子，而"代代"則在一旁爲媽媽朗讀雜志。這是一本叫做《冠冕》的雜志，這期是二月份的，裏面有不少文章還挺有意思的。這雜志是別人送給我的，這家伙有個挺好聽的蘇格蘭名字，叫做麥金托什(Macintosh)。

說來估計你都不信，媽媽現在已經是一身夏裝了：緊身胸衣、長筒襪、短襪，還有保暖内衣這些全都脫掉了。現在是二月份，我竟然只穿着一條夏天的連衣裙！

船長告訴我們說我們不久就要駛過巴拿馬運河，然后進入大西洋，北上駛向紐約。那時候就該冷些了！

愛你的媽媽

1951年2月21日
寫于安娜麥士基號
我親愛的珍妮，

今天的節目一如往常：藍天碧海、陽光燦爛，媽媽繼續幫"代代"寫信，織補襪子，"代代"則念雜志給媽媽聽。

我突然想知道，你在大學裏最喜歡的是哪一門功課？我希望

JEAN 春華 裴敬思 醫學博士

你所有的功課你都喜歡。
　　媽媽還是像從前那樣子，一如既往地愛着你，我親愛的寶貝。
　　愛你的媽媽

1951年2月22日
寫于安娜麥士基號
　　我的寶貝珍妮，
　　我們剛從上層甲板下來。剛剛過去的這一天裏還是老一套節目——織補襪子、朗讀雜志，不過今天的海水格外地碧綠。
　　你肯定想知道，我們在海上呆了這么久，會不會頭腦發瘋。媽媽一直爲你祈禱，一直記挂着你，我的小寶貝。
　　愛你的媽媽

1951年2月23日
寫于安娜麥士基號
　　我親愛的珍妮，
　　我們的輪船現在正在沿着巴拿馬共和國海岸綫行駛，在船上能看到很多島嶼和群山起伏的大陸。有些小山遠遠望去頗有幾分楊克斯對面帕利塞兹的味道。
　　據船長預計，我們將于今天凌晨兩點到達巴拿馬運河的這一端并下錨停泊。然后他計劃于清晨六點起錨，穿過巴拿馬運河駛向另一端。這段航程大約要走八個小時。當然了，所有的船在通行運河前都要排隊等候。通過運河后，船上的乘客們可以在運河另一端下船略微活動一下，四處走走，然后再重新登船，完成最后一段去往紐約的航程。(湊巧的是這艘輪船會在布魯克林一側停泊，所以我們抵達之后還能有機會穿過整個紐約城！)
　　這段始于我們九江家園的漫長旅程現在馬上就要到達終點了，我這頑固的腦袋還是接受不了這個事實……
　　我打算趁明天下船的機會把這封信投遞出去，然后下一封就要從紐約發出了！
　　除此之外，今天的日程一切如常，無非是修修補補，朗讀雜志而已。

希望你在那邊能有個激動人心的一天，也希望我親愛的寶貝這段時間過得開心幸福。我向上帝祈禱，求他每一天導引你，爲你指明方向。

隨信寄去媽媽大堆大堆的愛

1951年2月24日
寫于安娜麥士基號蒸汽輪船上
親愛的珍妮，

這次航程中，我多少次想起你，想象如果你和我們在一起，你該會多麼喜歡這次旅行，想象你在甲板上跑來跑去的樣子，想象你告訴我你看到的美麗景色。我還在想，船上這些人會多麼喜歡我的珍妮，而珍妮又會多和善和樂于助人。

我們很快就要進入巴拿馬運河了，然后就會再次駛入大西洋。我希望上岸的時候我能多買些郵票！！

隨信寄去"代代"給珍妮的愛，
愛你的媽媽

1951年2月25日
寫于停泊在克裏斯托瓦爾運河區的安娜麥士基號蒸汽輪船上
我親愛的寶貝珍妮，

此刻你一定是剛剛度過了一個美好的禮拜日。"代代"和我已經下了船。我們剛剛在這裏的克裏斯托瓦爾聯合教堂參加了一場早禱儀式。若是你也在這裏的話，你一定會對那些唱詩班的年輕人感興趣的。他們都穿着白袍，唱得非常好，令我想起了你和發小。你們兩人彈鋼琴的天分那麼好——那是你們在用音樂來爲上帝的神聖事業做出貢獻。

現在通古斯號也已經駛入了巴拿馬運河。安娜號預計將于禮拜六抵達紐約。想到我們下禮拜日就會在紐約城裏做禮拜，我簡直不敢相信！

愛你

JEAN 春華 裴敬思 醫學博士

1951年2月26日
寫于安娜麥士基號蒸汽輪船上
親愛的珍妮,

我現在寫這封信的時候,我們的輪船正顛簸得厲害,這一路上都從沒有如此顛簸過。我們已經離開了克裏斯托瓦爾,現在正全速穿過加勒比海。今天早晨在岸上的時候,我和"代代"爲菲利普•沃特斯和格蕾絲•沃特斯(Philip and Grace Watters)買了幾樣小禮物,還爲我們的侄女伊芙琳(Evelyn)的女兒奧利維亞(Olivia)和喬安妮(Joan)買了陶瓷制成的小別針,后來才發現竟然是英國貨!好吧!

聽說通古斯號現在還在排隊等候通過運河,所以我們現在只能希望能在紐約港碼頭再見到四位阿姨了。

希望上帝能夠對你展現笑容,保佑你平安,賜予你安寧。

愛你的媽媽

1951年2月27日
寫于安娜麥士基號蒸汽輪船上
我親愛的珍,

這艘船搖了整整一天,一直都在不停地搖過來晃過去。人在這船上走路的時候可是要當心,一不留神就會摔跤!連"代代"也終于暈了船,可是他把暈船歸咎于午餐,說自己是吃了太多不同種類的食物才會這樣。

我們收到了海拉姑姑(Aunt Hyla)一封來信,說她現在正在非洲利比裏亞工作。

我必須得告訴你,我們的這位丹麥船長是個特別好的人。他和我們一樣,也想能早點到達紐約城。這次長途航行之后,他可以越過大西洋回到丹麥,在家歇上三個月,然后再開始他的下一次航行。他接到一封電報,說他太太病了。他自然很是擔心。

漂泊在海上的這些男人日子不好過啊,是不是?他們總是遠離故土和家人,一走就是幾個月甚至幾年。

愛你的媽媽

春花：兩條江邊的故事

1951年2月28日
寫于安娜麥士基號蒸汽輪船上
親愛的珍妮
　　我們幾分鐘前剛剛駛過古巴島。現在差不多快到下午五點了，今天海上都一直風平浪静，不過現在開始起了些風浪。除了"代代"之外，大家都在一起喝茶，這樣的情況還是頭一次。
　　我們可能要禮拜六才能到達，也可能會在禮拜日。我肯定不希望在禮拜日抵達，因爲若是禮拜日的話，菲利普•沃特斯牧師和他夫人就没法跟我們見面了。
　　我是多么盼望到達紐約后看到我的小娃娃的來信啊。我希望那些信已經在紐約等着我們了。
　　愛你

1951年3月1日
寫于安娜麥士基號蒸汽輪船上
我親愛的珍妮寶貝，
　　"三月如羔羊般到來"，我希望在南京也是如此！
　　帕茜（Patsy）剛剛讓我們在她的書上寫下了我們的名字。她到今年七月份就滿十九歲了——只比我的小寶寶小一歲。她是葡萄牙人，有着一頭又長又順的頭髮。她是個又可愛，又有愛心，還很開朗的姑娘，這次出來旅行是和她媽媽在一起的。
　　她想要到紐約去參加培訓，然后成爲一名護士。她剛剛送給我們一張照片，背后寫着："您二位是我有生以來所見過的最爲體貼可親的人。希望您不要忘記我，因爲我將永遠記得您。愛您的帕茜"
　　今天，"代代"和媽媽已經收拾好了行李。然后又費了好一番周折才把美國海關的入關申報表填好——這份差事從來都没輕鬆過。
　　我現在真的非常盼望着到紐約后能看到我的寶貝的親筆信。自從離開我們深愛的中國之后，我們還一直都没有聽到過任何關于這個國家的消息。
　　今天上午，我和"代代"一起坐在這艘蒸汽輪船甲板上的扶

314

## JEAN 春華 裴敬思 醫學博士

手椅上，曬着太陽。他在那裏研究有機化學，而我不知爲什麽，開始思考一個關于年頭的數學問題。這可真是道數學難題！！媽媽今年六十八歲了。在蘇格蘭愛丁堡、加拿大多倫多、哈得孫河畔黑斯廷斯村和歐文頓一共住了十七年；在楊克斯住了十七年；而在中國住了整整三十四年。

我希望我的寶貝今天過得非常開心。

愛你的媽媽

1951年3月2日
寫于安娜麥士基號蒸汽輪船上
媽媽的親閨女，

我們這艘漂亮的輪船今天一直在高速前進。我們既沒看到陸地，也沒有看到任何別的船只，只有海鷗還一直跟在我們后面。

我們預計于今天下午抵達布魯克林。"代代"已經收到了一封電報，是他1898屆的耶魯大學同學發來的，對他回到美國表示歡迎！

這些日子金陵女子大學裏情況怎麽樣了？媽媽總是惦記着你。

"麻麻"送給你大堆的愛

1951年3月3日
寫于安娜麥士基號蒸汽輪船上
媽媽的小寶貝，

今天的天氣陰郁沉悶，大霧籠罩，但我們勇敢的安娜却披風破浪，在波濤洶涌的大西洋上疾馳而過。

今天晚上我們在自由女神像旁邊下了錨，然后明天我們就會得到靠岸許可。我們還有幾樣東西要收拾，所以我得趕快忙活去了。下一封信媽媽就會在岸上給你寫啦！

我和"代代"剛剛做完祈禱，感謝上帝能讓我們這次航行如此美好。不用說，我們也爲你做了祈禱，我親愛的心肝。

"代代"讓你的親媽媽一起送給你一大堆的愛

春花：兩條江邊的故事

1951年3月5日
寫于紐約州紐約市
我的親寶貝珍妮，
　　媽媽昨天一下子收到了你的八封來信，日期從2月12日直到18日，想想看媽媽會有多麼高興。
　　謝謝你我的寶貝，寫信告訴媽媽那邊的消息。你提出的那個"每天寫一點"的主意簡直妙極了。
　　媽媽還要感謝你，因爲你告訴了我們你那裏的情況，那是我們曾經工作的地方，是我們逐漸當做是自己家的地方。
　　你現在已經懂得了謹慎理財是明智之擧，這令我非常高興。思想上一定要一直繃緊這根弦——因爲挣錢從來都不容易。你有時候會碰到難處，需要錢來滿足一些基本需求，若是那時候你恰好口袋空空，那可就真的没辦法了。而這全是因爲你没能學會"蘇格蘭式節儉"。我收到了一封你們學校的來信，上面說了要交多少學費。我們會盡量想辦法的，孩子。
　　是的，親愛的，你知道，一個人在正式上醫學課之前，預先打好一般性知識的基礎總是好的。"代代"也是先在耶魯大學讀了四年，然后才到哥倫比亞大學去修讀醫科，這之后再到紐約的醫院進修研究生，又到倫敦熱帶病學院學習。在醫學教育上確實没有捷徑可言。
　　我的天啊，你說你在考慮像"代代"那樣，將全部生命投身于醫療傳教事業。這真是太讓我開心了。"代代"聽說了也感到非常自豪。我把你的信讀給他聽，他聽着連連點頭。

1951年3月7日
寫于華盛頓廣場衛理公會教堂
　　親愛的，我還得再說一次，收到你的信真是太高興了。從你這裏得知了我們從前工作的那家機構的近況，我們都很高興。你在那邊零敲碎打收集來的各種消息，我們聽到都會非常感激。
　　看來我給你寫的信件卡在了衆多中轉環節中，實在是抱歉，不過我現在已經准備好重新接續我們的對話了。
　　我想你現在已經知道，我們是在本月四日，禮拜天，從安娜

## JEAN 春華 裴敬思 醫學博士

號上登陸紐約的。我們下船的時間正好趕得及去參加菲利普•沃特斯牧師（就是海拉姑姑的哥哥）在教堂主持的早禱儀式。我們在教堂還見到了弗朗西斯•伍德拉夫。大家這次久別重逢都很開心。

禮拜一，也就是五日早晨，我們按照約好的時間在八點整到達布魯克林八十二號碼頭，去辦理我們的行李通關手續。我們先是到另外一個碼頭去接四位阿姨，她們乘坐的通古斯號那時剛剛到達。弗朗西斯阿姨也去了，還有安妮阿姨的姐姐愛倫 (Ellen)，弟弟霍勒斯 (Horace) 和他妻子也一起去了。

然后你猜怎么樣，我們遇見了蒂阿姨真正的攣生姐妹亨瑞塔 (Henrietta)，或者我應該稱呼她爲文斯特拉夫人 (Mrs. Veenstra) 更合適。我知道我的小寶貝總是搞不清楚——蒂阿姨和貝希阿姨并不是攣生姐妹。不管怎樣，一起去那裏還有兩個侄子（多半是文斯特拉夫人的孩子），個頭都很高，非常帥氣。

你能想象到兩位阿姨有多么開心——請一定要把這個告訴發小。

然后我們所有人就一起又回到八十二號碼頭，去盯着他們把行李卸下來，還好沒有需要繳稅的——又是一件值得感恩的事情。

我們回來之后還必須做體檢，于是我們就去了第五大街150號的傳教使團理事會辦公室，也就是我親愛的寶貝一直寄信的那個地址。體檢花了很長時間，不過值得感恩的是"代代"和我都平安無事地通過了。昨天晚上，我們在沃特斯夫人的住處好好團圓了一下，她招待我們吃了草莓奶油酥餅——好吃好吃好吃！

亨利伯伯來了電話，我們很快就要趕過去。阿德萊德阿姨家在布魯克林，她讓我們在她家小住一天。

這下我們總算回到了親愛的老紐約城，你猜媽媽昨天下午都去了哪些地方？媽媽去十四大街的赫德遜商店給自己買了條海軍藍的新連衣裙，還買了一件海軍藍的長款大衣，還有一頂海軍藍的帽子。

現在媽媽感覺不再那么像個鄉下人了，哈哈哈！

"代代"這時候剛剛進門。他剛才一直在試圖聯系幾位阿

## 春花：兩條江邊的故事

姨，准備約她們在五點進行我們定期舉行的九江祈禱會。然后我們就會去大街對面的餐館吃一頓中餐——啊——我是多么懷念九江的風味啊。

聽說你的肺部檢查結果沒有問題，我真是替你高興。請一定記得要把你的咳嗽治好——因爲咳嗽往往會發展出別的問題。媽媽在美國都要當心，更不要說中國了，那裏流感、肺結核和肺炎都還很嚴重。

我是多么想念我的寶貝娃娃啊。我愛你的程度是言語無法表達的。我感恩上帝賜予我這樣一項特權，讓我能和我最親愛的珍妮一起度過那么多美好的年月，最美好的年月。

我們特別挂念你，我親愛的心肝。

1951年3月9日
寫于紐約城
我的寶貝，

這些日子媽媽還是在不斷想起你，在祈禱詞中也總是提到你。我是多么的愛你啊，我的寶貝親閨女。紐約城裏的人們看來都很善良熱情，彬彬有禮。無論是在大街上與他們擦肩而過，還是在第五大街的公共汽車上與他們并肩而坐，或者是隨便什么地方，遇見的每個人都是那么熱情友好。我們一如既往地心懷感恩，感謝上帝賜予我們這些朋友，無論他們來自何方——尤其是在眼下這種日子裏，他們的友愛尤其彌足珍貴。

親愛的寶貝，你在二月19號和21號寫來的信給媽媽帶來了莫大的欣喜。麥考伊先生 (Mr. McCoy) 一直在用航空郵件轉寄你的信件。今天上午我用打字機把你的一部分信件打印了出來給"代代"看。我把全部內容都用大寫字母打印，這樣他看起來就不那么費勁了。沒錯，他下個禮拜日在華盛頓廣場衛理公會教堂主持布道會，到時候他准備把你的這些信件用上，有些信件他還要爲大家朗讀！

你說你在海倫•菲麗絲 (Helen Ferris)、勞拉•弗蘭奇 (Laura French) 和克拉拉•舒爾曼這幾位阿姨離開前還能與她們共度一段時光，媽媽聽了很是欣慰。你在信中寫道你是多么希望能夠與我

## JEAN 春華 裴敬思 醫學博士

們一起航行。親愛的，讓我再說一次吧，我一直都在想，"哦，如果我的珍妮能在這裏和我們在一起，哦，她該是多么喜歡這一切啊，我們一起將會有多么多的樂趣啊……"

有朝一日等你自己也做了媽媽，你就明白我現在的感覺了。

昨天，我和"代代"一起去了幾位阿姨在紐約下榻的飯店。特別湊巧的是，我們下午五點到達那裏時，阿姨們正要出門，她們的出租車都已經等候在門外了。于是我們一行人就擠進那輛出租車，一起去了親愛的老紐約中央火車站——你記得那個地方的。媽媽站在那個裝飾得精美絕倫的巨大候車室中央，站在熙熙攘攘的人流中間看守着行李，同時幾位阿姨則忙着托運行李。弗朗西斯阿姨也同我們一起去了，全程都在那裏見習。她今天和梅貝爾阿姨要出發前往她們在紐約上州的家，昨天看過一遍，今天她就知道該怎么辦理這些手續了。

所以呢，最后兩位阿姨也已經上路了，去往她們在密歇根州大溪城的家。

阿姨們離開之后，我們又回到中央火車站裏。我們坐在車站裏的一家漂亮餐館裏，等候米爾德雷德•德雷舍爾夫人 (Mrs. Mildred Drescher)。到了約定的時間，德雷舍爾夫人准時出現，我們一起吃了晚餐。你還記得她嗎！？親愛的，我們在孟買時曾經借住在她家裏。這次見面她問了很多關于你的問題。能見到她真是太美妙了。這頓飯"代代"本來想做東，結果她却做了安排，反而請我們吃了一餐。能與又一位老朋友共度這樣一個快樂的夜晚，我們都充滿感恩之情。

對了，你還提到了南京大學醫院中"代代"的那張幻燈片。那張照片是"代代"當年在生命活水醫院舊址拍攝的。那段時間中，他在南京大學醫院工作了三年。那時候他們百般懇求他留在南京，不願意讓他回九江。然而聽到他們現在如此污蔑"代代"、詆毀上帝的事業、焚燒《聖經》和《贊美詩》，真是讓人傷透了心。我們還收到了一封我"大女兒"的來信，她也是從孺勵女子中學畢業的，不過時間要比你早很多年。總而言之，情况不是很好——她現在的日子也十分艱難。他也提到了報紙上對"代代"的指控，說他是個偽君子。

## 春花：兩條江邊的故事

　　請一定把你那邊的情況盡量多告訴我們一些，關于我們曾經居住、工作并深愛着的地方的情況。

　　明天我們上午九點半從火車站出發去哈特福德市，你知道那個火車站。亨利伯伯會在哈特福德火車站接我們。他已經打過電話了。奧爾嘉伯母身體狀況很不好，有三名培訓過的護士在家裏專門照顧她，還有別的醫務人員。她有風濕病，又加上動脉硬化。人上了年紀怎么都不會舒服，就像我總説的，我們應該爲那些没有發生在我們身上的麻煩而常懷感恩之心，努力走完我們這漫長的人生旅途。

　　亨利伯伯和奧爾嘉伯母都非常好心，兩人都問起了你的情況。他們聽説你被獨自留在那裏，不得不鼓起勇氣獨自面對一切，都爲你感到難過。他們讓我寫信時向你轉達他們的愛。我們多半會與亨利伯伯一家共度周末，不過不知道是否能見到侄女伊芙琳。我和她通過一次電話。從亨利伯伯那裏我們得知伊芙琳正在成爲一名作家，而且頗有建樹。她的四個孩子目前也都干得不錯。老大奧克斯（Oakes）正在讀大學，因此不會被征兵去打仗。不過看來小愛德華　（Edward），他就像他同名的叔叔愛德華一樣聰明，下個月可能會被征召入伍。他完全有可能會參加海軍然后乘船去你那邊。珍妮你説，這豈不是天大的諷刺？你的堂外甥就在離你不遠的海上，而你們却屬于兩個敵對陣營。

　　那兩個姑娘，奧利維亞（Olivia）和喬安妮（Joan），在學校裏功課都很好。這就是你的家庭，我的寶貝，我真希望有朝一日你能見到他們，我也爲此而祈禱。

　　天呐，你的朋友菲麗絲•豪爾（Phyllis Hall）寫了一封寄到塔玲南路的信，然后又被退回了香港軒尼詩道22號。我的天，親愛的，他們還以爲你在香港，以爲你同我們一道回到紐約了呢。天呐，有時候我多么希望這是真的啊！

　　"代代"剛剛進了門，他已經讓人把西裝清洗過了。現在他的樣子帥極了。再加上我的海軍藍大衣，我相信我們到哈特福德的打扮一定會相當不錯！

　　我親愛的，你一定要保重，一定要依偎在上帝和我們的救世主身邊。前面一定會有出路的。希望永遠都是有的。

JEAN 春華 裴敬思 醫學博士

下次寫信再說吧，媽媽送給你無限的愛。

# 中英文姓名對照表

**我和我的美國父母**
  母親
    英文名：Georgina MacDonald Phillip Perkins
    中文名：裴家紀(亦稱"裴師母")
  父親
    英文名：Dr. Edward Carter Perkins
    中文名：裴敬思醫生
  我
    英文名：Jean Tren–Hwa Perkins
    中文名：胡春花
  吳大姐
    英文名：Hannah Wu
    中文名：漢娜・吳
    身份：母親和"代代"在我出生前曾經資助過的女孩中的一員。她曾在生命活水醫院做護士，此后移居香港，成爲我與外界的唯一聯系。

**我的美國家族成員**
  外祖母
    英文名：Jean Sword Phillip
    中文名：珍・索爾德・菲利普
  外祖父
    英文名：William Sword Phillip
    中文名：威廉姆・索爾德・菲利普
  伯父，家父的兄長，三一學院的物理學教授
    英文名：Henry Perkins
    中文名：亨利・裴敬思

JEAN 春華 裴敬思 醫學博士

伯母
　　英文名：Olga
　　中文名：奧爾嘉
伯父的兒子
　　英文名：Henry Jr. (Harry)
　　中文名：小亨利 (昵稱"哈裏")
伯父的女兒
　　英文名：Evelyn
　　中文名：伊芙琳
伊芙琳的丈夫
　　英文名：Amyas Ames
　　中文名：埃米亞斯·埃姆斯
伊芙琳的四個孩子
　　奧克斯　Oakes
　　愛德華　Edward
　　奧利維亞　Olivia
　　喬安妮　Joan

**兩位在生命活水醫院做護士的阿姨**
　　英文名：Ms. Deanetta "Dee" Ploeg
　　中文名：蒂內塔·浦樂女士 (亦稱：蒂阿姨、浦大)
　　英文名：Ms. Elizabeth "Bessie" Ploeg
　　中文名：伊麗莎白·浦樂女士 (亦稱：貝希阿姨、浦二)

兩位阿姨的女兒，也是我事實上的妹妹
　　英文名：Chum
　　中文名：發小

我的生父生母：胡家夫婦及我所知道的兄弟姐妹
    生母：媽媽
    生父：胡先生
    大哥：闊祥，戰鬥中失踪的飛行員，比我年長十四歲
    二哥：延豐，生命活水醫院廚師，比我年長八歲

## 九江大宅中的中國雇員
阿媽們
    王媽：后改稱王嫂，負責照顧發小的保姆
    常媽：負責照顧我的保姆
    羅媽：負責照顧外祖母的保姆

    田師傅：主廚師傅
    田師傅女兒：莎拉 (Sarah)
    水爺爺：門房兼園丁
    大板叔叔：管家兼洗衣工

## 我于1942年至1945年間在紐約楊克斯結識的人物
楊克斯第十六公立學校
    教師：修斯夫人 (Mrs. Hughes)
    萊安小姐 (Miss Ryan)
    同班同學兼朋友：吉爾 (Jill)
    貝蒂 (Betty)
    瑪利亞 (Marie)

楊克斯納撒尼爾・霍桑中學
    教師：伊頓夫人 (Mrs. Eaton)
    同班同學兼朋友：桃樂絲・C (Doris C.)

喬治湖銀灣
    朋友：珠珠 (Ju-Ju)

## JEAN 春華 裴敬思 醫學博士

我于1945年至1946年間在印度結識的人物
    印度伍德斯托克學校
        同學兼朋友：菲麗絲 (Phyllis)
                喬 (Joe)

    納迪亞德
        朋友：南希 (Nancy)
              帕特裏克 (Patrick)

我于1946年至1950年間在九江結識的人物
    儒勵女子中學
        教師兼校長：吳懋誠女士 (Ms. Wu, Grace Wu)
        點名教室老師兼輔導員：尤小姐 (Miss You)
        同學兼朋友：茉莉 (Mollie)

    熊家家庭成員
        父親：熊祥熙 (Russell Hsiung)，同文中學校長
        母親：伊芙 (Eve)，儒勵女子中學教師
        六個子女：巴爾特 (Bart)
        羅斯 (Ruth)
        瑪麗 (Mary)
        熊振民 (Paul)
        西蒙 (Simon)

春花：兩條江邊的故事

**我于1950年至1951年在南京金陵女子大學讀一年級期間結識的人物**

1950年入讀金陵女子大學的六位孺勵女子中學校友：
茉莉 (Mollie)
小蔡 (Tsai)
小尹 (Yen)
小陳 (Chen)
菲比 (Phoebe)
本人

在金陵女子大學的同寢室友：
小尹 (Yin)
小陳 (Chen) (后英年早逝)

朋友：
小壽 (Shou) (來自上海)

教師：
吴貽芳 (Dr. Wu Yi-Fang) 校長兼生物學教授

# 答謝聲明

首先，也是最爲重要的一點，我要感謝我的兩位堂姐妹奧利維亞 (Olivia) 和喬安妮 (Joanie) 以及堂兄奈德 (Ned)。他們從始至終，一直毫不動搖地支持着我，我才得以爲母親完成這本回憶錄的編纂工作，并且爲致敬我的祖父裴敬思醫生和祖母裴家紀女士 (Dr. and Mrs. Edward Carter Perkins) 設立紀念網站(https://www.yangtzeriverbythehudsonbay.site/home-page.html)。

我尤其感激奧利維亞向我介紹了阿尼•科特勒 (Arnie Kotler)。他慷慨地應允與我合作完成這本書，他不僅做了大量編輯工作，還爲我出謀劃策并且成爲我的文學代理。他嫻熟的編輯技巧和豐富的知識令我無比感激，而他及時的鼓勵和建議更是難以估量其價值。以他爲師，令我獲益良多。我學會了寫作，用平實、簡單易懂的風格表述思想。除了他在語言學上的深刻見解外，他在歷史和地理領域的淵博知識同樣令人難以置信，每每使我嘆爲觀止。

說起編輯工作，本書的前幾章是由多蒂•布朗寧 (Doti Browning) 編輯完成的。布朗寧女士是我在凱爾文學院結交的好友達拉爾•斯莫利根和基普•斯莫利根 (Daral and Kip Smalligan) 的母親。而我在馬薩諸塞州米爾頓市米爾頓學院的學業導師巴克萊•菲澤爾 (Barclay Feather) 則爲家母的寫作提供了有力的幫助。作爲家母在兒童文學研究所 (現名"作家學院"，位於康涅狄格州麥迪遜市) 進修寫作的作業，家母曾經提交了本書中的幾個章節。我從家母那裏得知了與她通訊并提供指導的老師有湯姆•拜贊考特 (Tom Bethancourt)、米彌•伯恩 (Mimi Bourne) 和派特•穆瑞 (Pat Murray)。如果有所遺漏，還請海涵。

春花：兩條江邊的故事

　　盡管這些合作編輯的工作已經過去了三十余年，我至今仍然心懷感激。倘若家母仍與我們在一起，相信她也必定會同樣感激不盡。

　　在此我還要衷心感謝馬克•伍德沃茨 (Mark Woodworth) 一絲不苟的校對工作。最后但同樣重要的是，我和阿尼仿佛在神明指引下結識了晏子書齋 (Earnshaw Books) 的創始人及出版人晏格文先生 (Graham Earnshaw)。他不僅在出版行業有着豐厚的經驗，對漢語、中國文化和歷史更是了如指掌，深深令我欽佩。我同樣要感謝杰森•王 (Jason Wong) 耐心地爲本書完成了封面設計和圖文排版。

　　我還要衷心感謝《駛出上海的最后一班船》(Last Boat out of Shanghai) 的作者海倫•奇亞 (Helen Zia) 和《模棱兩可》(Betwixt and Between) 的作者瑪格麗特•孫 (Margaret Sun)，她們都對本書給予了慷慨的認可與支持。這兩位女士與家母一樣有着异曲同工的故事和經歷，她們的人生歷程同樣地精彩紛呈而又鼓舞人心。

　　對于我的妻子戴俊 (Jun Dai) 博士教授，我的心中雖然懷着無限感激，但在這裏我只想説一句話——謝謝你，你所給予我的是一個人在生命中所能擁有的最偉大的禮物：自由。

　　本書得以完成，明尼蘇達州明尼阿波利斯市基督教長老會教堂威斯敏斯特咨詢中心的瑪格麗特•麥克雷博士 (Dr. Margaret McCray) 功不可没。她的點化之語"專注眼前，一步一個脚印"如今已經變成了我的座右銘，激勵我在每個清晨起身勇敢地面對這條漫長旅途上的艱辛和挑戰。這句告誡常常是我熬過威斯康星州麥迪遜市那苦寒冬日的唯一動力。

　　我能够堅持至今，當然還需要感謝無數友人給予的大力鼓勵。囿于篇幅，抱歉的是我此刻無法向各位一一致謝。倘若您此刻正在讀這本書，您一定知道我説的就是您！誠懇希望各位海涵，并理解我心底對您的無限感激。

　　鑒于本書内容涉及大量史實，爲力求准確，我已經竭盡所能参考了諸多寶貴資料，包括維基百科及其中文版、新世界百科全書以及大英百科全書。此外我還找到了一個非常出

JEAN 春華 裴敬思 醫學博士

色的網站，名叫"墙外的博客"(http://www.cnblogs.com/wildabc/p/3798219.html)，作者在其中對衛理公會傳教使團在九江的活動和歷史做了頗有見地的叙述與總結。同時作者對生命活水醫院也有着相當深刻的了解。本書的參考文獻部分來自于耶魯大學檔案館以及裴敬思家族所保存的信件，此外我還閱讀了蒂内塔・浦樂和伊麗莎白・浦樂1978年口述的文字稿并從中摘取了信息。這些珍貴的文字稿都是浦樂姐妹的侄子侄女慷慨提供的。我還多次咨詢了堂兄奈德（Ned）和他的妻子珍・索科洛夫，她是裴敬思醫生編年生平的共同作者。

　　本書成書過程中還參閱了兩部書籍。第一部爲埃爾西・H・蘭德斯特羅姆（Elsie H. Landstrom）所編著的《海拉醫生：1924~1949年中國戰争與革命年代的一位外科醫生》（加利福尼亞州布拉格堡：QED出版社1991年出版）。海拉・沃特斯醫生（Dr. Hyla Watters）是我祖父母的至交好友。我的外祖母喬治娜（Georgina）是海拉醫生的主日學校老師。我的外祖父裴敬思醫生正是受到了海拉醫生的父親菲利普・M・沃特斯牧師（Rev. Philip M. Watters）的直接影響，才會義無反顧地全身心投入傳教事業。而他所創建的生命活水醫院也正是因這份情誼而命名。海拉醫生本人作爲一名外科醫生，曾多年就職于九江下游蕪湖市的蕪湖總醫院，與我的外祖父在患難中互幫互助，相濡以沫。

　　前述這本回憶録的編著者蘭德斯特羅姆女士還另外著有一篇講述蕪湖總醫院歷史的手稿，其中重點記述了包括我外祖父在内的多位傳教使團醫生及護士。

　　我在成書過程中參閱第二部書名爲《我在中國那些年》（紐約：威廉・莫羅公司1984年出版）。該書作者海倫・福斯特・斯諾（Helen Foster Snow）是在中國聞名的美國記者埃德加・斯諾（Edgar P. Snow）的妻子。

　　本書中的插圖照片大部分是由我外祖母親自拍攝的，亦有少部分來自于裴敬思家族的收藏。余者都是編者拙作。

　　最后需要提到的是，爲編輯此書，盡管我已經盡量對自己的時間和空間作出了合理安排，我還是需要特別感謝威斯康星大學麥迪遜分校藥學院的全體同事們對我的支持與鼓勵。我還希望向

春花：兩條江邊的故事

威斯康星大學麥迪遜分校的克雷默斯家庭基金會和維拉斯基金會表示感謝。我相信當諸位讀者讀完整個故事后，一定會同意這些基金會的宗旨和卓越内涵與本書寫作項目有諸多不謀而合之處。

理查德•裴敬思•熊博士
家母回憶錄《春花》編著者
威斯康星州麥迪遜市
2020年12月

# 編著者小傳

如衆多裴敬思家族的孩子一樣,理查德來到美國后先是在馬薩諸塞州米爾頓市的米爾頓學院就讀,此后與養母凱特•路易斯•浦樂(Kate Louise Ploeg) 同住一處,凱特是蒂内塔•浦樂和伊麗莎白•浦樂最小的一個妹妹。此后理查德在密歇根州大溪城的加爾文學院修得化學及數學專業的理學士學位,又在芝加哥大學學習有機化學并取得博士學位。他先后在芝加哥大學和哥倫比亞大學擔任助理研究員,此后在明尼蘇達大學雙城分校任教,隨后又來到威斯康星大學麥迪遜分校。作爲一位美國國家科學基金獎的得主,理查德的榮譽頭銜還包括卡米爾•德雷福斯教師學者、勞拉和愛德華•克雷默斯教授及威斯康星大學麥迪遜分校的維拉斯杰出成就教授。

www.ingramcontent.com/pod-product-compliance
Ingram Content Group UK Ltd.
Pitfield, Milton Keynes, MK11 3LW, UK
UKHW022236230426
12048UKWH00018BA/1299